L'USAGE DU MONDE

Le Poisson-Scorpion, Gallimard

Le Dehors et le Dedans. Poèmes, Zoé

Chronique japonaise, Payot

Journal d'Aran et d'autres lieux, Payot

L'Art populaire en Suisse, Desertina/Zoé

Routes et déroutes. Entretiens, Metropolis

S'arracher, s'attacher. Anthologie de textes et photographies, La Quinzaine/Louis Vuitton

Le Vide et le Plein. Carnets du Japon, 1964-1970, Gallimard

Œuvres, Gallimard, « Quarto »

Nicolas Bouvier - Thierry Vernet. Correspondance des routes croisées, 1945-1964, Zoé

Nicolas Bouvier

L'USAGE DU MONDE

Récit

GENÈVE, JUIN 1953 — KHYBER PASS,
DÉCEMBRE 1954.

QUARANTE-HUIT DESSINS DE
THIERRY VERNET

La Découverte / Poche

9 *bis*, rue Abel-Hovelacque
75013 Paris

Ce texte a été publié pour la première fois à compte d'auteur, Librairie Droz, Genève, 1963. Il a été repris chez René Julliard, Paris, 1964, puis aux Éditions La Découverte, Paris, 1985.

Il a connu une première édition de poche aux Éditions Payot, Paris, 1992 et a intégré les *Œuvres* de Nicolas Bouvier aux Éditions Gallimard, collection «Quarto», Paris, 2004.

Les notes sont de Nicolas Bouvier.

Si vous désirez être tenu régulièrement informé de nos parutions, il vous suffit de vous abonner gratuitement à notre lettre d'information hebdomadaire par courriel, à partir de notre site

www.editionsladecouverte.fr

où vous retrouverez l'ensemble de notre catalogue.

ISBN   978-2-7071-7901-2

I shall be gone and live
Or stay and die

SHAKESPEARE

Nicolas Bouvier et Thierry Vernet au Col d'Ordu (*p. 96 et suiv.*).

AVANT-PROPOS

J'avais quitté Genève depuis trois jours et cheminais à toute petite allure quand à Zagreb, poste restante, je trouvai cette lettre de Thierry :

TRAVNIK, BOSNIE   *le 4 juillet*

Ce matin, soleil éclatant, chaleur ; je suis monté dessiner dans les collines. Marguerites, blés frais, calmes ombrages. Au retour, croisé un paysan monté sur un poney. Il en descend et me roule une cigarette qu'on fume accroupis au bord du chemin. Avec mes quelques mots de serbe je parviens à comprendre qu'il ramène des pains chez lui, qu'il a dépensé mille dinars pour aller trouver une fille qui a de gros bras et de gros seins, qu'il a cinq enfants et trois vaches, qu'il faut se méfier de la foudre qui a tué sept personnes l'an dernier.

Ensuite je suis allé au marché. C'est le jour : des sacs faits avec la peau entière d'une chèvre, des faucilles à vous donner envie d'abattre des hectares de seigle, des peaux de renard, des paprikas, des sifflets, des godasses, du fromage, des bijoux de fer-blanc, des tamis de jonc encore vert auxquels des moustachus mettent la dernière main, et régnant sur tout cela, la galerie des unijambistes, des manchots, des trachomeux, des trembleurs et des béquillards.

> Ce soir, été boire un coup sous les acacias pour écou-
> ter les Tziganes qui se surpassaient. Sur le chemin du
> retour, j'ai acheté une grosse pâte d'amande, rose et
> huileuse. L'Orient quoi !

J'examinai la carte. C'était une petite ville dans un cirque de
montagnes, au cœur du pays bosniaque. De là, il comptait remonter vers Belgrade où l'« Association des peintres serbes » l'invitait
à exposer. Je devais l'y rejoindre dans les derniers jours de juillet avec le bagage et la vieille Fiat que nous avions retapée, pour
continuer vers la Turquie, l'Iran, l'Inde, plus loin peut-être... Nous
avions deux ans devant nous et de l'argent pour quatre mois. Le
programme était vague, mais dans de pareilles affaires, l'essentiel
est de partir.

C'est la contemplation silencieuse des atlas, à plat ventre sur
le tapis, entre dix et treize ans, qui donne ainsi l'envie de tout
planter là. Songez à des régions comme le Banat, la Caspienne, le
Cachemire, aux musiques qui y résonnent, aux regards qu'on y
croise, aux idées qui vous y attendent... Lorsque le désir résiste aux
premières atteintes du bon sens, on lui cherche des raisons. Et on
en trouve qui ne valent rien. La vérité, c'est qu'on ne sait comment
nommer ce qui vous pousse. Quelque chose en vous grandit et
détache les amarres, jusqu'au jour où, pas trop sûr de soi, on s'en
va pour de bon.

Un voyage se passe de motifs. Il ne tarde pas à prouver qu'il se
suffit à lui-même. On croit qu'on va faire un voyage, mais bientôt
c'est le voyage qui vous fait, ou vous défait.

... Au dos de l'enveloppe, il était encore écrit : « mon accordéon,
mon accordéon, mon accordéon ! »

Bon début. Pour moi aussi. J'étais dans un café de la banlieue de
Zagreb, pas pressé, un vin blanc-siphon devant moi. Je regardais
tomber le soir, se vider une usine, passer un enterrement — pieds
nus, fichus noirs et croix de laiton. Deux geais se querellaient dans
le feuillage d'un tilleul. Couvert de poussière, un piment à demi

rongé dans la main droite, j'écoutais au fond de moi la journée s'effondrer joyeusement comme une falaise. Je m'étirais, enfouissant l'air par litres. Je pensais aux neuf vies proverbiales du chat ; j'avais bien l'impression d'entrer dans la deuxième.

UNE ODEUR DE MELON

Minuit sonnait quand j'arrêtai la voiture devant le café *Majestic*. Un silence aimable régnait sur la rue encore chaude. À travers les rideaux crochetés j'observai Thierry assis à l'intérieur. Il avait dessiné sur la nappe une citrouille grandeur nature qu'il remplissait, pour tuer le temps, de pépins minuscules. Le coiffeur de Travnik n'avait pas dû le voir souvent. Avec ses ailerons sur les oreilles et ses petits yeux bleus, il avait l'air d'un jeune requin folâtre et harassé.

Je restai longtemps le nez contre la vitre avant de rejoindre sa table. On trinqua. J'étais heureux de voir ce vieux projet prendre forme ; lui, d'être rejoint. Il avait eu du mal à s'arracher. Il avait fait sans entraînement des marches trop longues et la fatigue l'assombrissait. En traversant, les pieds blessés et la sueur au front, ces campagnes peuplées de paysans incompréhensibles, il remettait tout en question. Cette entreprise lui paraissait absurde. D'un romantisme idiot. En Slovénie, un aubergiste remarquant sa mine défaite et son sac trop lourd n'avait rien arrangé en disant gentiment : *Ich bin nicht verrückt, Meister, ICH bleibe zu Hause.*

Le mois passé ensuite à dessiner en Bosnie l'avait remis d'aplomb. Lorsqu'il avait débarqué à Belgrade, ses dessins sous le bras, les peintres d'ULUS[1] l'avaient reçu comme un frère et lui avaient déniché en banlieue un atelier vide où nous pourrions loger à deux.

---

1.   ULUS : association des peintres de Serbie.

On reprit la voiture ; c'était bien en dehors de la ville. Après avoir franchi le pont de la Save, il fallait suivre deux ornières qui longeaient les berges jusqu'à un lopin envahi de chardons où s'élevaient quelques pavillons délabrés. Thierry me fit arrêter devant le plus grand. En silence, on coltina le bagage dans un escalier obscur. Une odeur de térébenthine et de poussière prenait à la gorge. La chaleur était étouffante. Un ronflement puissant s'échappait des portes entrouvertes et résonnait sur le palier. Au centre d'une pièce immense et nue, Thierry s'était installé, en clochard méthodique, sur une portion de plancher balayée, à bonne distance des carreaux brisés. Un sommier rouillé, son matériel de peinture, la lampe à pétrole et, posés à côté du primus sur une feuille d'érable, une pastèque et un fromage de chèvre. La lessive du jour séchait sur une corde tendue. C'était frugal, mais si naturel que j'avais l'impression qu'il m'attendait là depuis des années.

J'étendis mon sac sur le sol et me couchai tout habillé. La ciguë et l'ombelle montaient jusqu'aux croisées ouvertes sur le ciel d'été. Les étoiles étaient très brillantes.

Fainéanter dans un monde neuf est la plus absorbante des occupations.

Entre la grande arche du pont de la Save et la jonction du Danube, la banlieue poudroyait sous les feux de l'été. Elle devait son nom : *Saïmichte* (la foire) aux reliefs d'une exposition agricole transformée par les nazis en camp de concentration. Pendant quatre ans, juifs, résistants et Tziganes y étaient morts par centaines. La paix revenue, la municipalité avait sommairement recrépi ces lugubres « folies » pour les artistes boursiers de l'État.

La nôtre — portes qui jouent, fenêtres crevées, chasse d'eau rétive — comptait cinq ateliers allant du dénuement complet à une bohème cossue. Les plus démunis des locataires, ceux du premier étage, se retrouvaient chaque matin, blaireau en main, devant le lavabo du palier, en compagnie du concierge — un

mutilé de guerre, la casquette vissée au crâne — auquel il fallait
pincer la peau du menton pendant que de sa main unique il y
passait prudemment le rasoir. C'était un homme souffreteux, plus
méfiant qu'une loutre, sans rien d'autre à faire que surveiller une
fille en âge de fauter, et glaner dans les toilettes — des latrines à la
turque où l'on vide ses poches avant de s'accroupir — les bricoles :
mouchoirs, briquets, stylos, que les usagers distraits avaient pu
oublier. Milovan le critique littéraire, Anastase le céramiste, et
Vlada, un peintre paysan, occupaient les ateliers du rez-de-chaussée. Toujours prêts à nous aider, à nous servir d'interprètes, à nous
prêter une machine à écrire, un morceau de miroir, une poignée
de gros sel, ou à convier la maisonnée entière, lorsqu'ils avaient
vendu une aquarelle ou un article, à un banquet vociférant —
vin blanc, poivrons, fromage — suivi d'une sieste collective sur le
plancher ensoleillé et nu. Dieu sait pourtant qu'ils vivaient chiche-
ment, mais les années noires de l'occupation et de la guerre civile
leur avaient enseigné le prix de la douceur, et Saïmichte, à défaut
de confort, avait une bonhomie bien à elle. C'était une jungle
de pavots, de bluets, d'herbes folles qui montait à l'assaut de ces
bâtiments dégradés, et noyait dans son vert silence les cambuses
et les campements de fortune qui avaient poussé tout autour. Un
sculpteur habitait le pavillon voisin du nôtre. Le menton sali de
barbe, ses marteaux à la ceinture comme des colts, il dormait sur
une paillasse au pied de la statue qu'il était en train d'achever :
un partisan torse nu, le poing fermé sur une mitraillette. C'était
l'homme le plus riche de la zone. L'époque lui était clémente ; en
monuments aux morts, en étoiles de granit rouge, en effigies de
maquisards aux prises avec un vent de deux cents kilomètres, il
avait pour quatre ans de commandes au moins. C'était naturel ;
après avoir été l'affaire des Comités secrets, les révolutions s'installent, se pétrifient et deviennent rapidement celle des sculpteurs.
Dans un pays qui, comme la Serbie, n'a cessé de se soulever et
de se battre, ils disposent déjà d'un large répertoire héroïque —
chevaux cabrés, sabres au clair, comitadjis — dans lequel il suffit de

puiser. Mais cette fois, c'était plus difficile. Les libérateurs avaient changé de style ; ils étaient à pied, tondus, soucieux, rébarbatifs, et la cuillère de confiture que le sculpteur nous offrait, selon la coutume serbe, lorsqu'on lui rendait visite, suggérait un univers moins martial et plus doux.

À l'autre bout du terrain vague, une glacière flanquée d'un débit d'alcool servait de boîte postale et de rendez-vous à ceux qui vivaient ici entre ciel et broussaille avec leurs poules et leurs chaudrons. On en emportait de lourds blocs terreux d'une glace à gros grains et des sorbets au lait de chèvre dont le goût suri restait jusqu'au soir dans la bouche. Le bistrot n'avait que deux tables autour desquelles les chiffonniers de la zone — des vieux, les yeux rouges et mobiles, qui à force de flairer l'ordure ensemble avaient pris l'air de furets grandis dans le même sac — s'installaient aux heures chaudes pour dormir ou trier leur récolte.

Derrière la glacière s'étendait le domaine d'un brocanteur ukrainien qui logeait dans une niche très propre au milieu de ses trésors ; un homme de poids, coiffé d'une casquette à oreilles, qui possédait une colline de chaussures hors d'usage, une autre d'ampoules fusées ou éclatées, et menait son affaire en grand. Un monceau de bidons percés et de chambres à air cuites complétait son fonds de commerce. L'étonnant, c'était le nombre de clients qui quittaient son dépôt, leurs « emplettes » sous le bras. Passé un certain degré de pénurie, il n'est rien qui ne se négocie. À Saïmichte, UN soulier — même percé — pouvait constituer une affaire, et la colline de l'Ukrainien était souvent gravie par des pieds nus, sondée par des regards brillants.

Vers l'ouest, le long de la route de Zemoun, Novi-Beograd élevait au-dessus d'une mer de chardons les fondations d'une cité satellite que le gouvernement avait voulu bâtir, malgré l'avis des géologues, sur un sol mal draîné. Mais une autorité — même auguste — ne prévaut pas contre un terrain spongieux et Novi-Beograd, au lieu de sortir de terre, persistait à s'y enfoncer. Abandonnée depuis deux ans, elle dressait entre la grande campagne et nous ses fausses fenêtres et ses poutrelles tordues où perchaient les hiboux. C'était une frontière.

À cinq heures du matin, le soleil d'août nous trouait les paupières et nous allions nous baigner dans la Save de l'autre côté du pont de Saïmichte. Sable doux aux pieds, quelques vaches dans les vernes, une gamine en fichu qui gardait des oisons, et dans un trou d'obus un mendiant endormi recouvert de journaux. Le jour levé, les mariniers des chalands et les gens de la zone y venaient laver leur linge. En bonne compagnie nous frottions nos chemises, accroupis dans l'eau terreuse, et tout le long de la berge, face à la ville endormie, ce n'étaient qu'essorages, bruits de brosses et chansons soupirées pendant que de grandes banquises de mousse descendaient au fil de l'eau vers la Bulgarie.

L'été, Belgrade est une ville matinale ; à six heures l'arroseuse municipale balaie le crottin des charrettes maraîchères et les volets de bois claquent devant les boutiques ; à sept, tous les bistrots sont bondés. L'exposition ouvrait à huit. Un jour sur deux j'allais la tenir pendant que Thierry relançait jusque chez eux les acheteurs rétifs ou dessinait dans la ville. Vingt dinars l'entrée, pour ceux qui les avaient. La caisse ne contenait qu'une poignée de monnaie et, oublié par le dernier exposant, *Variétés V* de Valéry, dont le style maniéré prenait ici une allure exotique qui ajoutait au plaisir de lire. Sous le pupitre, une demi-pastèque et une fiasque de vin attendaient les amis d'ULUS qui venaient en fin d'après-midi proposer un plongeon dans la Save ou traduire un brin de critique paru dans un journal du soir.

— ... M. Verrrnettt'e... a certes bien vu nos campagnes et ses croquis sont amusants... mais, il est trop sarcastique et manque encore de... manque encore de — comment dites-vous donc, faisait le traducteur en claquant ses doigts — ... ah ! j'y suis, de sérieux !

La vérité, c'est que le sérieux est la denrée préférée des démocraties populaires. Les journalistes de la presse communiste qui venaient de bonne heure le matin faire leur papier en avaient à revendre. C'étaient de jeunes officiels aux chaussures craquantes, sortis pour la plupart des maquis titistes et qui tiraient de leur importance nouvelle une satisfaction bien légitime, encore qu'elle les rendît un peu rogues et incertains. Ils passaient, le front barré, d'un dessin à l'autre, censeurs sévères mais perplexes, car comment savoir si l'ironie est rétrograde ou progressiste ?

Entre onze heures et midi, l'affiche de la porte — soleil jaune sur fond bleu — attirait tous les mioches de l'avenue Terazié, retour de l'école. Une exposition de tartines n'aurait pas eu plus de succès : des gamines aux sourires ébréchés longeaient les cimaises à cloche-pied ; des gosses tziganes empoussiérés payaient d'une grimace, se coursaient d'une salle à l'autre avec des cris stridents et laissaient sur le parquet ciré l'empreinte de minuscules pieds nus.

Cinq à six, l'heure creuse, nous amenait quelques revenants des beaux quartiers. Pitoyables et doux « ci-devant » dont le français léger et les visages d'un effacement plein d'égards trahissaient l'origine bourgeoise : vieillards aux moustaches tremblantes chargés d'énormes cabas et matrones en chaussures de tennis, bronzées comme des paysannes, qui tiraient leur chaise jusqu'à la caisse, nous tendaient une main sèche et sondaient prudemment pour trouver l'écho de leurs ruminations mélancoliques. Beaucoup d'entre eux, revenus au pays après l'amnistie d'octobre 1951, occupaient la plus petite pièce de leur ancien logis et les situations les plus imprévues. Un vieil avocat mélomane copiait des partitions pour un orchestre de jazz, une muse des salons d'autrefois pédalait au point du jour vers de lointaines casernes pour y enseigner le solfège ou l'anglais. Ils ne jetaient aux murs qu'un regard distrait mais, trop seuls pour s'en aller tout de suite et trop fiers pour le dire, ils se lançaient — de façon à tenir jusqu'à la fermeture — dans de harassants monologues sur le tombeau du roi Alexandre ou sur les couvents désaffectés de Macédoine que nous qui *pouvions comprendre* devions voir absolument. Et ils restaient là, pressants, lassés, confidentiels, multipliant les conseils. Mais le cœur n'y était plus. Pour le courage on se force, pas pour l'entrain.

À la tombée du jour c'était toute la rue qui passait par l'exposition. Les Belgradois avaient trop peu de distractions pour en négliger aucune. La vie était encore assez frugale pour que chacun fût affamé de tout et cet appétit suscitait bien des découvertes. Des théologiens suivaient les courses de motos, des paysans — après une journée d'emplettes dans l'*Ulitza Marshala Tita* — venaient ici découvrir l'aquarelle. Ils déposaient contre la porte un sac d'engrais, un licou neuf, une serpe au tranchant graissé, lorgnaient les billets d'un œil perçant et sortaient l'argent de leur ceinture ou de leur calot. Puis ils croisaient d'un dessin à l'autre à larges enjambées, mains dans le dos, et regardaient posément, bien résolus à en avoir pour leurs dinars. Leur œil, formé par les clichés pâteux du *Journal de Mostar* ou de *L'Écho de Cettigné*, avait du mal à saisir d'emblée ce dessin linéaire. À partir d'un détail familier — dindon, minaret, guidon de bicyclette — ils démêlaient le sujet, se mettaient soudain à rire ou à soliloquer et tendaient le cou pour voir s'ils reconnaissaient leur gare, leur bossu, leur rivière. Devant un personnage débraillé ils vérifiaient leur braguette. J'aimais cette manière de rapporter les choses à soi, de les examiner lentement, patiemment, en pesant le travail. D'ordinaire ils restaient là jusqu'à la dernière, à l'aise dans leurs larges braies et leur fumet campagnard, puis passaient courtoisement à la caisse pour serrer la main de l'artiste ou lui rouler une cigarette qu'ils collaient d'un grand coup de langue. À sept heures, Prvan, le manager d'ULUS, venait aux nouvelles. Non, les acheteurs de l'État qui constituaient sa principale clientèle ne s'étaient pas encore décidés.

— Eh bien, disait-il, nous irons les chercher demain par l'oreille — et il nous emmenait manger la tarte aux épinards chez sa mère.

À défaut de clients, les amis sortaient de terre sous nos pieds. Il y a en Serbie des trésors de générosité personnelle, et malgré tout ce qui y manque encore, il y fait chaud. La France peut bien être — comme les Serbes se plaisaient à nous le répéter — le cerveau de l'Europe, mais les Balkans en sont le cœur, dont on ne se servira jamais trop.

On nous invitait dans de sombres cuisines, dans de petits salons d'une laideur fraternelle pour d'énormes ventrées d'aubergines, de brochettes, de melons qui s'ouvraient en chuintant sous les couteaux de poche. Des nièces, des ancêtres aux genoux craquants — car trois générations au moins se partageaient ces logis exigus — avaient déjà préparé la table avec excitation. Présentations, courbettes, phrases de bienvenue dans un français désuet et charmant, conversations avec ces vieux bourgeois férus de littérature, qui tuaient leur temps à relire Balzac ou Zola, et pour qui *J'accuse* était encore le dernier scandale du Paris littéraire. Les eaux de Spa, « L'Exposition coloniale »... quand ils avaient atteint le bout de leurs souvenirs, quelques anges passaient et l'ami peintre allait quérir, en déplaçant force vaisselle, un livre sur Vlaminck ou Matisse que nous regardions pendant que la famille observait le silence comme si un culte respectable auquel elle n'avait pas part venait de commencer. Cette gravité me touchait. Pendant mes années d'études, j'avais honnêtement fait de la « culture » en pot, du jardinage intellectuel, des analyses, des gloses et des boutures ; j'avais décortiqué quelques chefs-d'œuvre sans saisir la valeur d'exorcisme de ces modèles, parce que chez nous l'étoffe de la vie est si bien taillée, distribuée, cousue par l'habitude et les institutions que, faute d'espace, l'invention s'y confine en des fonctions décoratives et ne songe plus qu'à faire « plaisant », c'est-à-dire : n'importe quoi. Il en allait différemment ici ; être privé du nécessaire stimule, dans certaines limites, l'appétit de l'essentiel. La vie, encore indigente, n'avait que trop besoin de *formes* et les artistes — j'inclus dans ce terme tous les paysans qui savent tenir une flûte, ou peinturlurer leur charrette de somptueux entrelacs de couleurs — étaient respectés comme des intercesseurs ou des rebouteux.

Thierry n'avait encore rien vendu. Je n'avais rien écrit. Si modique que fût la vie, nos dinars fondaient rapidement. J'allai chercher du travail du côté des journaux où, grâce aux voisins de Saïmichte, je pus placer quelques miettes. Les rédactions payaient peu, mais l'accueil y était chaleureux. Ce qui mettait aussitôt à l'aise, c'est que dans presque chacune d'elles on trouvait, en bonne place, un piano à queue ouvert pour les *urgences* — comme si ici le besoin de musique était aussi impérieux qu'un besoin naturel — et une buvette où, dans l'odeur tonique du café turc, on pouvait bavarder très librement. Il n'existait pas de censure préalable et les opinions les plus hétérodoxes pouvaient en principe être publiées... et suivies de sanctions. Aussi le rédacteur en chef retirait-il prudemment du marbre tout ce qui sentait le fagot, et la moitié au moins de la copie n'était-elle pas utilisée. Parfois, pour nous faire bonne impression, les responsables s'exagéraient inconsciemment la latitude qui leur était laissée. — « Chez vous, les femmes ne votent pas. Faites-nous une page là-dessus. Votre sentiment. Allez-y carrément. » Je n'avais pas d'opinion arrêtée, j'écrivis pourtant que c'était bien ainsi, peut-être parce qu'après quelques semaines de Yougoslavie, j'aurais souhaité voir les femmes militer un peu moins et se soucier de plaire un peu plus. J'appelai même La Fontaine au secours de « la grâce, plus belle encore que la beauté ». Ces dames — il s'agissait d'un magazine féminin — s'en trouvèrent certes flattées, car si toutes n'étaient pas belles, toutes étaient gracieuses, mais ce n'était pas la littérature qu'il fallait.

— Nous avons bien ri, me dit la rédactrice d'un air embarrassé, mais pour la Ligne, c'est encore un peu... comment diriez-vous... frivole. Nous risquons des ennuis.

Je proposai d'écrire un conte.

— C'est une idée : un conte sans prince.

— Le diable ?

— Si vous y tenez... mais pas de saint. J'ai besoin de ma place.

Elle secoua ses cheveux noirs en éclatant d'un rire amical.

Belgrade est nourrie d'une magie rustique. Pourtant, elle n'a rien du village, mais un influx campagnard la traverse et lui donne du mystère. On y imagine volontiers le diable sous les traits d'un maquignon cossu ou d'un sommelier à la veste râpée, s'épuisant à tisser des trames ou à tendre des pièges constamment déjoués par la formidable candeur yougoslave. Tout l'après-midi, je rôdai au bord de la Save, essayant sans succès de trouver une histoire sur ce thème. Comme l'affaire pressait, je passai la soirée à taper une petite fable où le diable n'était plus pour rien, qu'on alla livrer aussitôt à la rédactrice, au sixième étage d'un immeuble lézardé. Bien qu'il fût tard, elle nous fit entrer. Je n'ai aucun souvenir de la conversation, mais ce qui me frappa surtout c'est qu'elle portait des mules à talon et une superbe robe de chambre rouge. À Belgrade ces choses-là tirent l'œil. Je lui étais reconnaissant d'être si joliment harnachée parce que de tous les aspects de la pénurie, un des plus affligeants m'a toujours paru être celui qui enlaidit les femmes : chaussures de prix unique aussi massives que des prothèses, mains gercées, tissus à fleurs dont les couleurs coulent et se brouillent. Dans ce contexte, cette robe de chambre était une victoire. Elle nous réchauffait le cœur comme un drapeau. J'avais envie de l'en féliciter, de boire à la santé de ce colifichet. Je n'osai être aussi explicite. On la quitta avec une profusion de remerciements dont elle parut un peu surprise.

Quatre mille dinars. Il en faudrait faire dix fois autant avant de quitter la ville, mais c'étaient déjà quelques jours de gagnés pour la retraite que nous comptions faire en Macédoine. Pour travailler, pour fuir Belgrade qui commençait à nous déborder.

Pavés du quai de la Save, petites usines. Un paysan, le front appuyé à la vitrine d'un magasin, qui regarde interminablement une scie toute neuve. Buildings blancs de la haute ville sommés de l'étoile rouge du Parti, clochers à oignons. Lourde odeur d'huile des trams du soir, bondés d'ouvriers aux yeux vides. Chanson envolée du fond d'un bistrot… *sbogom Mila dodje vrémé* (adieu ma chère, le temps s'enfuit...). Distraitement, par l'usage qu'on en faisait, Belgrade empoussiérée nous entrait dans la peau.

Il y a des villes trop pressées par l'histoire pour soigner leur présentation. Lorsqu'il avait été promu capitale yougoslave, le grand bourg fortifié s'était élargi par rues entières, dans ce style administratif qui déjà n'est plus moderne et semble ne jamais devoir être ancien. Grand-Poste, Parlement, avenues plantées d'acacias et quartiers résidentiels où les villas des premiers députés avaient poussé sur un sol arrosé de pots-de-vin. Tout était allé trop vite pour que Belgrade ait pu pourvoir déjà aux cent détails qui font la finesse de la vie urbaine. Les rues paraissaient occupées plutôt qu'habitées ; la trame des incidents, des propos, des rencontres, était rudimentaire. Aucun de ces recoins subtils, ombreux que toute ville véritable offre à l'amour ou à la méditation. L'article soigné avait disparu avec la clientèle bourgeoise. Les vitrines offraient des marchandises à peine finies : souliers déversés comme des bûches, pains de savon noir, clous au kilo ou poudre de toilette empaquetée comme de l'engrais.

Parfois un diplomate qui passait par l'exposition et nous invitait à dîner nous permettait de retrouver cette patine citadine dont la ville manquait tant. Vers sept heures, nous posions dans la Save la poussière de la journée, nous nous balafrions en hâte devant le miroir du palier, et vêtus de complets défraîchis, nous nous laissions béatement couler vers les beaux quartiers, les robinets chromés, l'eau chaude et les savonnettes, dont nous profitions — sous prétexte de disparaître — pour laver une provision de mouchoirs et de chaussettes. Lorsque celui qui s'était chargé de cette corvée finissait par revenir, la sueur au front, l'hôtesse disait maternellement : « Vous n'êtes pas bien ? Ah, cette nourriture serbe... personne n'y échappe, nous tous, et récemment... »

— Moi-même — ajoutait le ministre en élevant les mains.

Nous n'écoutions qu'à demi la conversation, consacrée aux mauvaises routes, à l'incompétence des bureaux, bref, à des carences et pénuries qui ne nous gênaient en rien, gardant toute notre attention pour le moelleux du cognac, le grain de la nappe damassée, le parfum de la maîtresse de maison.

La mobilité sociale du voyageur lui rend l'objectivité plus facile. Ces excursions hors de notre banlieue nous permettaient, pour la première fois, de porter un jugement serein sur ce milieu dont il fallait s'éloigner pour distinguer les contours. Ses habitudes verbales, ses ridicules et son humour, sa douceur et — lorsqu'on avait montré patte blanche — son naturel, fleur rare dans tous les terrains. Son sommeil aussi et cette incuriosité qu'engendre une vie déjà meublée jusque dans ses moindres recoins par les générations précédentes, plus avides et plus inventives. Un monde de bon goût, souvent de bon vouloir, mais essentiellement consommateur, où les vertus du cœur étaient certes entretenues mais comme une argenterie de famille qu'on réserve aux grandes occasions.

Au retour, nous retrouvions notre baraque chauffée à blanc par le soleil de la journée. En poussant la porte nous retouchions terre. Le silence, l'espace, peu d'objets et qui nous tenaient tous à cœur. La vertu d'un voyage, c'est de purger la vie avant de la garnir.

Nouveau voisin. Français d'origine serbe, Anastase qui trouvait la vie trop dure à Montparnasse avait choisi de rentrer au pays. Il venait d'emménager ici avec une douce épouse parisienne que chacun dans la maison avait secrètement espérée facile et qui ne l'était pas. Anastase savait à peine le serbe. Il avait du mal à se faire à Saïmichte et à ses mœurs. Un fort accent parigot et une sorte de gouaille timide lui tenaient lieu d'aplomb. Par crainte de faire bourgeois il ne quittait pas les maillots d'apache et sa femme s'était taillé une robe de bure d'une coupe austère qui surprenait beaucoup ici. Elle n'avait pas eu l'occasion de la porter longtemps. Au bout d'une semaine, *papadatchi* le moustique à fièvre l'avait piquée et maintenant elle était sur son lit, fondant à vue d'œil et pleurant comme une Madeleine dans un cercle de voisines bourrues et secourables.

Bref, Anastase allait de déboires en surprises. Les femmes même le déroutaient complètement : certain que sa qualité de Français lui vaudrait quelque indulgence il avait bravement entrepris dans les douches la fille du concierge qui l'avait à moitié assommé. « Tout juste, murmurait-il avec dépit, si j'ai pu envoyer la main. » Milovan le critique en faisait des gorges chaudes.

— La précipitation vous perdra, Anastase. Pauvre fille... Français, Français... elle devait s'attendre à des merveilles, un brin de cour, des mots galants, un siège ! Et vous lui tombez dessus pour faire l'amour sur-le-champ, comme tout le monde !

Pendant les premières semaines, Anastase avait senti le sol se dérober sous lui. Tout était si différent. Jusqu'à la politique ! Au début, pour montrer patte blanche et faire preuve de bon esprit, il s'était répandu en critiques furieuses contre le Vatican. Sans éveiller le moindre écho. Pourquoi le Vatican ? On ne lui en demandait pas tant, et le sujet n'intéressait personne à Saïmichte ; il y avait à Belgrade dans la presse d'extrême gauche des journalistes payés pour tenir ce genre de propos, pourquoi faire gratuitement le travail à leur place ? Ses interlocuteurs le regardaient avec une surprise qui lui coupait sa verve et l'invitaient gentiment à se calmer et prendre un verre. Le désarroi, la solitude sont des choses que les Serbes reconnaissent au premier coup d'œil, et ils sont là tout de suite avec une bouteille, quelques petites poires meurtries et leur bonne présence à vous offrir.

Anastase avait, tout comme nous, bénéficié de ces dispositions merveilleuses ; Milovan, Vlada le peintre naïf, les gens d'ULUS lui avaient fraternellement tenu la tête hors de l'eau. Quand il avait compris le genre de circuit dans lequel il était tombé, il s'y était jeté avec une reconnaissance éperdue. À présent, il voulait à toute force distribuer le café qu'il avait rapporté de France. On le voyait passer dans les couloirs, un plateau fumant à la main. Pour être aimé. Enfin il tombait juste ; le café était rare, Anastase le préparait à merveille. On l'aimait. C'était aussi simple que ça.

Office du vendredi à la petite église orthodoxe qui se dissimule derrière la poste. Quelques tournesols contre une palissade vermoulue et des peaux de lapins bourrées de paille accrochées au mur de la sacristie. À l'intérieur, une douzaine de vieilles aux sandales poussiéreuses chantaient la liturgie derrière un paravent. Deux cierges plantés dans un seau de sable éclairaient faiblement l'autel. C'était doux et désuet. L'obscurité, le ronron des voix frêles donnaient à la cérémonie une irréalité presque pénible ; j'avais l'impression qu'un metteur en scène peu soigneux venait de la reconstituer à l'instant. Cette église paraissait moribonde. Elle n'avait pas pu s'adapter, elle n'avait pu que souffrir. Le rôle qu'elle avait joué dans la formation du royaume de Serbie, les secours qu'elle avait fournis aux résistants lui évitaient d'être persécutée, mais si le Parti ne faisait rien pour l'achever, il en faisait moins encore pour la guérir et chacun savait que l'assiduité au culte ne faisait guère progresser les carrières.

Chez les morts au moins, elle pouvait s'affirmer sans crainte de leur nuire. Dans les cimetières de Belgrade, sur les tombes de partisans sommées de l'étoile rouge, la famille venait déposer des croix de perles violettes, ou allumer le dimanche ces cierges minuscules dont la flamme se couche sans s'éteindre. La concurrence des emblèmes se poursuivait silencieusement jusqu'ici. Celui du Parti s'étalait partout ; au minium sur les palissades, à l'entrée des magasins, estampé sur les pains d'épice, parfois même dans des villages perdus de Bosnie où la section du chef-lieu voisin venait dresser face à la mosquée un « arc triomphal du coopérateur », grosse imposture de carton-bois qui passait sans transition de la peinture fraîche à une décrépitude lépreuse. Au bout d'une semaine les paysans attachaient leurs charrettes aux montants, y découpaient discrètement de quoi aveugler leurs carreaux brisés, le vernis éclatait sous un soleil de plomb et le lourd totem s'étiolait comme une greffe qui n'aurait pas pris.

Il est vraiment curieux que les révolutions qui font profession de connaître le peuple fassent si peu cas de sa finesse et recourent pour

leur propagande à des mots d'ordre et à des symboles d'un confor-
misme encore plus benêt que celui qu'elles prétendent remplacer.
Élaborée par les plus brillants esprits de l'*Encyclopédie*, la Révolution
française était rapidement descendue à une niaise parodie de la
république romaine, à « pluviôse », « décadi », à la déesse Raison[1].
Même dégringolade lorsqu'on passait du socialisme chaleureux et
réfléchi de Milovan à la *machine du Parti* : haut-parleurs, ceinturons,
Mercedes pleines de ruffians, bondissant sur le pavé défoncé — tout
un appareil déjà curieusement démodé et aussi arbitraire que ces
pesantes mécaniques de scène qui font descendre des cintres, pour
le final, les dieux morts et les nuages en trompe l'œil.

       Personne à Saïmichte ne parlait du passé. On
pouvait supposer sans risque de se tromper qu'il avait été partout
difficile. Comme des chevaux couronnés, mais de courte mémoire,
la petite population de la zone puisait dans cet oubli le courage de
revivre.

À Belgrade, les gens en place le passaient sous silence comme
un vieillard douteux dont le procès eût mis trop de gens en cause.
Il existe cependant une glorieuse histoire serbe, des chroniques
croates ou monténégrines, des gestes macédoniennes pleines de
princes-évêques machiavéliques, de philologues conspirateurs, de
comitadjis au tromblon couvert d'encoches ; personnages admirables, mais d'un emploi délicat, encore impropres à la consommation — comme ces viandes qu'il faut bouillir longtemps pour en
faire dégorger l'amertume — puisqu'ils avaient généralement mis à
profit les brefs répits que leur laissait l'adversaire turc ou autrichien
pour se tomber dessus.

En attendant de retrouver ce patrimoine encore « sous scellé »,
on faisait commencer l'histoire officielle avec l'invasion nazie.

---

1.   C'est une fille publique qui fut choisie pour la personnifier aux
cérémonies du Champ de Mars.

Les vingt mille morts du bombardement de Belgrade, les maquis, la montée titiste, la guerre civile, la révolution, la brouille avec le Kominform et l'élaboration d'une doctrine nationale s'étaient succédé en moins de huit ans. C'était de ces brèves et violentes séquences qu'on tirait tous les exemples, les mots et les mythes nécessaires au sentiment national. Cette période ne manquait certes ni de héros authentiques ni de martyrs ; il y en avait assez pour rebaptiser toutes les rues du pays, mais rien ne ressemble autant à un partisan qu'un autre partisan et ces références perpétuelles à la résistance finissaient par donner la nausée, d'autant plus que les Serbes n'avaient pas attendu 1941 pour posséder les qualités qui nous séduisaient tant.

Quand ce passé tronqué nous manquait, il suffisait d'ouvrir notre *Manuel de conversation franco-serbe* pour être renvoyé droit comme une flèche dans un monde révolu.

Voilà une occasion de médire de ces petits précis à l'usage des touristes ; au cours de ce voyage j'en ai possédé plusieurs, également inutilisables, mais aucun n'approchait le *Manuel de conversation franco-serbe* du professeur Magnasco, Gênes, 1907. Tout en anachronismes à donner le vertige, en dialogues badins, de ceux qu'imagine un auteur qui aurait rêvé la vie d'hôtel sans quitter sa cuisine. Ce n'étaient que bottines à tiges, pourboires infimes, redingotes et propos superflus. La première fois que j'y recourus — chez un coiffeur du quai de la Save, parmi les crânes tondus et les ouvriers en salopettes — je tombai sur :

Imam, li vam navoštiti brk ? — dois-je cirer vos moustaches ? — question à laquelle il convenait de répondre aussitôt :

Za volju Bozyu nemojte puštam tu modu kikošima — à Dieu ne plaise ! je laisse cette mode aux damoiseaux.

Ce n'était déjà pas mal, mais dans la recherche du passé, les admirables antiques du musée de Belgrade offraient bien d'autres ressources. Il est vrai qu'il fallait d'abord payer son plaisir en traversant une salle consacrée aux œuvres du vieux sculpteur Mestrovitch. Toutes héroïques par le sujet ou par l'attitude. Tourments, espoirs, sursauts. Des musculatures michelangélesques renforcées par un régime de lard double et de choux, contractées jusqu'aux tempes comme pour expulser le petit noyau qui empêchait ces athlètes de penser.

Mais ensuite l'émerveillement commençait : on tombait sur une série de bustes d'époque hadrienne — consuls, préfets de Mésie ou d'Illyrie — d'une présence mirifique. Nulle part je n'avais vu la statuaire classique, si souvent rhétorique et glacée, se déchaîner à ce point. Dans la poursuite de la ressemblance et de la vie, l'exactitude chicanière des Romains, leur acidité, leur cynisme avaient fait merveille. Baignant dans une lumière de miel, une douzaine de vieux magistrats roués, vifs comme des matous, se dévisageaient en silence. Fronts obstinés, pattes d'oie sarcastiques, lippes de noceurs qui laissaient éclater avec une impudence fantastique la maladie, la ruse ou la cupidité, comme si le séjour dans ces étranges collines les avait délivrés pour toujours du fardeau de dissimuler. Avec ça, malgré ces stigmates et les balafres récoltées sur la frontière du Danube, ces visages avaient un fond serein. On les sentait en paix avec les détours d'une vie à laquelle ils avaient dû goulûment s'accrocher, et les autels mithriaques retrouvés en Serbie du Sud montraient qu'ils n'avaient rien négligé pour mettre, dans cette partie, le surnaturel de leur côté.

Puis nous retrouvions la rue ensoleillée, l'odeur des pastèques, le grand marché où les chevaux portent des prénoms d'enfant, et ce désordre de maisons éparses entre deux fleuves, ce campement très ancien qui, aujourd'hui, s'appelle Belgrade.

Le soir, pour réserver les moments de solitude qui sont si nécessaires, j'allais rôder de mon côté. Un cahier sous le bras, je passais l'eau et remontais l'avenue Nemanjina, noire et déserte, jusqu'au *Mostar,* un bistrot paisible, éclairé comme un paquebot, où tous les « pays » bosniaques se retrouvaient pour entendre leur magnifique musique à l'accordéon. Je n'étais pas plutôt assis que

le patron m'apportait un godet d'encre violette et une plume rouil-
lée. De temps en temps, il venait voir par-dessus mon épaule si
la besogne avançait. Qu'on puisse couvrir une page d'affilée lui
paraissait prodigieux. À moi aussi. Depuis que la vie était devenue si divertissante j'avais le plus grand mal à me concentrer. Je
prenais quelques notes, comptais sur ma mémoire et regardais
autour de moi.

Il y avait d'impérieuses fermières musulmanes qui ronflaient sur
les banquettes entre leurs paniers d'oignons, des camionneurs au
visage grêlé, des officiers assis tout droits devant leur verre qui tripo-
taient des cure-dents, ou bondissaient pour vous offrir du feu et
tenter d'engager la conversation. Et chaque nuit, à la table voisine
de la porte, quatre jeunes putains qui mâchaient des graines de
pastèque en écoutant l'accordéoniste caresser d'arpèges délirants
son instrument flambant neuf. Elles avaient de beaux genoux lisses,
bronzés, un peu terreux lorsqu'elles venaient d'exercer leurs offices
sur un talus du voisinage, et de fortes pommettes où le sang battait
comme un tambour. Parfois elles s'endormaient d'un coup et le
sommeil leur rendait un air d'extraordinaire jeunesse. Je regardais
ces flancs tendus de cotonnades violettes ou vert pomme soulevés
par un souffle régulier. Je les trouvais belles à leur manière brutale,
et troublantes jusqu'à l'instant où elles s'ébrouaient et se raclaient
abominablement la gorge avant de cracher dans la sciure.

Au retour, la sentinelle du pont me cherchait parfois querelle.
Le type nous connaissait pourtant bien, mais notre insouciance
l'aigrissait, et il exerçait la seule vengeance à sa portée : faire perdre
un moment aux passants. Il balançait lourdement sa tête tondue,
fleurant l'ail et le raki, et demandait des permis imaginaires. Mon
passeport étranger me permettait de m'en tirer sans peine et de
passer outre, mais sa rogne ne désarmait pas, et Vlada qui franchissait le pont bien après nous, et très souvent pompette, en subis-
sait les conséquences. Il était en train de sauter comme un gosse
d'une traverse à l'autre en pensant à la peinture merveilleuse qu'il
pourrait faire s'il n'était pas Vlada, s'il n'avait pas grandi ici, si...

quand la voix de la sentinelle le ramenait brutalement sur terre.
Ils se fâchaient et, par bouffées, l'écho de leurs querelles parvenait
jusqu'à l'atelier.

— Cinq cents dinars d'amende — glapissait le soldat que Vlada
d'une voix obstinée renvoyait aussitôt dans le ventre de sa mère.
Puisque le monde était si dur, la sentinelle n'allait pas laisser passer
ça. On l'entendait hurler : cinq mille. Un silence abattu succédait
à ce chiffre, puis les pas traînants de Vlada dégrisé qui regagnait la
maison à travers les hautes herbes et venait gratter à notre porte.
Il maudissait son emportement ; avec ce qu'il gagnait par mois,
jamais il ne pourrait payer. Demain, il faudrait retourner au poste,
s'excuser, faire la bête, arranger les choses avec des finasseries de
paysan et une bouteille de pruneau dans la poche.

Nous le réconfortions tant bien que mal, mais ces soirs-là, la ville
nous tombait dessus. On aurait voulu balayer d'un revers de main
les misérables appentis de la zone, la grosse haleine des miliciens,
la pouillerie tragique des uns, la lenteur soucieuse des autres. Nous
avions soudain besoin de regards heureux, d'ongles propres, d'ur-
banité et de linge fin. Au pochoir, Thierry peignit deux couronnes
sur les « quarts » de fer-blanc avec lesquels nous trinquions. Ce fut
notre seule forme de sédition. D'ailleurs, nous étions rois.

BATCHKA

L'exposition était fermée. Nous avions maintenant
assez d'argent pour songer à un voyage dans le nord du pays. L'ami
Mileta, un jeune peintre d'ULUS, s'offrit comme interprète et nous
y poussa ; si nous voulions enregistrer de la musique tzigane, c'est
dans ces régions-là qu'il fallait la chercher.

Il y a aujourd'hui environ cent mille Tziganes dans les campagnes
yougoslaves. Moins qu'autrefois. Beaucoup ont péri pendant la
guerre, massacrés ou déportés par les Allemands. Beaucoup d'autres
ont rejoint avec leurs chevaux, leurs ours et leurs chaudrons les

misérables banlieues de Nish ou de Subotica et sont devenus citadins. Cependant il existe encore quelques rares villages de Tziganes cachés au fond des provinces qui longent la frontière hongroise. Villages de glaise et de paille qui apparaissent et disparaissent comme par enchantement. Un beau jour, leurs habitants s'en lassent, les abandonnent et vont s'établir ailleurs, dans un coin plus solitaire. Mais personne à Belgrade ne saurait vous dire où.

Un après-midi d'août, le patron d'une guinguette de la grand'route Belgrade-Budapest, proprement cuisiné par Mileta, nous apprit le nom d'un de ces campements fantômes : Bogoiévo en Batchka, au sud de la frontière hongroise, à quelque cent kilomètres de la tonnelle où nous sirotions du vin blanc. Nous avons vidé nos verres et pris la route de Bogoiévo, Batchka. L'été s'en allait doucement vers l'automne et les dernières cigognes tournaient au-dessus des prés.

Les chemins de Batchka appartiennent aux furets, aux meneuses d'oies, aux carrioles noyées de poussière, et sont les plus mauvais du Balkan. Tant mieux pour la Batchka qui, à l'abri de ses ornières, n'a quasiment pas vu passer la guerre, et tant mieux pour nous qui n'étions pas pressés d'en finir avec ce paysage. C'est déjà la plaine à chevaux, l'horizon de pâtures vertes percé çà et là par un noyer solitaire ou l'antenne d'un puits à balancier. La province est de langue hongroise. Les femmes y sont belles et portent le dimanche un costume d'une opulence mélancolique ; les hommes, petits, bavards, obligeants, fument de minces pipes à couvercle et vont encore à la messe en souliers à boucles d'argent. L'ambiance est capricieuse et triste. En un après-midi on est ensorcelé.

Il faisait nuit quand nous avons atteint Bogoiévo. Le village, cossu et silencieux, se groupait autour d'une lourde église fraîchement blanchie à la chaux. Pas de lumière, sauf à l'auberge d'où parvenaient les bruits feutrés d'une dernière partie de billard. Dans la salle, trois paysans en complet noir combinaient sans mot dire des coups rapides, astucieux et leur ombre dansait agrandie sur le mur blanc. Face à un crucifix, un ancien portrait de Lénine — Lénine

en cravate lavallière — pendait accroché au-dessus du comptoir. Seul à une table, un berger en pelisse trempait du pain dans sa soupe. L'ensemble était assez singulier, mais pas trace de Tziganes. Nous nous étions trompés de Bogoiévo. Il y a deux villages voisins : Bogoiévo-des-Paysans et Bogoiévo-des-Tziganes. Un côté Ramuz et un côté Stravinski qui ne semblaient d'ailleurs pas faire trop bon ménage. Les trois joueurs interrogés sur le pas de la porte nous désignèrent d'un geste vague une boucle du Danube qui brillait à une portée de fusil. Notre méprise leur restait sur le cœur. Le temps de retenir la seule chambre de l'auberge et nous étions repartis.

Derrière la berge du fleuve, Bogoiévo-des-Tziganes dormait déjà, mais, à quelques pas du camp, à l'orée d'un pont rompu, dans une cabane couverte de liserons, nous avons surpris quelques-uns de ses hommes qui passaient la nuit à boire et à chanter. De la cuisine éclairée au pétrole montait une musique d'une gaieté canaille. On se poussa pour guigner au carreau : près de la lampe, un pêcheur vidait des anguilles tandis qu'une grosse campagnarde tournait pieds nus dans les bras d'un soldat. Assis en rang derrière une table chargée de litres à moitié vides, cinq Tziganes dans la quarantaine, cinq Tziganes pouilleux, guenilleux, finauds, distingués, grattaient leurs instruments rapiécés et chantaient. Des visages à larges pommettes. Des cheveux noirs, plats, longs sur la nuque. Des têtes d'Asiates, mais frottées à tous les petits chemins d'Europe, et cachant l'as de trèfle ou la clé des champs au fond de leurs feutres mités. Il est très rare de surprendre les Tziganes au gîte ; cette fois-ci, nous ne pouvions pas nous plaindre, c'était vraiment le terrier.

Lorsqu'on apparut sur la porte, la musique s'arrêta net. Ils avaient posé leurs instruments et nous fixaient, stupéfaits et méfiants. Nous étions nouveaux venus dans ces campagnes où rien n'arrive ; il fallait montrer patte blanche. On s'assit à leur table qu'on fit regarnir de vin, de poisson fumé, de cigarettes. Lorsque le soldat disparut avec la fille, ils reprirent leurs aises, comprenant que nous étions entre chemineaux, et se mirent à nettoyer les plats avec beaucoup de coquetterie. Entre les tournées nous parlions ; en français à

Mileta qui s'adressait en serbe au patron qui traduisait en hongrois aux Tziganes, et retour. L'ambiance était redevenue cordiale. Je branchai l'enregistreur et la musique recommença.

D'ordinaire, les Tziganes jouent le folklore de la province dans laquelle ils se trouvent ; *czardas* en Hongrie, *oros* en Macédoine, *kolo* en Serbie. Ils empruntent leur musique, comme tant d'autres choses, et la musique est sans doute la seule qu'ils restituent après l'avoir empruntée. Il va sans dire qu'il existe aussi un répertoire proprement tzigane sur lequel ils sont très discrets et qu'on n'entend que rarement. Mais ce soir-là, dans leur repaire et sur leurs instruments bricolés, c'était justement leur musique qu'ils jouaient. De vieilles complaintes que leurs cousins des villes ont oubliées depuis longtemps. Des chansons frustes, excitées, vociférantes qui racontent en langue *romani* les avatars de la vie quotidienne : larcins, petites aubaines, lune d'hiver et ventre creux…

> *Jido helku peru rošu*
> *Fure racca šiku košu*
> *Jido helku peru kreč*
> *Fure racca denkučec*
> *Jano ule ! Jano ule !*
> *Supileču pupi šore…*

> Le Juif à la tignasse rousse,
> Vole un coq rouge et un canard,
> Le Juif roux avec ses bouclettes,
> Dérobe un canard dans un coin.

> Tu leur as plumé les pattes
> Pour ta mère qui les mangera,
> Plus tendres que le cœur des roses rouges.
> Holà Janos ! Holà…

Nous écoutions. Pendant que Janos disparaissait avec ses volailles plumées et que les Tziganes scandaient sa fuite sur leurs crincrins avec une turbulence de gosses, un vieux monde sortait de l'ombre. Nocturne et rustique. Rouge et bleu. Plein d'animaux succulents et

sagaces. Monde de luzerne, de neige et de cabanes disjointes où le rabbin en caftan, le Tzigane en loques et le pope à barbe fourchue se soufflaient leurs histoires autour du samovar. Un monde dont ils changeaient l'éclairage avec désinvolture, passant sans crier gare d'une gaieté de truands à des coups d'archet déchirants...

Tote lume ziši mie, Simiou fate de demkonšie... — et pourtant, tout le monde m'avait dit : épouse la fille du voisin...

La nouvelle mariée a-t-elle filé avec un autre ? Était-elle moins vierge qu'on ne l'avait promis ? Peu importait l'histoire ; il leur plaisait tout d'un coup d'être tristes et n'importe quel thème aurait fait l'affaire. Le temps de quelques cigarettes, ils allaient faire gémir leurs cordes pour le simple plaisir de se mettre l'âme à l'envers.

Langueur toute provisoire. L'instant d'après, les deux plus achar-nés, que nous avions dû — pour les besoins de l'enregistrement — reléguer avec ménagement derrière leurs collègues, menaient un train d'enfer. Un retour au style gaillard était à craindre et se produi-sit en effet au moment de notre départ, sans égard au pêcheur et propriétaire de la cabane qui bâillait dans un coin, les poings sur les yeux.

Il était tard lorsque les cloches de la grand-messe nous réveil-lèrent à toute volée. Les colombes picoraient dans la cour de l'au-berge, le soleil était haut. Café au lait sur la place dans de larges bols blancs à bords dorés, en regardant les femmes en route vers l'église toute tendue d'oriflammes. Elles portaient des escarpins, des bas de fil blanc, des jupes brodées, en forme de corolle, gonflées par les jupons de dentelle, des corsages lacés et, sur le sommet du chignon, un flot de rubans fixés à un petit calot. Belles, élancées, d'un seul jet.

— Elles se serrent tant la taille, nous souffla l'aubergiste, que chaque dimanche vous en avez deux ou trois qui s'évanouissent avant l'Élévation.

Il baissait la voix avec respect. Il faut vraiment qu'une civilisa-tion campagnarde soit dans sa fleur pour qu'on vous y parle des femmes avec ce ton de mystère. Avec ses filles hâlées, son linge frais empesé, ses chevaux au pâturage et le voisinage des Tziganes pour servir de levain à cette pâte, Bogoiévo-des-Paysans avait bien de quoi être heureux.

Vers midi, retour à la cabane du pont où deux des virtuoses de la veille nous attendaient pour nous conduire au campement. Ils étaient attablés, frais comme des goujons, en compagnie d'un vieux paysan hongrois auquel ils essayaient de vendre un cheval. On leur fit passer les enregistrements. C'était excellent : ces voix d'abord timides qui dégénéraient bientôt en beuglements rustiques d'une gaieté irrésistible. Ils écoutaient les yeux fermés de plaisir avec des sourires en lame de couteaux. Le vieux lui-même commençait à s'épanouir au bout de la table. L'enregistreur, et notre présence, lui faisaient redécouvrir cette musique familière avec un cœur neuf. Quand ce fut terminé, il se leva et se présenta à la ronde avec beaucoup d'aisance ; il voulait chanter lui aussi, des chansons hongroises. Il relevait le gant, il daignait concourir. Nous n'avions plus de bande ? aucune importance ; c'est juste chanter qu'il voulait. Il défit la brisure de son col, posa les mains sur son chapeau et entonna d'une voix forte une mélodie dont le déroulement, absolument imprévisible, paraissait, une fois qu'on l'avait écouté, parfaitement évident. La première parlait d'un soldat qui au retour de la guerre se fait pétrir une galette « blanche comme la chemise de cet homme », la seconde disait :

> Le coq chante, l'aube apparaît
> Je veux à tout prix entrer dans l'église
> Les cierges brûlent depuis longtemps déjà
> Mais ni ma mère ni ma sœur ne sont là
> On m'a volé les anneaux de mariage...

Tout à sa chanson, le vieux prit un visage lamentable pendant que les Tziganes se balançaient en ricanant, comme s'ils étaient pour quelque chose dans cette disparition.

Bogoiévo-des-Tziganes est en contrebas de la digue, dans un pré solitaire verdi par un ruisseau. Autour du village, de petits chevaux

paissaient à l'attache sous des bosquets de saules ou de tournesols. Deux rangées de chaumières formaient une rue large et poussiéreuse où une portée de gorets noirs chargeaient et culbutaient, ventre au soleil. On venait de faire boucherie ; devant chaque seuil un paquet d'entrailles bleues fumait dans un pot de grès. Le village était silencieux, mais au milieu de la rue déserte, trois chaises étaient préparées pour nous autour d'une table boiteuse qu'un mouchoir rouge couvrait comme un carré de sang frais. Nous avons installé l'appareil, et en relevant la tête rencontré cent paires d'yeux magnifiques ; toute la tribu sur la pointe des pieds était autour de nous. Visages terreux, enfants nus, vieilles fumeuses de pipe, filles couvertes de perles en verre bleu qui rajustaient leurs haillons sales et dorés.

Quand ils reconnurent la voix des maris, des frères, le violon du « Président », il y eut une grande rumeur surprise puis quelques hurlements de fierté que les taloches des vieilles transformèrent promptement en silence. Jamais Bogoiévo n'avait entendu sa musique sortir d'une machine ; très tendrement entourés, les artistes du campement savouraient leur heure de gloire. Il fallut bien sûr photographier tout ce monde. Les filles surtout. Chacune voulait être seule sur l'image. Elles se poussaient et se pinçaient. Une bagarre rapide s'ensuivit — ongles, malédictions, gifles, lèvres fendues — qui se termina dans une gaieté tournoyante et dans le sang.

Le « Président » violoneux et un jeune adjoint à tête de fouine nous accompagnèrent jusqu'à la digue. Un dahlia piqué sur l'oreille, ils marchaient lentement, tout absorbés par leur concert-surprise. En serbe, ils nous demandèrent de revenir.

À Bogoiévo-des-Paysans, tout le monde devait banqueter ou dormir derrière les volets bleus. Personne sur la place, sauf une haute trombe de poussière rouge qui dansait toute droite et finit par s'écraser contre la façade de l'église. À quinze à l'heure on s'engagea dans les chemins qui rejoignent le bac de Batchka-Palanka. Le pays silencieux reposait dans la lumière lourde et fruitée d'une fin d'été.

Un jour, j'y retournerai, à cheval sur un balai, s'il le faut.

BATCHKA-PALANKA

De l'autre côté du Danube, derrière l'embarcadère du bac, le pays redevient montueux. Dans une forte côte bordée de champs de maïs, un homme surgi d'entre les épis nous barra la route : livide, une complexion de boucher, hurlant des choses en croate. On lui fit signe de monter. Il s'inséra de force entre les sièges et la banquette arrière et se mit à se recouvrir de tout ce qui lui tombait sous la main — sacs, couvertures, imperméables — jusqu'à avoir complètement disparu.

— C'est à la police qu'il veut être conduit, dit Mileta ; il a défloré une fille et comme il est marié, voilà déjà deux dimanches que la famille lui donne la chasse. Des Monténégrins comme il y en a beaucoup ici, auxquels le gouvernement a donné de la terre. Depuis le lever du soleil, il n'a pas cessé de courir.

En approchant du village, nous croisâmes en effet une petite troupe de moustachus secs et tannés, la carabine en bandoulière, qui pédalaient sur de hautes bicyclettes en sondant les champs du regard. Échanges de saluts courtois qui mettaient notre protégé au supplice. Lorsqu'on atteignit la hauteur du poste, il bondit hors de la voiture en bousculant Mileta et s'engouffra dans l'embrasure. À présent que notre homme était en sûreté, je commençais à trouver ces Monténégrins sympathiques : cette escouade d'oncles et de cousins solidaires, à leur affaire, résolus à peigner le pays, et aussi cette correction un peu distante dans la manière de saluer. J'avais grande envie de descendre dans le sud.

De retour à Saïmichte, nous passâmes une partie de la nuit à consulter la carte. Au sud-ouest de Nish, un chemin bordé de noms crochus et ensoleillés descendait sur le Kossovo et la Macédoine. Nous prendrions par là.

De la haute ville aux quais de la Save, le chemin passe par un flanc de colline couvert de maisons de bois, de palissades vermoulues, de sorbiers, de touffes de lilas. Un coin agreste, doux, peuplé de chèvres à l'attache, de dindons, d'enfants en tablier qui font de silencieuses marelles ou tracent sur le pavé, d'un charbon qui marque mal, des graffitis tremblés, pleins d'expérience, comme dessinés par des vieillards. J'y suis souvent venu traîner au coucher du soleil, la tête à rien, le cœur en fête, poussant du pied des trognons de maïs, respirant l'odeur de la ville comme s'il fallait mourir demain et cédant à ce pouvoir de dispersion si souvent fatal aux natifs des Poissons. Au pied de la colline un bistrot minuscule alignait trois tables en bordure du fleuve. On y servait un pruneau parfumé qui tremblait dans le verre au passage des charrettes. La Save roulait paisiblement son flot brun sous le nez des buveurs qui attendaient la nuit. De l'autre côté de l'eau on distinguait les broussailles poudreuses et les cabanes de Saïmichte, et quand le vent soufflait du nord je parvenais parfois même à entendre l'accordéon de Thierry, *Ça gaze* ou *L'Insoumise,* des airs d'un autre monde dont la tristesse frivole détonnait un peu ici.

J'y retournai le dernier soir. Sur le quai, deux hommes nettoyaient d'énormes tonnes qui empestaient le soufre et la lie. L'odeur de melon n'est bien sûr pas la seule qu'on respire à Belgrade. Il y en a d'autres, aussi préoccupantes ; odeurs d'huile lourde et de savon noir, odeurs de choux, odeurs de merde. C'était inévitable ; la ville était comme une blessure qui doit couler et puer pour guérir, et son sang robuste paraissait de taille à cicatriser n'importe quoi. Ce qu'elle pouvait déjà donner comptait plus que ce qui lui manquait encore. Si je n'étais pas parvenu à y écrire grand-chose, c'est qu'être heureux me prenait tout mon temps. D'ailleurs, nous ne sommes pas juges du temps perdu.

LA ROUTE DE MACÉDOINE

La route de Macédoine passe par Kraguiévač en Chumadia où notre ami Kosta l'accordéoniste nous attendait chez ses parents. La Chumadia, c'est la Cocagne de Serbie. Une mer de collines plantées de maïs et de colza. Du blé, des vergers où les prunes brûlantes tombent en couronne sur l'herbe sèche. Une province de fermiers riches, têtus et dépensiers qui peignent en lettres d'or *sbogom* — adieu — à l'arrière de leurs charrettes et distillent le meilleur pruneau du pays. De hauts noyers s'élèvent au centre des villages et l'ambiance bucolique est si forte qu'elle imprègne même les fils de bourgeois qui vont à Kraguiévač, au lycée du chef-lieu. Kosta avait ainsi constamment des entêtements rustiques, des mouvements du cou ou de l'épaule qui exprimaient un embarras campagnard. Des silences aussi. Nous n'en savions pas long sur sa famille : son père était médecin à l'hôpital du district — un bavard, ajoutait-il avant de retomber dans son mutisme — sa mère : grosse, gaie et quasiment aveugle.

À Kraguiévač, par contre, chacun semblait déjà savoir où nous étions attendus. Une grappe de gamins perchés sur la voiture nous dirigea jusqu'à la porte. Avec des cris de bienvenue, des mains jointes, des regards très bleus et quelques postillons, on nous fit entrer dans un appartement spacieux et délabré. Peluche, piano noir, un portrait de Pouchkine, une table formidablement servie et, installée dans un rayon de soleil, une grand-mère cassée par l'âge qui nous broya la main dans une poigne de fer. L'instant d'après le docteur arrivait au pas de course : un chaleureux ce docteur, un lyrique, l'œil myosotis et la moustache candide. Il connaissait Genève, parlait français avec une voix de stentor et nous remerciait de Jean-Jacques Rousseau comme si nous l'avions fait nous-mêmes.

Bière pour ouvrir l'appétit, salami, gâteau au fromage couvert de crème aigre.

Nous n'étions pas attablés depuis une heure que Kosta avait son instrument en bretelles et que le docteur accordait un violon. Près du dressoir où elle empilait les assiettes, la servante s'était mise à danser, gauchement d'abord, le haut du corps immobile, puis de plus en plus vite. Kosta tournait lentement autour de la table, ses doigts carrés volaient sur les touches. La tête penchée, il écoutait son clavier comme on écoute une source. Lorsqu'il cessait de marcher, seul le pied gauche marquait la mesure, le visage placide semblait à peine concerné par le rythme. C'est cette retenue qui fait les vrais danseurs. Nous qui ne savions pas danser, cette musique nous montait à la figure et s'y défaisait en tiraillements sans profit. Le docteur faisait rendre gorge au violon ; l'archet emmenait les cordes sur deux bons centimètres pendant qu'il soupirait, transpirait, se gonflait de musique comme un champignon sous l'averse. Jusqu'à la grand-mère, pourtant complètement percluse, qui repliait un bras derrière sa nuque, étendait l'autre — la position des danseurs — et dodelinait en mesure, souriant de toutes ses gencives.

Côtelettes panées, rissoles à la viande, vin blanc.

Le *kolo,* c'est la danse en rond qui fait tourner toute la Yougoslavie, de la Macédoine à la frontière hongroise. Chaque province a son style, il existe des centaines de thèmes et de variantes et il suffit de quitter les grandes routes pour les voir danser partout. Petits *kolo* tristes, improvisés sur les quais de gare, entre les volailles et les paniers d'oignons, pour un fils qui part au régiment. *Kolo* endimanchés sous les noisetiers, abondamment photographiés par la propagande titiste qui prend grand soin de cet art national et envoie au fond des campagnes des fonctionnaires « spécialistes » relever en mesures de 9/4 ou de 7/2 les astuces rythmiques de paysans rompus aux plus légères syncopes, aux plus ingénieuses dissonances. Les musiciens profitent évidemment de cette exaltation du folklore, et ici, le bon style à la flûte ou à l'accordéon constitue un véritable capital.

Lard, crêpes à la confiture,
pruneau deux fois distillé.

À quatre heures, nous étions encore à table. Le docteur, qui avait posé son violon, chantait à tue-tête et versait à boire avec transport. C'était un de ces hommes d'une cordialité tonitruante qui s'étourdissent de leur propre bruit et finissent par faire de bonnes dupes. Quant à la mère qui, effectivement, n'y voyait presque plus, elle nous touchait le visage du bout des doigts pour s'assurer que nous étions bien là et riait comme si elle allait s'envoler. À croire que c'était elle l'invitée. Pendant les pauses, j'entendais au bout du corridor l'eau goutter dans la baignoire remplie de flacons et de pastèques à rafraîchir. En allant pisser je fis le compte : une semaine de salaire au moins.

Les Serbes sont non seulement d'une générosité merveilleuse, mais ils ont encore conservé le sens antique du banquet : une réjouissance doublée d'un exorcisme. Quand la vie est légère : un banquet. Est-elle trop lourde ? un autre banquet. Loin de « dépouiller le vieil homme » comme nous y engage l'Écriture, on le réconforte par de formidables rasades, on l'entoure de chaleur, on le gorge de musique admirable.

Après le fromage et la tarte, nous nous croyions au bout de nos peines, mais déjà le docteur, très rouge dans le crépuscule, faisait glisser dans nos assiettes d'énormes tranches de pastèque.

— Ce n'est que de l'eau, criait-il pour nous encourager.

Nous n'osions refuser, crainte de lui porter malchance. À travers une sorte de brume j'entendis encore la mère murmurer : *slobodno… slobodno !* — servez-vous, tapez dedans ! — et m'endormis tout droit sur ma chaise.

À six heures, nous reprîmes la route de Nish que nous voulions atteindre avant la nuit. La fraîcheur s'installait. Nous quittions la Serbie comme deux journaliers, la saison finie, de l'argent frais en poche, la mémoire remplie d'amitiés toutes neuves.

Assez d'argent pour vivre neuf semaines. Ce n'est qu'une petite somme mais c'est beaucoup de temps. Nous nous refusons tous les luxes sauf le plus précieux : la lenteur. Le toit ouvert, les gaz à main légèrement tirés, assis sur le dossier des fauteuils et un pied sur le volant, on chemine paisiblement à vingt kilomètres-heure à travers des paysages qui ont l'avantage de ne pas changer sans avertir ou à travers des nuits de pleine lune qui sont riches en prodiges : lucioles, cantonniers en babouches, modiques bals de village sous trois peupliers, calmes rivières dont le passeur n'est pas levé et le silence si parfait que le son de votre klaxon vous fait tressaillir. Puis le jour se lève et le temps ralentit. On a trop fumé, on a faim, on passe au large d'épiceries encore cadenassées en mâchant sans l'avaler un morceau de pain retrouvé au fond du coffre, dans les outils. Vers les huit heures, la lumière devient meurtrière et il faut ouvrir l'œil au passage des hameaux à cause de ces vieux éblouis, en bonnet de police, enclins à traverser la route d'un grand saut maladroit juste devant la voiture. Vers midi les freins, les crânes, le moteur chauffent. Si désolé que soit le paysage, il y a toujours un bouquet de saules sous lequel on peut s'endormir, les mains derrière la nuque.

Ou une auberge. Imaginez une salle aux murs bombés, aux rideaux déchirés, fraîche comme une cave où les mouches bourdonnent dans une forte odeur d'oignon. Là, la journée trouve son centre ; les coudes sur la table on fait l'inventaire, on se raconte la matinée comme si chacun l'avait vécue de son côté. L'humeur du jour qui était répartie sur des hectares de campagne se concentre dans les premières gorgées de vin, dans la nappe de papier qu'on crayonne, dans les mots qu'on prononce. Une salivation émotive accompagne l'appétit, qui prouve à quel point dans la vie de voyage, les nourritures du corps et celles de l'esprit ont partie liée. Projets et mouton grillé, café turc et souvenirs.

La fin du jour est silencieuse. On a parlé son saoul en déjeunant. Porté par le chant du moteur et le défilement du paysage, le flux du voyage vous traverse, et vous éclaircit la tête. Des idées qu'on héber-

geait sans raison vous quittent ; d'autres au contraire s'ajustent et
se font à vous comme les pierres au lit d'un torrent. Aucun besoin
d'intervenir ; la route travaille pour vous. On souhaiterait qu'elle
s'étende ainsi, en dispensant ses bons offices, non seulement
jusqu'à l'extrémité de l'Inde, mais plus loin encore, jusqu'à la mort.

À mon retour, il s'est trouvé beaucoup de gens qui n'étaient pas
partis, pour me dire qu'avec un peu de fantaisie et de concentration
ils voyageaient tout aussi bien sans lever le cul de leur chaise. Je les
crois volontiers. Ce sont des forts. Pas moi. J'ai trop besoin de cet
appoint concret qu'est le déplacement dans l'espace. Heureusement
d'ailleurs que le monde s'étend pour les faibles et les supporte, et
quand le monde, comme certains soirs sur la route de Macédoine,
c'est la lune à main gauche, les flots argentés de la Morava à main
droite, et la perspective d'aller chercher derrière l'horizon un
village où vivre les trois prochaines semaines, je suis bien aise de
ne pouvoir m'en passer.

PRILEP, MACÉDOINE

Il n'y avait que deux hôtels à Prilep. Le *Jadran* pour
les gens du Parti, et le *Macedonia* pour d'improbables voyageurs, où
nous passâmes la première soirée à marchander notre chambre. À
moins d'être pressé, j'aime beaucoup cette pratique. Elle est après
tout moins cupide que celle des prix fixes et entretient l'imagination. C'est d'ailleurs plutôt d'explications qu'il s'agit ; de part et
d'autre il y a des exigences qu'il faut confronter sobrement pour
atteindre la solution sur laquelle personne n'aura ensuite envie de
revenir. C'était d'autant plus facile que le *Macedonia* était presque
vide. Un samedi soir, pourtant, et le gérant s'était mis en peine ;
la cour-restaurant était tendue d'ampoules de couleur et là, parmi
les feuilles tombées, un prestidigitateur en smoking se produisait
pour une poignée de paysans distraits et fatigués. Le vent du soir
lui coupait son boniment au ras des lèvres et les colombes qui jail-

lissaient de son gibus n'arrachaient pas un sourire à la compagnie. Comme si ce maigre miracle n'était pas à la mesure de leurs soucis. On attendit qu'il eût terminé pour monter le bagage. Deux lits de fer, papier à fleurs, une petite table, une cuvette d'émail bleu et par la fenêtre ouverte l'odeur de pierre des montagnes qui tendaient leur échine contre le ciel noir. Attendre l'automne ici. Bon.

Dans cette ville remplie d'artisans, faire forger le porte-bagages dont notre voiture a besoin devrait être facile. Détrompez-vous. D'abord, il faut se faire entendre du serrurier qui ne comprend pas le serbe. En dessinant. Mais j'ai oublié mon crayon, le serrurier n'en possède pas et les curieux déjà nombreux autour de la voiture tâtent leurs proches... pas davantage. Les crayons ne sont pas des choses qu'on transporte ainsi à la légère. Pendant qu'un spectateur va m'en quérir un au bistrot voisin, la foule ne cesse de grossir et de commenter : il va faire un dessin... il a vingt-trois ans. Les uns touchent le pare-brise d'un doigt timide, d'autres pouffent pour des riens. Je me lance dans un croquis aussi exact que possible et le visage noir du serrurier s'éclaire puis se rembrunit lorsqu'il se rappelle qu'il n'a pas de lampe à souder. Il en dessine une sur mon papier, la trace d'une croix et me regarde. Une rumeur désappointée parcourt l'assistance, puis un vieux se pousse au premier rang ; il connaît un garçon rentré hier d'Allemagne avec sa camionnette, qui possède une lampe à souder. Je vais donc la chercher chez ce camarade, à l'autre bout de la ville, conduit par le vieux. Il est complètement chauve, des yeux fous, un nez crochu, et trotte pieds nus dans un complet noir rapiécé. L'air d'un défroqué misérable. Il parle assez bien l'américain et dit s'appeler Matt Jordan. Il a vécu trente ans en Californie. Charlie Chaplin était un copain d'école. Tout en clopinant, il exhibe pour appuyer ses dires de vieilles cartes postales américaines, cuites par la transpiration. J'ai quand même l'impression qu'il ne cesse de mentir, et quand je m'avise qu'il est suivi à quinze mètres par une

bande de gamins persifleurs je commence à craindre que ses offices
ne fassent échouer la négociation. Heureusement l'homme-à-la-
lampe parle un allemand intelligible et nous pouvons nous passer
d'intermédiaires. C'est un prisonnier de guerre, marié en Bavière,
qui vient de rentrer au pays avec femme et enfants. Il a trop fêté son
retour la veille, se tient les tempes à deux mains et gémit sans arrêt.
Non pas qu'il ait tellement bu, dit-il, *aber es hat gemischt*. Sa lampe à
souder est toute neuve, il la manie aussi délicatement qu'une icône
et consent à la prêter si je lui fournis des bons d'essence pour sa
camionnette. Entendu. Retour chez le serrurier qui paraît d'accord.
La foule, toujours aussi dense, pousse quelques cris encourageants ;
elle prend grand plaisir à voir avancer l'affaire. Mais lorsqu'on en
vient au prix, il lui faut déchanter. L'homme demande cinq mille
dinars, ce qui est exorbitant, sans aucun rapport avec le travail. Il le
sait aussi, mais ici, la ferraille est rare et l'État lui prendra au moins
la moitié de ce qu'il touche. Il rentre navré dans son échoppe et
l'assistance se disperse. J'ai perdu ma matinée, lui la sienne, mais
comment lui en vouloir ? Que faire quand tout manque ? La frugalité élève la vie, c'est entendu, mais cette pénurie continuelle l'endort. Pas la nôtre ; nous pouvons nous passer de porte-bagages,
nous pourrions évidemment aussi renoncer à la voiture, à tous nos
projets et aller méditer au faîte d'une colonne… sans faire avancer
d'un pas les problèmes du serrurier.

        Prilep est une petite ville de Macédoine, au centre
d'un cirque de montagnes fauves à l'ouest de la vallée du Vardar. La
route de terre qui vient de Veles la traverse et s'interrompt quarante
kilomètres au sud devant une barrière de bois couverte de liserons ;
c'est la frontière grecque de Monastir, fermée depuis la guerre. Vers
l'ouest, quelques mauvais chemins conduisent à la frontière alba-
naise, peu sûre et hermétiquement close.
    Dans sa ceinture de champs cultivés, Prilep étale ses pavés frais,
élève deux minarets blanc-lessive, des façades à balcons ventrus

mangés de vert-de-gris, et de longues galeries de bois où l'on fait sécher, août venu, un des meilleurs tabacs du monde. Sur la Grand-Place, entre les pots blancs et or de la pharmacie et le bureau de tabac, un milicien somnole l'arme aux pieds devant le magasin « Liberté ». Les deux hôtels rivaux se font face dans le fracas des haut-parleurs du *Jadran* qui diffusent trois fois par jour l'*Hymne des Partisans* et les nouvelles, sans réveiller les paysans endormis dans leur charrette.

L'étranger qui pour une nuit confie sa tête aux oreillers du *Macedonia* emportera — outre la puce familière — l'image d'une bourgade insouciante, parcourue d'ânes rôdeurs, parfumée au tabac flétri et au melon trop mûr. S'il reste, il s'apercevra que tout est bien plus compliqué parce que depuis mille ans, en Macédoine, l'histoire s'ingénie à brouiller les races et les cœurs. Pendant des générations les Ottomans y ont divisé pour régner en dressant les uns contre les autres des villageois écrasés d'impôts. Lorsque l'Empire turc a faibli, les « grandes puissances » ont pris la relève ; c'était commode ce pays brûlé où l'on pouvait vider ses querelles par personnes interposées. On armait les terroristes ou les contre-terroristes, les cléricaux ou les anarchistes, et tant pis si les Macédoniens ne pouvaient plus souffler.

À Prilep on trouve des Turcs installés depuis Soliman, qui vivent entre eux, s'accrochent à leur mosquée ou à leurs champs et ne rêvent que Smyrne ou Stamboul ; des Bulgares que, pendant la guerre, la Wehrmacht enrôlait de force et qui n'ont plus de quoi rêver ; des réfugiés albanais, des Grecs de l'armée Markos au statut incertain, qui attendent au bistrot l'aumône de la journée ; les caïds du Parti qui siègent sous les colle-mouches du *Jadran* sans ménager les petits verres, et des paysans macédoniens silencieux et durs qui courbent l'échine et pensent non sans raison qu'ils font depuis toujours les frais de toutes les affaires. Pour étoffer cette Babel en miniature, ajoutons encore la caserne, à l'entrée de la ville, où les conscrits venus du nord ne comprennent goutte au dialecte local et consultent à la dérobée des photos de fiancées ou de parents villageois.

Sur un versant ensoleillé, à un quart d'heure de marche, se trouve l'emplacement d'une ancienne cité. Elle s'appelait Markovgrad. Quand la source qui l'alimentait s'est tarie, ses habitants l'ont abandonnée pour construire Prilep. On peut y voir un baptistère et plusieurs couvents du XIVᵉ et du XVᵉ siècles. Presque tous fermés à double tour ou convertis en logements bon marché où sèchent les lessives, mais personne à Prilep ne vous donnera d'éclaircissements là-dessus ; ces temps sont révolus.

Depuis qu'il nous a rencontrés, le vieux Matt Jordan est à nos trousses. Il s'embusque dans l'ombre des porches pour nous couper la route ou nous coince au café pour nous déballer dans un slang mélancolique des souvenirs qui n'ont jamais l'accent de la vérité.

— *One day, I will tell you my big secret… nobody knows… chchtt !*

Un secret politique, paraît-il, à ébranler le pays, et il nous tire par la manche avec ce regard quêteur des mythomanes qui ont besoin de faire avaler leurs bourdes pour en jouir pleinement. Je sais par l'hôtelier que ce sont les gendarmes qui lui ont si bien rasé la tête, à la prison locale où il vient de tirer une semaine pour avoir prophétisé contre le régime. À bien des égards on comprend son amertume, mais ce n'est pas tant au régime qu'à la vie qu'il en a. Avec son crâne en pain de sucre, son teint de pierre ponce, ses yeux enfoncés, il rayonne littéralement de malchance ; à se demander s'il ne remplit pas dans la ville quelque fonction sacrée en concentrant sur lui toutes les formes de guignon. Il n'a pourtant rien d'autre à faire de la journée que chauffer sa carcasse au soleil. Il a même un bout de jardin et une maison dans laquelle à force d'insistance et de supplications il a fini par nous attirer.

Lugubre villa entourée d'acacias, qui sent les soins dentaires gratuits. Il nous attend sur le perron pour nous serrer la main puis la resserrer, une fois passé le seuil, comme la coutume le veut ici. Aussitôt assis, je regrette d'être venu. Les contrevents sont tirés, la pièce éclairée au pétrole donne sur une cuisine obscure où l'on entend chuchoter et mastiquer. Des voisins venus du jardin s'y engouffrent pour en ressortir aussitôt, les joues gonflées, en passant devant Matt qui multiplie les courbettes. Il est ravi d'être le centre de ce va-et-vient étouffé ; c'est le banquet funéraire de son père qui dure sans faiblir depuis deux jours déjà. Quand il nous juge suffisamment édifiés par ce défilé, il frappe dans ses paumes et deux gamins malingres sortent de l'ombre pour nous baiser les mains. Ce sont ses fils. Il leur bourre un peu les côtes pour les faire bredouiller quelques mots d'anglais. Visiblement, ils ont peur du vieux. Jamais ils ne regardent en face. Le plus petit parvient à s'esquiver sous prétexte d'aller mettre la table, mais l'aîné qui n'a pas eu cet à-propos reste sur la sellette. Comme son père l'empêche de suivre l'école, bien qu'il ait passé treize ans, il consume ses journées à un travail de couture qu'il doit nous montrer sur-le-champ. C'est un grand drapeau serbe sur lequel il est écrit, en lettres de feutre : *Love thy king… love thy country.* Une broderie de laine, appliquée et maladroite, entoure la devise. Matt se rengorge et lui flatte la tête jusqu'à ce que le gamin, honteux de ses besognes de fille, s'enfuie au bord des larmes, son ouvrage sous le bras.

On passe à table. Chou aigre, soupe au pain, patates grumeleuses qui ont dû cailler dans la terre sous l'empire d'un maléfice. À peine si je parviens à avaler une bouchée ; toute l'assiette sent la mort à plein nez. On doit pourtant s'y faire, parce qu'à la cuisine, une demi-douzaine de terribles vieilles dont les mèches jaillissent hors des fichus noirs s'agrippent autour de la table depuis deux heures au moins et plaisantent en mangeant des cassoulets. Ce sont les pleureuses. Je n'ai pas compris si le corps est encore dans la maison et n'ai aucun désir d'être éclairé. Matt a rempli nos verres d'un liquide transparent et nous invite à trinquer.

— *Home made whisky,* précise-t-il en souriant de toutes ses gencives.

C'est un tord-boyaux meurtrier, sans chaleur ni rayonnement, avec de nouveau cette puanteur doucereuse qui inonde la bouche de salive et que l'âme, de science innée, ne peut associer qu'au malheur. À peine si j'ose maintenant regarder vers la cuisine, crainte d'y voir une de ces vieilles péteuses chevaucher un balai.

Maintenant que nous avons franchi son seuil, et mangé son pain, il nous tient pour une heure au moins. Le temps de nous soumettre certains documents « confidentiels » : des cartes postales du début du siècle : des trams verts sous les premiers gratte-ciel, *Garden party at Belle-Isle, Michigan,* des femmes en bottines sous des orangers. Puis des photographies : un jeune homme en uniforme sur un fond d'ombres luxueuses.

— Moi à West Point.

Mais à y regarder de plus près ces galons ressemblent à s'y méprendre à ceux de l'Armée du Salut. Le revoilà au milieu d'hommes en bonnets pointus au banquet annuel d'un club de magiciens ; ce visage blême dont l'ombre mange une joue, au second rang, c'est Chaplin.

Depuis qu'il nous croit « ferrés », il ne ménage plus la vraisemblance ; les histoires se succèdent, l'une plus folle que l'autre : la police l'épie jour et nuit, il conspire, le véritable Tito est mort depuis longtemps. D'ailleurs, voici ses preuves : ce sont, cachées dans une vieille boîte de biscuits, des vœux de Noël sur lesquels on peut lire par exemple : *Merry Xmas 1922 from Mr. & Mrs. Boshman.*

L'arrivée d'une visite interrompt cette pénible séance. C'est un pasteur méthodiste qui vient rendre ses devoirs au défunt. Un coup d'œil lui suffit pour saisir la situation.

— Je vois que notre ami Matt est repris par ses lubies, dit-il en allemand.

Le pasteur a fait ses études à Zurich et semble avoir encore toute sa tête, ou peu s'en faut, mais la vieillesse, la solitude, l'exercice d'un ministère tout juste toléré l'ont rendu plus craintif qu'une blatte. Il a quelques familles de méthodistes à Prilep, et une demi-douzaine d'autres disséminées dans le Kosovo. Nous l'interrogeons sur cette paroisse plus grande qu'une province sans en tirer autre chose qu'une allusion lassée à Sodome et Gomorrhe.

Je me demande si dans la cueillette des âmes, ses concurrents réussissent mieux que lui : le pope qui épluche prudemment ses sermons et paie tribut à la Caisse du Parti ; l'imam musulman qui, le soir, sur le pas des portes, prise dans la tabatière de ses fidèles en jardinant une foi amincie par l'exil, et les marxistes qui, avec la chorale, le DDT et la nouvelle piscine font sans trop de peine des recrues. Chacun, avec les moyens dont il dispose, combat l'opinion des autres ; il y a cependant un sentiment que tous partagent : *Bog*[1] a quitté la ville.

— Si vous voulez connaître Prilep, ajoute le ministre, voilà un proverbe local : « Chacun soupçonne chacun mais nul ne sait qui est le Diable. »

Et les deux vieux s'étouffent de rire dans leur mouchoir.

— N'allez pas voir le pope, m'a dit l'hôtelier, il n'est pas intelligent.

Ce n'est pas son intelligence qui m'intéresse, mais sa fonction. Il représente du sacré, et le sacré — tout comme la liberté — il faut qu'on le sente menacé pour qu'on s'en préoccupe. En outre, le pope fait marcher un commerce de cierges dont la flamme tremblante s'associe aisément à tout ce que l'on souhaite, et détient les clés d'une église de bois qui n'est que pénombre et silence. Pour l'ouvrir, il tarabuste longuement une serrure sonore de la taille d'un fourneau, vous soulage d'un peu de monnaie puis vous abandonne dans l'azur, l'or sombre et l'argent. Quand l'œil s'est fait à la nuit, il distingue, au-dessus de l'autel, un coq de bois, gonflé et pathétique, les ailes étendues et le bec ouvert pour chanter la trahison de saint Pierre. Quelque chose de chaud et de vaincu : comme si le péché, l'enfance et la faiblesse humaines constituaient un capital dont Dieu, par le pardon, touche les intérêts.

---

1.   *Bog* : Dieu est serbo-croate.

La mosquée des Turcs exprime plus de placidité dans l'adoration. C'est un bâtiment trapu, encadré par deux minarets où nichent les cigognes. L'intérieur est crépi à la chaux, les dalles couvertes de tapis rouges, les murs décorés de versets coraniques en papier découpé.

Une fraîcheur affable et une absence de gravité qui n'exclut pourtant pas la grandeur. Rien comme dans nos églises ne suggère le drame ou l'absence, tout indique entre Dieu et l'homme une filiation naturelle, source de candeur dont les croyants sincères n'ont pas fini de se réjouir. Une pause dans cette demeure, les pieds nus sur la laine rugueuse, fait l'effet d'un bain de rivière.

Ici, les Turcs sont peu nombreux mais bien organisés. C'est par Eyoub, le barbier, que nous sommes entrés dans leur société. Il a notre âge et sait quelques mots d'allemand. On s'est lié. Depuis qu'on lui a dit aimer Smyrne dont sa famille est originaire, il insiste pour nous raser à l'œil. Tous les deux jours, nous allons donc nous étendre, la gueule pleine de savon, dans le fauteuil aux cuirs crevés, face aux chromos de Stamboul qui encadrent la glace. De fil en aiguille, on se fait admettre et l'autre jour, Eyoub et ses copains nous ont invités à passer le dimanche aux champs avec eux. Vin, musique, noisettes... on irait en charrette... il y aurait un chamois braconné par le meunier. Tout cela, il nous l'explique par gestes, son allemand ne va pas si loin dans le merveilleux.

Au point du jour, nous nous sommes retrouvés à la sortie de la ville avec quantité d'inconnus qui nous connaissaient — c'est ça « être étranger ». *Salaams* enroués, complets bleus, cravates à pois énormes, bonnes têtes ensanglantées par le rasoir matinal, et une carriole remplie de mangeailles entre lesquelles on avait coincé un violon et un luth. À l'écart, un gamin tenait deux vélos verts et violets empruntés par Eyoub pour nous honorer. Une fois la compagnie au complet, chacun — comme c'est l'usage ici le dimanche — a lâché la colombe qu'il avait apportée, et nous avons pris la route de Gradsko sur nos vélos versicolores suivis par une charretée de fêtards.

Ici, les bicyclettes sont rares. C'est un luxe que seuls les gens cossus peuvent s'offrir, et un intarissable sujet de conversation. Au café, on entend des hommes rassis discuter passionnément les marques, la mollesse de la selle ou la dureté du pédalier. Les heureux qui en ont une la peignent en plusieurs tons étudiés, passent des heures à la faire reluire, la remisent dans leur chambre, à côté du lit, et en rêvent.

Au bout de quelques kilomètres, on a passé dans la trouée d'une haie jaune de mirabelles et débouché dans une prairie bordée de peupliers. Au fond du pré, devant son moulin, le meunier assis en tailleur achevait de retailler sa meule. Il attendait la compagnie pour replacer la pierre qui pèse bien trois cents kilos. À six, on l'a remise dans son alvéole, le meunier a réglé la chute d'eau, versé le grain, et la mouture a commencé à blanchir les solives. Puis il a étendu des peaux sur l'herbe autour d'une corbeille de tomates et d'oignons, et rempli de raki une cafetière d'émail bleu. Nous avons commencé à faire ripaille, assis sur nos talons, pendant qu'Eyoub, le luth entre les cuisses, les veines du cou gonflées par l'effort, nous berçait de sanglots suraigus. Il faisait bon. Pendant les pauses, on entendait soupirer au cœur du moulin ; c'était le chaudron où le chamois mitonnait sur un lit d'aubergines qui lâchait vers le ciel d'automne une bouffée de vapeur.

Les cris, les refrains, les *amane*[1] stridents du coiffeur qui s'entendaient jusqu'à Gradsko attiraient vers notre pré tous les chasseurs en vadrouille. Les musulmans rejoignaient le cercle, se fourraient aussitôt un poivron dans la bouche et tiraient quelques charges de chevrotine en signe de satisfaction. Les Macédoniens, moins bien accueillis, s'installaient à quelques pas sur une souche, la carabine entre les genoux, attrapaient au vol les cigarettes que le meunier leur lançait et lâchaient à l'écart — timide essai de communion — une ou deux salves solitaires. Le raki ne cessait plus de

---

1.   Refrains d'origine turque qui se terminent par les mots : *aman, aman.*

circuler. Il fallait boire à la santé des Turcs, à la nôtre, à celle des chevaux, à la confusion des Grecs, Albanais, Bulgares, miliciens, militaires et autres sans-Dieu. Toutes les rognes qui traînent entre les collines de Macédoine s'assouvissaient en propos d'une obscénité vertigineuse.

C'était un dimanche réussi. Le meunier très gai a bourré quelques cartouches et foudroyé à bout portant la moitié de ses poules qu'il est allé en titubant plumer dans son moulin, pendant que les copains, un sourire d'élu aux lèvres, se passaient des fusils qui partaient dans tous les sens.

Le chamois nettoyé jusqu'à l'os, on s'est tous allongés dans le trèfle pour une de ces siestes où l'on sent la terre vous pousser dans le dos. Vers six heures, comme aucun des dormeurs ne bronchait, nous sommes rentrés à Prilep. Nos vélos jetaient mille feux. Les jambes coupées, mais la tête claire, et grande envie de travailler. C'était satisfaisant, cette gonflée rustique sur ces ventres pleins, et rien ne vaut le spectacle du bonheur pour vous remettre en train.

Les Turcs faisaient bien de profiter du dimanche et des champs parce qu'à la ville, les Prilepois leur menaient la vie dure. Les Macédoniens, qui se disaient exploités par Belgrade, se rattrapaient sur cet Islam dont autrefois ils avaient tant pâti. À tort, évidemment ; les quelques Turcs de la ville constituaient une famille candide et très unie dont l'âme était moins troublée que la leur.

Entre leur minaret et leurs jardins salvateurs, ils formaient un îlot agreste bien défendu contre le cauchemar ; une civilisation du melon, du turban, de la fleur en papier d'argent, de la barbe, du gourdin, du respect filial, de l'aubépine, de l'échalotte et du pet, avec un goût très vif pour leurs vergers de prunes où parfois un ours, la tête tournée par l'odeur des jeunes fruits, venait la nuit attraper de formidables coliques.

Les Prilepois préféraient pourtant les tenir à l'écart, se priver de leurs services et les brimer discrètement comme toutes les populations qui, ayant trop souffert, se font justice avec retard, à contretemps et sans souci de leur propre intérêt.

Le dialecte macédonien comprend des mots grecs, bulgares, serbes et turcs, sans compter les vocables locaux. Le débit est plus rapide qu'en serbe, l'interlocuteur moins patient ; c'est dire que les quelques phrases apprises à Belgrade ne nous mènent pas loin. Quand le fabricant de cercueils demande l'heure à Thierry, c'est chaque fois pareil ; l'un fait signe qu'il ne peut pas la dire et montre le cadran ; l'autre, qu'il ne peut pas la lire. Pour les impossibilités au moins, il y a toujours moyen de s'entendre.

Tout en rabotant ses lattes, le marchand de cercueils discute avec son frangin qui occupe la boutique voisine et, par un heureux concours de circonstances, fabrique justement des fusils. La mort n'entre pour rien dans leur conversation, tout émaillée d'éclats de rire et de ces mots qu'à force de voir dans les pissoirs en toutes lettres ou en pictogrammes on finit quand même par connaître. Quant aux cercueils, ce sont de simples clayonnages de liteaux couverts de contreplaqué ou même de papier fort superbement décoré. Orange, noir, et bleu avec de grandes coulées d'or et des croix tréflées à la peinture d'argent. C'est un toc somptueux qu'un enfant crèverait d'un coup de pied. Mais ici où les arbres sont rares à quoi sert d'emporter du bon bois sous la terre ?

À force de travailler pour la mort le menuisier finit par lui ressembler. À l'heure de la sieste, il dort étendu sur une planche supportée par deux chevalets, le menton levé, ses grosses pattes jointes sur l'estomac. À peine le voit-on respirer. Les mouches elles-mêmes s'y trompent. La planche est étroite, s'il bougeait il tomberait ; s'il tombait il mourrait.

Les jours de fête, il expose sa marchandise sur la rue tout comme le fleuriste ou le pâtissier. Dans tous les prix et pour tous les âges. L'étalage est un peu macabre mais aucun dans la ville n'a de plus belles couleurs. Parfois une paysanne noir vêtue s'y arrête, marchande vivement et s'en va d'un pas décidé, un petit cercueil sous le bras. Cela ne frappe pas, parce qu'ici la vie et la mort s'affrontent chaque jour comme deux mégères sans que personne intervienne pour rendre l'explication moins amère. Les pays durs et qui rattrapent le temps perdu ne connaissent pas ces ménage-ments. Ici, quand un visage ne sourit pas c'est qu'il somnole ou qu'il grince. Les instants qui ne sont pas déjà donnés à la fatigue ou aux soucis, on les bourre aussitôt de satisfaction comme un pétard qui doit s'entendre loin. On ne néglige rien de ce qui aide à vivre ; d'où l'intensité de la musique qui est une des plus puissantes du pays : ces voix tendues, inquiètes, soudain ensoleillées et l'espèce d'urgence impérieuse qui précipite les musiciens vers leurs instru-ments. Bref, c'est l'alerte perpétuelle… la guerre où il ne faut ni gaspiller ni dormir.

           J'avais tout loisir d'y penser la nuit, aux prises avec les puces. J'étais dévoré. En ville, j'en voyais partout : l'épicier se penchait pour tailler du fromage… une puce sortait de sa chemise, passait sur la mâchoire sans qu'il bronche, redescendait par la pomme d'Adam et disparaissait sous la flanelle. Si je la perdais de vue un instant je n'avais plus qu'à me résigner ; elle était pour moi. Le soir en ouvrant mon drap, c'était une poussière rouge qui me volait à la figure et contre laquelle le DDT ni la grande eau n'avaient d'effet. À l'autre bout de la chambre, Thierry, les mains sous la nuque, faisait des nuits de dix heures, sans une piqûre.

    Ces insectes, le vin trop lourd que j'avais bu pour m'abrutir un peu, ou le bonheur d'être parti me réveillaient avant l'aube. La chambre baignait dans l'ombre et dans l'odeur de la térébenthine et des pinceaux. J'entendais Thierry, enfoui dans son sac, rêver à haute voix : « … pas chier sur mon tableau… hein ! les mouches !… » Il s'était remis à peindre avec un calme dont j'étais jaloux — moi, j'en étais encore à des simulacres d'écriture paniques, trembleur devant mes notes comme un gamin devant un flic. Je descendais l'escalier, mes souliers à la main. L'estomac serré, l'esprit à vif, je foulais la poussière froide des rues qu'un parfum de pierre venu des montagnes balayait par bouffées. Le jour n'était pas levé, mais des formes grises et ployées travaillaient déjà dans les champs de tabac. On entendait les ânes braire autour de la ville, le chant des coqs au bord des chemins, puis les pigeons à la pointe des minarets, et le soleil touchait les premières crêtes. On surprenait alors la ville naviguant dans les brumes d'une aube de septembre avec une candeur adorable, une sorte de courage neuf. Bien volontiers je la tenais quitte de ses puces, de son apathie, de sa duplicité et de ses peurs rentrées pour lui souhaiter un meilleur avenir.

En rentrant par la cour de l'hôtel, je tombais sur la servante chargée de vidanger les tinettes. Une gaillarde épaisse et rouge, plantée sur de larges pieds nus, qui coltinait de la merde en soliloquant, et me saluait au passage avec un enjouement rauque et matinal. Un jour que je lui avais par mégarde répondu en allemand, elle s'arrêta brusquement, posa ses seaux qui débordèrent et me sourit, découvrant des dents cassées. J'aurais préféré qu'elle se délestât un peu plus loin, mais c'était un très beau sourire avec quelque chose de féminin et de mutin si surprenant chez cette grosse truie.

— *So… du bist Deutsch ?* fit-elle en levant les sourcils.

— Non.

Les mains qu'elle croisait sur son tablier avaient perdu leurs ongles et je remarquai que ceux des pieds étaient vilainement écrasés.

— *Ich bin Jüdin und Makedonin,* dit-elle… *aber Deutschland kenn ich gut. Drei Jahre…* — elle leva trois doigts — *während des Krieges, im Lager Ravensbrück… sehr schlecht, Kameraden kaput. Verstanden ?… aber Deutschland kenn ich doch gut* — conclut-elle avec une sorte de satisfaction.

Par la suite, nous ne nous sommes jamais croisés sans qu'elle m'adresse un signe ou un clin d'œil de connivence ; avoir tous deux vu l'Allemagne — bien différemment pourtant — nous avions au moins ça à partager. Jamais non plus je n'ai pu oublier cette femme, ni sa façon d'accommoder les souvenirs. Passé un certain degré de coriacité ou de misère, la vie parfois se réveille et cicatrise tout. Le temps passe, la déportation devient une forme de voyage et même, grâce à cette faculté presque terrifiante qu'a la mémoire de transformer l'horreur en courage, un voyage dont on reparle volontiers. Toutes les manières de voir le monde sont bonnes, pourvu qu'on en revienne. Paradoxe bien mortifiant pour ses bourreaux d'autrefois : le séjour d'Allemagne était devenu son principal sujet d'orgueil, une aventure que pouvaient lui envier tous les malheureux de Prilep qui avaient dû se contenter d'être tourmentés chez eux.

À midi : un oignon, un poivron, pain bis et fromage de chèvre, un verre de vin blanc et une tasse de café turc amer et onctueux. Le soir, les brochettes de mouton et le petit luxe du coup de pruneau sous les sorbiers élèvent un peu le prix du repas. En ajoutant les excellentes cigarettes locales et la poste, c'est la vie pour deux, à sept cents dinars[1] par jour.

Pour la soif, mieux vaut recourir aux pastèques qu'on choisit en les faisant craquer contre l'oreille. L'eau, il faut s'en méfier. Les Prilepois ne font d'ailleurs pas grand cas de la leur. Ils lui trouvent un goût pauvre et commun. Je n'ai rien remarqué, mais qui dans nos climats se soucie du goût de l'eau ? Ici c'est une marotte ; on vous engage à faire dix kilomètres à pied pour une source dont l'eau est excellente. La Bosnie, par exemple, qu'on n'aime pas trop ici, l'honnêteté oblige à reconnaître qu'elle a une eau incomparable, ravigotante, etc... et un silence rêveur se fait, et les langues claquent.

Il y a d'autres choses auxquelles il faut prendre garde : les fruits meurtris visités par les mouches, certains morceaux de gras que, d'instinct — quitte à vexer — on laisse dans son assiette, des poignées de main après lesquelles — à cause du trachome — on évite de se frotter les yeux. Des avertissements, mais pas de lois : rien qu'une musique du corps, perdue depuis longtemps, qu'on retrouve petit à petit et à laquelle il faut s'accorder. Se rappeler aussi que la nourriture locale contient ses propres antidotes — thé, ail,

---

1.   Environ sept francs [suisses de 1953, *NdÉ*].

yaourt, oignons — et que la santé est un équilibre dynamique fait d'une suite d'infections plus ou moins tolérées. Quand elles ne le sont pas, on paie un radis douteux ou une gorgée d'eau polluée par des journées de coliques-cyclone qui nous précipitent, la sueur au front, vers les cabinets à la turque où bientôt on se résigne à s'installer tout à fait, malgré les poings qui martèlent la porte, si brefs sont les répits que la dysenterie vous accorde.

Lorsque je me retrouve ainsi diminué, alors la ville m'attaque. C'est très soudain ; il suffit d'un ciel bas et d'un peu de pluie pour que les rues se transforment en bourbiers, le crépuscule en suie et que Prilep, tout à l'heure si belle, se défasse comme du mauvais papier. Tout ce qu'elle peut avoir d'informe, de nauséabond, de perfide apparaît avec une acuité de cauchemar : le flanc blessé des ânes, les yeux fiévreux et les vestons rapiécés, les mâchoires cariées et ces voix aigres et prudentes modelées par cinq siècles d'occupation et de complots. Jusqu'aux tripes mauves de la boucherie qui ont l'air d'appeler au secours comme si la viande pouvait mourir deux fois.

Tout d'abord, c'est logique, je me défends par la haine. En esprit, je passe la rue à l'acide, au cautère. Puis j'essaie d'opposer l'ordre au désordre. Retranché dans ma chambre, je balaie le plancher, me lave à m'écorcher, expédie laconiquement le courrier en souffrance et reprends mon travail en m'efforçant d'en expulser la rhétorique, les replâtrages, les trucs : tout un modeste rituel dont on ne mesure probablement pas l'ancienneté, mais on fait avec ce qu'on a.

Lorsqu'on reprend le dessus c'est pour voir par la fenêtre, dans le soleil du soir, les maisons blanches qui fument encore de l'averse, l'échine des montagnes étendue dans un ciel lavé et l'armée des plants de tabac qui entoure la ville de fortes feuilles rassurantes. On se retrouve dans un monde solide, au cœur d'une grande icône argentée. La ville s'est reprise. On a dû rêver. Pendant dix jours on va l'aimer ; jusqu'au prochain accès. C'est ainsi qu'elle vous vaccine.

Le voyage fournit des occasions de s'ébrouer mais pas — comme on le croyait — la liberté. Il fait plutôt éprouver une sorte de réduction ; privé de son cadre habituel, dépouillé de ses habitudes comme d'un volumineux emballage, le voyageur se trouve ramené à de plus humbles proportions. Plus ouvert aussi à la curiosité, à l'intuition, au coup de foudre.

Ainsi, un matin, sans savoir pourquoi, nous emboîtâmes le pas à une pouliche qu'un paysan venait d'aller laver à la rivière. Une pouliche haute sur jambes, les yeux comme des marrons dans leur coque entrouverte, et une robe sans défaut sous laquelle les muscles jouaient avec une coquetterie souveraine. Ce que j'avais vu de plus femme en Yougoslavie. Dans la rue, les boutiquiers se retournaient sur elle. Les pieds au frais dans la poussière nous l'avons suivie en silence, comme deux vieux « marcheurs » éperdus, le cœur entre les dents. Nous nous étions littéralement rincé l'œil. Parce que l'œil a besoin de ces choses intactes et neuves qu'on trouve seulement dans la nature : les pousses gonflées du tabac, l'oreille soyeuse des ânes, la carapace des jeunes tortues.

Ici la nature se renouvelle avec tant de force que l'homme, à côté, paraît sans âge. Les visages durcissent et s'altèrent tout de suite, comme des coins enfoncés au cœur de la bagarre : tannés, cicatrisés, labourés par la barbe, la variole, la fatigue ou le souci. Les plus tranchants, les plus beaux, même ceux des gosses, sont comme si une armée de bottes avait passé dessus. Jamais on ne voit, comme chez nous, de ces visages lisses, ruminants, inexistants à force de santé et sur lesquels tout reste à inscrire.

Seuls les vieux ont de la fraîcheur, une fraîcheur au second degré, conquise sur la vie.

Dans les jardinets qui ceinturent la ville, on tombe ainsi au point du jour sur des musulmans aux barbes soignées, assis sur une couverture entre les haricots, qui hument en silence l'odeur de la terre et savourent la lumière naissante avec ce talent pour les moments bien clos de recueillement et de bonheur que l'Islam et la campagne développent si sûrement. Lorsqu'ils vous aperçoivent, ils vous hèlent, vous font asseoir, tirent un canif de leur culotte et vous préparent une de ces tranches de pastèque qui impriment de la bouche aux oreilles une marque rose et poisseuse.

C'est ainsi que nous avons rencontré le mollah de la mosquée, qui sait quelques mots d'allemand. Il nous roule des cigarettes puis se présente courtoisement en désignant le minaret. Et nous ?

— Peintre et journaliste...

— *Ganz wie Sie wollen* — (tout à fait comme il vous plaira) — rétorque poliment le mollah auquel ces deux professions ne disent pourtant rien qui vaille, puis il reprend sa méditation.

Un autre matin que j'étais accroupi dans le jardin municipal en train de photographier la mosquée, un œil fermé, l'autre sur le viseur, quelque chose de chaud, de rugueux, sentant l'étable, se pousse contre ma tête. J'ai pensé à un âne — il y en a beaucoup ici, et familiers, qui vous fourrent le museau sous l'aisselle — et j'ai tranquillement pris ma photo. Mais c'était un vieux paysan venu sur la pointe des pieds coller sa joue contre la mienne pour faire rire quelques copains de soixante-dix-quatre-vingts ans. Il est reparti, plié en deux par sa farce ; il en avait pour la journée.

Le même jour j'ai aperçu par la fenêtre du café *Jadran* un autre de ces ancêtres en bonnet fourré, quelques pépins de *passa-tempo*[1] dans la barbe, qui soufflait, l'air charmé, sur une petite hélice en bois. Au Ciel pour fraîcheur de cœur !

Ces vieux plaisantins sont ce qu'il y a de plus léger dans la ville. À mesure qu'ils blanchissent et se cassent, ils se chargent de pertinence, de détachement et deviennent semblables à ces *bonshommes* que les enfants dessinent sur les murs. Des *bonshommes*, ça manque dans nos climats où le mental s'est tellement développé au détriment du sensible ; mais ici, pas un jour ne passe sans qu'on rencontre un de ces êtres pleins de malice, d'incons-

---

1.   Grains de tournesol grillés.

cience et de suc, porteurs de foin ou rapetasseurs de babouches, qui me donnent toujours envie d'ouvrir les bras et d'éclater en sanglots.

L'accordéoniste qui fait danser, le samedi soir, dans le jardin du *Macedonia*, s'en tire assez bien, mais le soufflet crevé de son instrument lui envoie à la figure un jet d'air froid qui l'oblige pratiquement à jouer les yeux fermés. Thierry lui a prêté le sien : un « cent-vingt-basses » puissant à réveiller les morts, et l'autre a tant joué et tant bu qu'il a fallu se mettre à plusieurs, dans les rires, pour le lui retirer avant qu'il ne s'étale avec.

Ici, comme en Serbie, la musique est une passion. C'est aussi un « Sésame » pour l'étranger : s'il l'aime, il aura des amis. S'il enregistre, tout le monde, même la police, s'emploiera à lui racoler des musiciens.

Ainsi, à quelques jours du départ, le professeur de chant est venu de bon matin crier sous nos fenêtres qu'il avait pu enfermer dans sa classe le meilleur cornemusier du pays. Nous lui avons emboîté le pas, un peu gênés tout de même. Nous n'en demandions pas tant, mais la prise avait l'air de taille : c'était un vieux borgne et déplumé, l'œil mouillé de malice, qui somnolait sous le tableau noir, sa cornemuse entre les genoux. Il s'appelait *Lefteria,* ce qui à une lettre près signifie « liberté », et courait depuis trente ans les chemins de Macédoine pour faire les noces et les baptêmes. L'air mortifié de s'être ainsi laissé coincer par le professeur. Il fallut l'inviter au *Jadran* et lui offrir quatre tournées pour l'amener à composition. Entre-temps une véritable cour s'était rassemblée pour l'écouter : le marchand de cercueils, le postier, le secrétaire du Parti, tous des garçons dans la trentaine qui lui témoignaient de grands égards.

Le soleil était au plus haut et la chaleur terrible. La cornemuse puant le suint et le cuir mal tanné attirait des myriades de mouches qui formaient des auréoles bourdonnantes sur les crânes perlés de sueur. C'était — cette cornemuse — la peau entière d'un mouton,

terminée vers le haut par une embouchure, et dessous, par un bour-
don et un pipeau à cinq trous sur lequel les doigts modelaient le
jet d'air acide que la pression chassait du sac. Il jouait une chanson
de noce que la mariée adresse à l'époux en franchissant le seuil de
sa nouvelle demeure :

> Tu m'as séparée de mon père et de mon frère
> Tu m'as séparée de ma mère
> Ah ! pourquoi t'ai-je aimé ?

D'ordinaire les mélodies macédoniennes ont quelque chose de
savant et d'orné qui rappelle la musique d'église. Même dans les
plus vigoureuses il flotte un peu de mélancolie chrétienne. On
se dit qu'à l'époque où tout n'était que broussailles, les moines
des couvents byzantins devaient chanter leurs cantiques et leurs
neumes avec ces mêmes voix rêches, perçantes, bourrées de sang.
Mais la cornemuse fait exception. Son emploi n'a pas dû changer
beaucoup depuis les Atrides. C'est antique, la cornemuse, et fait
pour exprimer des choses immémoriales : le cri du geai, la chute
d'une averse, la panique d'une fille poursuivie. Et c'est bien de Pan
qu'il s'agit, parce que le cœur du souffleur, le poil et la peau du
sac, son embouchure cornée appartiennent à son règne. Le vieux
modulait de plus en plus vite. Nous étions transportés. Lorsqu'il
attaqua la danse finale, un caquetage impérieux sorti du fond des
âges, la salle était noire de monde et tous les derrières, tous les
orteils du café étaient en mouvement.

Depuis ce jour, l'opérateur de Radio-Prilep qui compose les
programmes à sa guise nous envoie, pour nous obliger, un peu de
musique française sur les haut-parleurs de la place. À l'heure où le
soleil abandonne la rue bouillante et où la ville vous regarde de ses
yeux meurtris, les frémissements du quatuor de Ravel s'envolent en
tremblant au-dessus des charrettes et des toits, et nous savourons
ce quart d'heure d'émission « talon-rouge » aimablement offert par
un marxiste bon teint.

Il y avait beaucoup de militants à Prilep. Les plus heureux s'élevaient en bronze dans la poussière des places, la main sur un livre de doctrine, ou siégeaient à Skoplje dans le gouvernement de Macédoine. Les autres : quelques potentats de la Milice dont on prononçait le nom dans un souffle et quantité d'enfants du pays, s'étaient bravement jetés dans la Résistance et semblaient parfois désemparés d'avoir fait la Révolution.

Ce n'était pourtant pas la première fois. Prilep n'a jamais cessé d'être une ville frondeuse qui faisait ses coups d'État à l'échelle de la commune ou du district. Depuis le Xe siècle au moins, les hommes y prenaient le maquis à propos de bottes et tenaient avec honneur des montagnes qui parfois conservaient leur nom. Le statut d'irrégulier avait toujours été le recours des mécontents. Maintenant c'était fini : depuis que le Maquis avait pris le pouvoir il n'était plus question de prendre le maquis. Mais cela, c'était le passé, et les communistes de la ville ne s'occupaient pas du passé.

La jeunesse les retenait davantage, et la propagande où ils étaient très actifs. La chorale : c'était eux. L'équipe de football, les compétitions dominicales, les autobus bourrés de sportifs à l'œil obscur : encore eux. La nouvelle piscine aussi, qui dans ce pays sec et brûlé leur avait valu des points. Dès six heures, la jeunesse s'y écrasait. Tout d'abord on se réjouissait de la voir si bien portante, des muscles jusqu'aux joues. Puis on trouvait à beaucoup un air de jeunes brutes toutes pareilles qu'on imaginait déjà gendarmes. On se murmurait alors les mots « État-machine » et cette formule éculée nous apaisait un peu... jusqu'à ce qu'on s'avise qu'elle était — après tout — bien séduisante pour une jeunesse qui n'avait encore eu ni machines, ni État.

La veille de notre départ pour la Grèce, Eyoub, le barbier turc, nous a invités chez lui. Pour nous montrer sa radio. C'est un superbe poste qu'après plusieurs années d'économies il a commandé à Salonique, et qu'à défaut d'or massif il a fait recouvrir de miroirs. Il nous a obtenu sans peine la Suisse romande… il n'y a guère que six semaines que nous sommes partis mais la voix gourmée et didactique des speakers nous fait sursauter. Ces voix de tableaux noirs, tellement de chez nous. J'ose à peine ouvrir la bouche de peur de m'entendre, moi aussi. Je me demande combien de temps il faudrait passer sur les routes et dans quelles canailleries il faudrait se lancer pour perdre ce ton pastoral.

Eyoub est ravi de notre attention ; il a fait mouche, sa radio ne l'a pas trahi. D'ailleurs chez lui tout fonctionne à merveille : le café est bouillant, l'aliboron dans la cour, bien étrillé, et il nous assure que sa femme est parfaite, ce qu'on croit sur parole puisqu'en bonne musulmane elle refuse d'apparaître.

— Et son père ?

— *Er sitzt und raucht* (il reste assis et fume), répond Eyoub, complétant l'image idyllique qu'on se fait de la famille.

Retour à l'hôtel. La lune est sur le dos. Eyoub nous accompagne et ses cheveux savamment ondulés répandent par vagues dans l'obscurité un parfum de plat à barbe légèrement écœurant. À l'instant où nous atteignons le jardin municipal où le cinéma local projette un western en plein air, les plombs de la centrale sautent, la ville s'éteint comme une chandelle, l'écran aussi et une grande rumeur frustrée monte de l'assistance.

— *Elektricität Prilep… extra — prima,* soupire Eyoub.

Nous, bien sûr, la gaieté nous est facile : nos valises sont faites et nous partons demain.

LA ROUTE D'ANATOLIE

Lorsqu'on quitte la Yougoslavie pour la Grèce, le bleu — la couleur des Balkans — vous suit, mais il change de nature ; on passe d'un bleu nuit un peu sourd à un bleu marin d'une intense gaieté, qui agit sur les nerfs comme de la caféine. Et c'est heureux, parce que le rythme des conversations et des échanges s'est beaucoup précipité. On avait pris l'habitude d'expliquer lentement — et plutôt deux fois qu'une — en s'attardant sur les mots le temps que la compréhension chemine. Dès la frontière c'est superflu : l'interlocuteur vous interrompt au milieu des phrases d'un geste impatient — il est au fait — et vous parlez encore, qu'il s'est déjà lancé dans l'espèce de pantomime emportée qui contient sa réponse.

Parfois même, les Grecs en comprennent plus long qu'on ne le souhaite : au poste frontière, pour avoir mis dans ma voix un peu plus d'autorité qu'elle n'en a d'habitude, j'ai aussitôt été traité avec l'indulgence spéciale qu'on réserve aux timides.

Les deux premiers jours, cette rapidité prend de court. On est en retard d'une réplique au moins, ou d'un geste, puis on ramène son intelligence à fleur de peau, on s'adapte, et le plaisir commence.

Alexandropolis

Après la fournaise de la route Salonique-Alexandropolis, le bonheur que c'est de s'asseoir devant une nappe blanche, sur ce petit quai aux pavés lisses et ronds. Pendant

un instant, les poissons frits brillent comme des lingots dans nos assiettes, puis le soleil s'abîme derrière une mer violette en tirant à lui toutes les couleurs.

Je pense à ces clameurs lamentables qui dans les civilisations primitives accompagnaient chaque soir la mort de la lumière, et elles me paraissent tout d'un coup si fondées que je me prépare à entendre dans mon dos toute la ville éclater en sanglots.

Mais non. Rien. Ils ont dû s'y faire.

CONSTANTINOPLE

Le matin même de l'arrivée, nous avions passé la voiture sur la rive d'Asie et nous rôdions dans les ruelles du quartier de Moda en quête d'un logis qui nous fasse signe, quand une voix faible mais impérieuse qui nous interpellait en français nous fit retourner. C'était une grosse femme aux cheveux de neige qui portait une lourde broche d'améthyste sur un deuil élégant. Du haut de son perron elle examinait pensivement notre bagage, comme s'il lui rappelait quelque chose, et nous demanda ce que nous cherchions. Nous nous expliquâmes.

— J'ai fini ma saison la semaine dernière, mais j'ai gardé mes gens et j'aime assez les voyageurs. Vous pourrez loger ici. Et de son fume-cigarette elle désigna au-dessus de l'entrée une petite inscription en lettres d'or : *Moda-Palas*.

En silence, on transporta le bagage à travers une sombre salle à manger victorienne. Sur le dressoir, un chat moutarde dormait entre de flamboyantes théières de Christofle. La chambre, qui donnait sur un jardin flétri, avait une légère odeur d'encaustique et de moisi distingué. Excepté une chambrière, le maître d'hôtel, et Mme Wanda, la patronne, l'hôtel était désert et, avec ses contrevents fermés, plus intimidant qu'un sépulcre. Nous nous surprenions déjà à baisser la voix, mais puisque le voyage passait par le *Moda-Palas* il n'y avait plus qu'à s'incliner. D'un côté, l'hôtel

donnait sur la Marmara et l'Île des Princes où l'on envoyait autrefois les prétendants turbulents en exil. De l'autre, il s'adossait à une
colline d'où l'on apercevait la rive d'Europe étendue sous un ciel
mauve, la Tour de Pera, et les bâtisses de la vieille ville avec leurs
glycines en fleurs et leurs façades délabrées couleur de bois flotté.

— Qu'espérez-vous donc vendre ici ? demanda encore la vieille
en regardant l'enregistreur et le chevalet.

— De la peinture, des articles… une conférence peut-être.

— Avez-vous de la chance dans la vie ?

— Jusqu'à présent, oui.

— Ici, vous n'en aurez jamais trop, croyez-moi. C'est madame
Wanda qui vous le dit.

Il y avait comme une trace de compassion dans sa voix.

Pendant une semaine on prospecta la ville. Thierry
cherchait un local où exposer ses dessins. Je courais les rédactions,
la radio, les clubs culturels pour tâcher d'y placer quelque chose.
J'essayai même le lycée français d'Üsküdar dans l'espoir d'y trouver des cancres et des leçons. Sans résultat. Nous trottions toute la
journée, un fort soleil sur les épaules, dans ces torrides complets
de flanelle que nous jugions indispensables au succès de nos
démarches. Le soir, nous nous retrouvions harassés et bredouilles
avec pour toute consolation les singulières orthographes turques :
Fileminyon… Agno alobergine… Kudefer & Misenpli… que l'œil, entre
deux visites, relevait au vol sur le menu d'un restaurant ou dans la
vitrine d'un coiffeur.

Un succès de caf'conc' qui faisait alors fureur en ville nous
semblait d'ailleurs sonner le glas de nos modestes entreprises. Cette
chanson s'intitulait *Kübik Nikel Mobilialar…* Tout un programme.
Effectivement, les bourgeois d'Istanbul ne se souciaient guère
de peinture moderne, ni de reportages sur l'étranger. Non ; ils
voulaient du quotidien. Des meubles nickelés justement, et de
fortes chanteuses rousses, et d'interminables parties de tric-trac

pleines d'effusions sous les platanes. Un peu de poésie, beaucoup de boustifaille, des voitures américaines, et l'avenir tel qu'on le lit dans le marc de café. Quant à l'art, ils étaient convaincus d'avoir déjà fourni plus que leur part ; ils n'avaient qu'à regarder leurs merveilleuses mosquées — celle d'Ali qui est bleue, celle de Suleyman qui a la couleur du tabac, ou celle d'Ortaköy qui est blanche et or — pour s'en convaincre ; ou aller voir dans les vitrines du « Vieux Sérail » les somptueuses porcelaines offertes par les empereurs de Chine, pour mesurer l'estime dans laquelle on avait autrefois tenu leur pays à l'autre bout du monde. Ils trouvaient le temps venu d'être pratique et s'y employaient jovialement. C'était leur droit, bien sûr, mais nos affaires pâtissaient énormément de ce bonheur. La ville était chère ; au bout de dix jours nous n'y avions pas encore gagné un *kurus*.

Nous en étions maintenant réduits à l'épi de maïs grillé ou à la gargote de mauvaise mine. Sur la rive d'Asie, elles ne manquaient pas, ni l'occasion d'y attraper des infections foudroyantes. D'abord la tête vous brûle, puis un jaune pisseux monte du foie jusqu'aux yeux, puis viennent les vomissements interminables et la fièvre. Il vous reste juste la force de décommander les rendez-vous du lendemain et de gagner le lit d'où, pendant une semaine, on va compter les fleurs du papier en cherchant à retrouver dans sa mémoire l'assiette qui vous a empoisonné. Dans un sens, cela me convenait plutôt de tomber malade ici ; une fois sur les routes d'Anatolie, pendant un mois au moins, ce ne serait plus possible.

Les jours où il ne dessinait pas, Thierry continuait bravement à tourner dans la ville comme un jouet détraqué. Je le voyais partir chaque matin, une chemise lavée par ses soins lui séchant sur le dos, avec sous le bras ses dessins qui se couvraient peu à peu de doigts indifférents, et qu'à force de montrer dans des circonstances si ingrates, il finissait par détester. Il rentrait hors de lui, et tout en s'épongeant debout dans la cuvette, racontait sa journée.

Une patronne de galerie qu'il avait eu mille peines à joindre et sur laquelle il fondait beaucoup d'espoirs lui avait chaleureusement expliqué comment et pourquoi, à Istanbul, un peintre crevait forcément de faim. Des hommes d'affaires qui se donnaient pour collectionneurs lui tendaient dix lirettes sans même regarder son travail, mais quand Thierry mortifié leur offrait un dessin en échange, ils s'animaient, chaussaient leurs lunettes, comparaient minutieusement et choisissaient avec beaucoup de pénétration le meilleur et le plus cher. Le porte-à-porte chez les commerçants suisses dont il s'était procuré l'adresse lui réussissait à peine mieux. On le faisait attendre comme un colporteur à l'office où il prenait le thé avec la cuisinière — une émigrée russe blanche ou ukrainienne — qui lui racontait des histoires vertigineuses en regardant ses croquis d'un œil rond. Cela faisait toujours passer un peu de temps, et lui reposait les pieds. La patronne refusait d'apparaître — un compatriote qui vient ainsi vendre sa peinture à la porte, à cinq mille kilomètres de Berne, on sait où cela commence, on ne sait jamais où ça vous mène — finalement, elle lui faisait remettre un peu de monnaie que nous retournions le soir même accompagnée de billets cornéliens et fort insolents auxquels ces braves ménagères ne devaient comprendre goutte.

Une que nos déboires n'étonnaient pas, c'était la chambrière du *Moda*. Une femme amère et fine, polonaise comme sa patronne, qui portait sur ses cheveux gris un de ces diadèmes empesés comme on en trouve encore dans les palaces de Montreux, et faisait tout son service une cigarette à la bouche. Chaque matin, après avoir apporté le thé, elle s'asseyait au bout du lit et se faisait raconter par le menu nos échecs de la veille. La chambre était encore grise, on entendait mugir les bateaux du Bosphore. Elle m'écoutait les yeux baissés, en secouant sa cendre dans la sous-tasse et en saluant chaque détail lamentable d'un vigoureux hochement de tête. Ça lui faisait même plaisir, ces difficultés qu'on lui racontait, comme de réentendre une chanson qu'on a souvent chantée soi-même. J'ignore quels démêlés elle avait eus avec la vie, mais les nôtres lui

paraissaient bien naturels et bénins. De temps en temps, elle se tournait vers nous avec un geste des deux mains qui voulait dire : évidemment. C'était sa manière à elle de nous encourager.

Elle passait ses journées à l'office en compagnie d'Osman, le maître d'hôtel, à faire reluire interminablement les timbales, les samovars et les théières. Le soir, ils se mettaient à deux pour servir Mme Wanda qui dînait seule sans prononcer un mot. La vaisselle terminée, ils la rejoignaient pour une partie de whist qui se prolongeait très avant dans la nuit. Si tard que nous rentrions, nous les trouvions assis tout droits sous la suspension de soie jaune, absorbés par leurs cartes et ne levant la tête que pour montrer du doigt, sur le dressoir, l'assiette de gâteaux au miel qu'ils avaient préparée pour nous.

J'étais guéri, mais nos affaires n'allaient pas mieux. Un long papier sur la Laponie, avec photos, que j'avais dû calligraphier en majuscules grosses comme des sucres pour le traducteur qui avait la vue basse, m'avait rapporté quinze lirettes seulement. Deux repas. Mme Wanda avait raison : Stamboul était une noix dure à casser.

Et la saison avançait. Par vent d'ouest, on entendait péter les fusils des chasseurs. Dans les grandes friches brunes qui longent la route d'Edirne, des taxis peints en tons vifs, entourés de carabines, de gibecières, de bécasses mortes en grappe, étaient semés comme des cailloux de couleur. Les bancs d'espadons aux reflets turquoise passaient silencieusement les Détroits en route vers le sud. Les riches bourgeois de la ville descendaient, dans des Cadillac bourrées de sucreries, vers leurs propriétés de Brousse ou de Smyrne. Sur la rive d'Asie, les étourneaux ricanaient tendrement dans le feuillage des sorbiers. Le long des rues étroites qui montent vers Moda, dans des tavernes éclairées à l'acétylène, les portefaix et les chauffeurs, assis devant leur lait caillé, épelaient lentement le journal, lettre par lettre, faisant retentir tout le quartier d'une incantation murmurée d'une extraordinaire tristesse. L'automne putride et doré qui avait saisi la ville nous remuait le cœur. C'est que le nomadisme rend sensible aux saisons : on en dépend, on devient la saison même et chaque fois qu'elle tourne, c'est comme s'il fallait s'arracher d'un lieu où l'on a appris à vivre.

Ce soir-là, en revenant du journal, je m'arrêtai devant la gare d'Haïdarpacha pour regarder les trains qui dormaient sur les voies. Les wagons étaient marqués « BAGDAD »... « BEYROUTH » ou « KONYA-ANADOLU ». Ici, c'était l'automne, à Bagdad l'été, et peut-être l'hiver en Anatolie. On décida de partir la nuit même.

Au *Moda-Palas,* les domestiques étaient, pour une fois, couchés. Nous fîmes le bagage en silence. Il y avait encore de la lumière chez la patronne. On passa la tête par la porte entrebâillée pour lui dire adieu et merci. Mme Wanda ne nous vit pas tout de suite. Elle était assise immobile dans un lit à colonnes à côté d'une veilleuse allumée, un livre ouvert devant elle — du Mérimée, je m'en souviens — dont elle ne tournait plus les pages. Jamais nous ne l'avions vue tout à fait éveillée et présente aux choses, comme si des voix d'ailleurs étaient constamment venues l'en distraire. Nous ne la connaissions presque pas. On l'appela doucement pour ne pas l'effrayer. Elle nous vit, vit nos habits de voyage et dit : « Dieu vous bénisse, mes petits pigeons... la Madone vous protège, mes agneaux... », puis elle se mit à parler polonais, longtemps, sans s'interrompre, avec des inflexions d'une tendresse si désolée qu'il nous fallut un moment pour nous rendre compte qu'elle ne nous regardait plus, qu'elle ne s'adressait plus à nous, mais à une de ces ombres très anciennes, et chères, et perdues, qui accompagnent les vieilles gens en exil et tournoient au fond de leur vie. On referma la porte...

À moins de rencontrer la pluie, en quittant Stamboul vers deux heures du matin, nous pourrions atteindre Ankara avant la nuit.

ROUTE D'ANKARA   *Octobre*

Au nord-ouest d'Ankara, la piste traverse de grands plateaux nus comme la main. Pour apercevoir des cultures, il faut baisser les yeux : elles sont logées en contrebas dans des failles creusées et élargies par les torrents. Au fond de ces entonnoirs de verdure, on voit briller des saules et de la vigne, un peu de bétail — buffles et moutons — qui bouge entre les tas de fumier, quelques maisons autour d'une mosquée de bois, et des fumées qui montent toutes droites jusqu'au niveau du plateau où le vent les couche et les emporte. Parfois, la peau d'un ours fraîchement écorché sèche, clouée contre la porte d'une grange.

Il faut, après des heures de conduite, être allé faire la sieste au fond de ces petites Arcadies feutrées pour comprendre le sens du mot *bucolique*. Étendu sur le dos dans l'herbe qui bourdonne d'abeilles, on regarde le ciel, et plus rien, sinon la vitesse fantastique des nuages, ne rappelle la bourrasque d'automne qui pendant toute la matinée nous a ronflé aux oreilles.

Dans ces combes, les villages sont cossus et les cultures soignées. Mais on n'aurait vraiment pas le cœur d'y marauder une noix ; jamais non plus on ne nous en offrit une : elles doivent être comptées sur l'arbre. C'est bien naturel. Cette agriculture en « îlots », ces minuscules labours vous font des paysans ménagers, et même regardants. Il a d'ailleurs dû toujours en être ainsi ; tout près d'ici, dans les fouilles hittites d'Hattouscha-Bogasköy, on a retrouvé sur des tablettes vieilles de plus de trois mille ans des inventaires de biens-fonds d'une minutie touchante, qui ne vous font pas grâce d'un plant de houblon, ni d'un goret nouveau-né.

Route de Sungurlu

Seules une légère différence de matière et la trace des camions distinguent la route de terre de la terre brune qui l'entoure et s'étend à perte de vue. Les pieds au chaud dans les bottes, une main sur le volant, de la terre plein le regard, on entame cet immense paysage en se disant : cette fois, le monde a changé d'échelle, c'est bien l'Asie qui commence !

Parfois, on distingue la tache beige plus pâle d'un troupeau contre le flanc d'une colline, ou la fumée d'un vol d'étourneaux entre la route et le ciel vert. Le plus souvent, on ne voit rien... mais on entend — il faudrait pouvoir « bruiter » l'Anatolie — on entend un lent gémissement inexplicable, qui part d'une note suraiguë, descend d'une quarte, remonte avec beaucoup de mal, et insiste. Un son lancinant, bien fait pour traverser ces étendues couleur de cuir, triste à donner la chair de poule, et qui vous pénètre malgré le bruit rassurant du moteur. On écarquille les yeux, on se pince, mais rien ! Puis on aperçoit un point noir, et cette espèce de musique augmente intolérablement. Bien plus tard, on rattrape une paire de bœufs, et leur conducteur qui dort la casquette sur le nez, perché sur une lourde charrette à roues pleines dont les essieux forcent et grincent à chaque tour. Et on le dépasse, sachant qu'au train où on chemine, sa maudite chanson d'âme en peine va vous poursuivre jusqu'au fond de la nuit. Quant aux camions, on a affaire à leurs phares une heure au moins avant de les croiser. On les perd, les retrouve, les oublie. Brusquement ils sont là, et pendant quelques secondes nous éclairons ces énormes carcasses peintes en rose ou en vert pomme, décorées de fleurs en semis, et qui s'éloignent en tanguant sur la terre nue, comme de monstrueux bouquets.

Il nous arrive aussi d'être intrigués par deux mignonnes lanternes d'or qui s'allument, s'éteignent, clignotent, et semblent reculer devant nous. On pense — à cause de leur écartement — à une petite voiture de tourisme... et lorsqu'on est dessus, c'est un hibou qui dormait au bord de la piste sur la pile d'un pont, et ce lourd flocon s'enlève en criant dans le vent de la voiture.

Ces charrettes à roues pleines, il paraît qu'il en fut retrouvé d'exactement semblables dans des sépultures babyloniennes. Il y aurait donc quatre mille ans que leurs essieux tourmentent le silence anatolien. Voilà qui n'est pas mal, mais sur la piste qui relie Bogasköy à Sungurlu, nous sommes tombés sur plus ancien encore. L'après-midi était avancé, le ciel clair, nous traversions une plaine absolument vide. L'air était assez transparent pour qu'on distingue un arbre qui se dressait tout seul à une trentaine de kilomètres. Et tout d'un coup... toc... toctoc... tac... une grêle de légers chocs clairs et irrités qui s'amplifiaient à mesure que nous avancions. Un peu semblables aux craquements d'un feu de bois sec ou à ceux du métal chauffé à blanc et qui travaille. Thierry arrêta la voiture en blêmissant ; j'avais eu la même crainte que lui : nous avions dû perdre de l'huile et les pignons du différentiel se

« mangeaient » en chauffant. Nous nous trompions, car le bruit n'avait pas cessé. Il augmentait même, tout près sur notre gauche. On alla voir : derrière le talus qui borde un côté de la piste, la plaine était noire de tortues qui se livraient à leurs amours d'automne en entrechoquant leur carapace. Les mâles employaient la leur comme un bélier pour bousculer leur compagne et la pousser vers une pierre ou une touffe d'herbe sèche à laquelle ils l'acculaient. Ils étaient un peu plus petits que les femelles. Au moment de l'accouplement, ils se dressaient complètement pour les atteindre, tendaient le cou, ouvraient une gueule rouge vif et poussaient un cri strident. Quand nous sommes partis, de toutes les directions de la plaine on voyait des tortues se hâter lentement vers ce rendez-vous. Le jour tombait. On ne s'entendait plus.

Sungurlu

À six heures, le jour n'est pas levé, que les paysans sont déjà attablés à l'auberge devant un verre de thé posé sur une soucoupe d'émail bleu. Bruit confus de voix et de pas dans la boue. De lourds molosses imprécis vont renifler d'une table à l'autre. Lorsque la lumière augmente légèrement, ce sont d'abord les pointes de leur collier et les plateaux de cuivre qui se mettent à briller, de façon indépendante, alors que la terre, les hardes et les visages sont encore obscurs. Sur la place passent casquettes brunes, chemises safran sombre et les haillons plus vifs de quelques Tziganes. Les chevaux portent un collier fait d'une branche écorcée qui forme un grand cerceau derrière leurs oreilles ; leurs attelages et quelques hauts camions dévernis s'élèvent autour du café. Deux vieux aux barbiches laineuses viennent de quitter leur table et pataugent en riant dans le demi-jour pour écraser un rat qui longe la maison. Dans la salle, on peut voir une affiche représentant un paysan mexicain coiffé d'un sombrero, avec cette légende : « Par la radio turque, découvrez le monde ! » Il y a bien une radio ici, que des consommateurs tarabustent depuis vingt minutes sans pouvoir accrocher Ankara.

Puis la glaise et la boue s'allument de mille feux et le soleil d'automne se lève sur les six horizons qui nous séparent encore de la mer. Tous les chemins autour de la ville sont tapissés de feuilles de saule que les attelages écrasent en silence et qui sentent bon. Ces grandes terres, ces odeurs remuantes, le sentiment d'avoir encore devant soi ses meilleures années multiplient le plaisir de vivre comme le fait l'amour.

MERZIFON   *Douzième heure de conduite*

À neuf heures du soir, le seul restaurant encore ouvert à Merzifon est le Club des Pilotes militaires. Il y a une base juste à côté de la ville. Nappes blanches, lauriers en pots, garçons en livrée rouge. Il existe une manière oblique et cependant assurée de regagner la sortie lorsqu'on s'est fourvoyé dans ce genre de trappe. Nous la connaissons bien ; mais ce soir nous nous accordons un peu de luxe : nous conduisons depuis cinq heures du matin et il faudra rouler cette nuit encore pour gagner la neige de vitesse. Dîné et vidé chacun une grande chope de vin doux à demi remplie de glaçons terreux, en regardant une douzaine de pilotes danser entre eux au son d'un piano désaccordé. Comme ils sont à peu près de même taille, ils tiennent à la main leur casquette qui les gêne pour danser serrés. Je crois volontiers qu'ici les distractions sont rares, et les danseuses plus rares encore ; tout de même, ils mettent un peu trop de langueur dans leurs simulacres. Ceux qui ont vu l'accordéon et la guitare dépasser de notre bagage nous demandent bien poliment de leur jouer quelque chose. Valses et javas : les militaires se déhanchent, tendrement enlacés.

Treize à vingtième heure de conduite

Vers minuit nous repartons nourris et reposés. Le toit est ouvert sur un ciel criblé d'étoiles. Nous franchissons deux cols bruns en bavardant calmement puis une de mes questions reste sans réponse et je m'assure d'un coup d'œil que Thierry s'est endormi. Jusqu'à l'aube je conduis lentement, tous feux éteints pour ménager la batterie. Dans le dernier col qui nous sépare de la côte, la route de terre est glissante, et les rampes trop fortes pour le moteur. Juste avant qu'il ne cale, je secoue Thierry qui saute, et pousse tout en dormant. Au prochain replat, j'attends qu'il me rattrape. Au bas de la descente, une dernière rampe très brusque nous oblige à répéter cette manœuvre qui laisse Thierry loin en arrière. J'arrête la voiture et vais, titubant de fatigue, pisser interminablement contre des saules dont les branches me caressent les oreilles. Au sommet nous avons eu la neige, mais ici c'est encore l'automne. L'aube est humide et douce. Une lueur citron borde le ciel au-dessus de la mer Noire, des vapeurs bougent entre les arbres qui s'égouttent. Couché dans l'herbe brillante, je me félicite d'être au monde, de… de quoi au fait ? mais à ce point de fatigue, l'optimisme n'a plus besoin de raisons.

Un quart d'heure plus tard, Thierry sort de la nuit, arrive à ma hauteur et me dépasse à grandes enjambées, dormant debout.

Route d'Ordu   *Vingtième heure de conduite*

C'est mon tour de dormir. Dormir dans la voiture, dormir, rêver sa vie, le rêve changeant de cours et de couleur à chaque cahot, menant rapidement l'histoire à son terme lorsqu'un cassis plus profond vous ébranle, ou un changement soudain dans le régime du moteur, ou enfin le silence qui déferle quand le conducteur a coupé le contact pour se reposer lui aussi. On presse sa tête meurtrie contre la vitre, on voit dans les brumes de l'aube un talus,

des bosquets, un gué où une bergère en babouches, un rameau de noisetier à la main, fait passer un troupeau de buffles dont l'haleine chaude, sentant fort, vous réveille cette fois tout à fait ; et on ne perd rien à débarquer dans cette réalité-là.

La bergère approche prudemment sa tête de la vitre, prête à s'enfuir. Elle a douze ou treize ans, un fichu rouge sur la tête et une pièce d'argent suspendue au cou. Ces deux morts mal rasés l'intriguent énormément.

Un peu plus tard

Sur une plage de sable noir, nous nous faisons griller un petit poisson. Sa chair rose prend la couleur de la fumée. Nous récoltons des racines blanchies par la mer et de menus éclats de bambou pour alimenter la flamme, puis nous mangeons accroupis contre le feu sous une douce pluie d'automne en regardant la mer s'en prendre à quelques barcasses, et un immense champignon d'orage s'élever très loin dans le ciel du côté de la Crimée.

Col d'Ordu

Ce n'est pourtant qu'un centimètre sur notre carte, entre les villages de Fatsa et de Babali, et cinq cents mètres au plus de dénivellation ; mais dès les premières rampes, il a fallu sauter et pousser. La piste étroite et grasse grimpait tout droit à travers un maquis de noisetiers et de sorbiers. Quand la pente devenait trop forte, le conducteur tirait les gaz à main, sautait lui aussi et aidait la voiture de l'épaule tout en conduisant par la fenêtre. Quand le moteur calait tout de même, il fallait aussitôt plonger sur le frein à main, ou placer une pierre sous les roues arrière pour éviter que la voiture lourdement chargée ne brise un pignon de vitesse en reculant. Il n'y avait alors plus d'autres recours que de siffler et d'appeler jusqu'à ce qu'un ou deux paysans arrivent, la houe sur l'épaule. Lorsqu'ils comprenaient qu'il s'agissait de pousser, ils s'illuminaient tout de suite, faisaient deux trous dans la route pour caler leurs pieds, empoignaient la voiture et nous projetaient littéralement dans la pente. Ils n'acceptaient pas d'argent ; c'est pousser qui les intéressait. Quelques parties de lutte à main plate leur auraient fait plus plaisir ; cet exercice les avait mis en train. Tout ce qu'on a pu dire de la force des Turcs me semble en dessous de la vérité. Mais on ne trouve pas de paysans partout, et le plus dur, on le fit nous-mêmes ; six heures pour vingt-deux kilomètres.

Au sommet du col, entre quelques maisons de bois déla-brées, une trentaine de villageois dansaient dans la boue au son d'une musique aigrelette. Ils tournaient lentement sous la pluie qui noyait ces collines touffues, se tenant par le coude ou par la manche de leurs vieux vestons noirs rapiécés à la ficelle. Leurs pieds étaient entourés d'emplâtres de jute ou de chiffons. Nez crochus, méplats bleus de barbe, visages de tueurs. Le gros tambour et la clarinette ne se pressaient pas mais ne marquaient aucune pause. Une sorte de pression montait. Personne ne disait mot, et j'aurais bien préféré qu'ils parlent ; la controverse, même irritée, m'apparaissait soudain comme la plus paisible des occupations. J'avais l'impression déplaisante qu'on chargeait méthodiquement un fusil par la gueule. Le village rival, s'il existait quelque part dans cette jungle brumeuse, ferait bien de ne dormir que d'un œil.

La musique elle aussi n'était que menaces et coups de fléau. Quand nous tentions d'approcher pour mieux voir les instru-ments, une houle d'épaules et d'échines tendues nous repoussait vers l'extérieur. Personne n'avait répondu à nos saluts ; on nous ignorait complètement. J'avais l'enregistreur sur l'épaule mais cette fois-ci je n'osai pas m'en servir. Au bout d'une heure, nous sommes redescendus vers le brouillard qui couvrait la mer Noire.

Il est temps de faire ici un peu de place à la peur. En voyage, il y a ainsi des moments où elle survient, et le pain qu'on mâchait reste en travers de la gorge. Lorsqu'on est trop fatigué, ou seul

depuis trop longtemps, ou dans l'instant de dispersion qui succède
à une poussée de lyrisme, elle vous tombe dessus au détour d'un
chemin comme une douche glacée. Peur du mois qui va suivre,
des chiens qui rôdent la nuit autour des villages en harcelant tout
ce qui bouge, des nomades qui descendent à votre rencontre en
ramassant des cailloux, ou même, peur du cheval qu'on a loué à
l'étape précédente, une brute vicieuse peut-être et qui a simplement caché son jeu.

On se défend de son mieux, surtout si le travail est en cause.
L'humour, par exemple, est un excellent antidote, mais il faut être
deux pour s'y livrer. Souvent aussi, il suffit de respirer à fond et
d'avaler une gorgée de salive. Quand cela demeure, on renonce
alors à entrer dans *cette* rue, dans *cette* mosquée, ou à prendre *cette*
photo. Le lendemain, on se le reproche romantiquement et bien
à tort. La moitié au moins de ces malaises sont — on le comprend
plus tard — une levée de l'instinct contre un danger sérieux. Il
ne faut pas se moquer de ces avertissements. Avec les histoires de
bandits et de loups, bien sûr, on exagère ; cependant, entre l'Anatolie et le Khyber Pass il y a plusieurs endroits où de grands braillards lyriques, le cœur sur la main, ignorants comme des bornes,
ont voulu à toute force se risquer, et ont cessé de donner de leurs
nouvelles. Pas besoin de brigands pour cela ; il suffit d'un hameau
de montagne misérable et isolé, d'une de ces discussions irritées
à propos d'un pain ou d'un poulet où, faute de se comprendre,
on gesticule de plus en plus fort, avec des regards de plus en plus
inquiets jusqu'à l'instant où six bâtons se lèvent rapidement
au-dessus d'une tête. Et tout ce qu'on a pu penser de la fraternité
des peuples ne les empêche pas de retomber.

GIRESUN

Au bout de la rue qui donnait sur la mer, de grosses bonbonnes de vin ambré, de citronnade, filtrait une lumière chargée d'orage. Les glycines sentaient fort et s'effeuillaient. De la fenêtre de la chambre, on voyait des pêcheurs aux jambes torses traverser et retraverser la place en bavardant et en se tenant par le petit doigt. De forts matous dormaient sur le pavé au milieu des arêtes et des déchets de poisson. Des rats couleur de muraille filaient le long du caniveau. C'était un monde complet.

Dans ces bourgades de la côte, il y avait trois choses dont les gens étaient fiers : leur force physique, leurs noisettes, et la pénétration de leur police. Le « policier », généralement un jeune homme têtu comme une bourrique et sanglé dans un veston trop petit, était à l'auberge, puis derrière notre porte dans le quart d'heure qui suivait notre installation. Étendus sur nos lits, ou occupés à nous décrotter de la boue de l'étape, nous laissions d'abord sans réponse ses grattements discrets qui, enflés par la frustration, se transformaient bientôt en une avalanche de coups de poing. Excédés, nous allions finalement ouvrir à cet intrus qui prenait maladroitement l'air louche et, sans trop ménager la vraisemblance, nous proposait tout à trac d'aller changer nos dollars au marché noir. Si on n'est pas un peu provocateur, dans ces patelins sans histoire, on n'arrive à rien et jamais Ankara n'entendra parler de vous. Au marché noir ? on se récriait, évidemment. Rassuré sur ce point capital, le flic nous disait alors sans malice « c'est moi la police secrète ». On le complimentait d'une affiliation si flatteuse en le reconduisant jusqu'à la porte.

Parfois, il venait timidement nous retrouver dans la soirée avec un kilo de pommes et son album de photographies. Obscurs clichés tirés par le droguiste : une excursion en autocar, la moitié d'un cargo, la statue d'Atatürk à Samsun, un beau-frère ou un oncle devant son magasin, sous la pluie. Il fallait jouer à le retrouver, lui, tondu, au milieu de vingt recrues toutes pareilles. On se trompait.

Rires bêtes et bienfaisants. Il avait notre âge, ne savait presque rien du monde. Pour un peu, il nous aurait confié tous les secrets de la ville. Il n'était plus du tout question de police.

TRÉBIZONDE

Ici notre route quittait la côte, franchissait deux chaînes de montagnes par les cols de Zigana et du Cop, et rejoignait à Erzerum le niveau du haut plateau anatolien.

À la Poste où j'étais allé m'informer, on me dit « jusqu'à Erzerum, c'est bon, la route est sèche. Au-delà, nous ne savons pas. Nous pourrions bien télégraphier dans l'est mais vous perdriez du temps à attendre la réponse, et cela coûterait... allez plutôt demander au lycée ; ils ont en internat des gamins de toute l'Anatolie qui sauront bien le temps qu'il fait chez eux ».

Au lycée où j'exposai mon affaire, le professeur de français interrompit sa leçon et posa la question à sa classe, lentement et en français. Personne ne broncha. Il la répéta en turc, avec un peu d'embarras, et aussitôt plusieurs lettres froissées sortirent des tabliers et les petites mains aux ongles noirs se levèrent l'une après l'autre... il n'avait pas encore neigé à Kars... ni à Van, ni à Kagisman... un peu seulement à Karaköse, mais ça n'avait pas tenu. L'opinion générale, c'était que pendant une quinzaine encore nous passerions sans peine.

Sur la place, je retrouvai Thierry absorbé dans la toilette du moteur. Il travaillait sans lever la tête au milieu d'une bonne centaine de curieux. C'était ainsi depuis que nous avions quitté Stamboul et nous avions eu le temps de nous y accoutumer. Nous retrouvions toujours la même foule : des ahuris, des donneurs de conseils, des aimables, des vieillards en pantoufles qui fouillaient leurs poches et nous tendaient un canif ou un bout de toile d'émeri pour aider à notre travail. Il fallait graisser les lames de ressorts pour les rendre moins cassantes, souffler dans les gicleurs,

décrasser les bougies, la delco, et régler l'avance que les cahots
et les secousses de la veille avaient chaque fois déplacée. Depuis
que les routes étaient devenues mauvaises, nous répétions chaque
jour cette opération pour gagner un peu de puissance et mettre
la chance avec nous. Les deux cols qui nous séparaient encore de
l'Anatolie nous donnaient du souci.

Nous avions tort. La route traverse d'abord les vallons vert
émeraude, les villages de chaume, les paradis d'oliviers et de noisetiers qui s'étendent derrière la ville. Puis elle suit une vallée en
pente douce bordée de montagnes rondes et bleues. Au bout de la
vallée, les premières rampes du col grimpent à travers des forêts
de hêtres géants dont les feuillages jaunes éclataient comme des
fanfares à vingt mètres au-dessus de nos têtes. Les sous-bois étaient
rouges de fraises sauvages mais nous n'osions nous arrêter de peur
de ne pouvoir repartir dans la pente. Nous avons fait tout le col
en première, debout sur les marchepieds, prêts à sauter. La nuit
tombait quand nous avons dépassé la limite des arbres. Sous nous,
dans d'immenses combes herbues, on voyait des troupeaux bouger
autour des tentes noires, et des chameaux débâtés couchés entre
les feux des campements nomades.

GÜMÜSANE   *Le même soir*

Ici, c'était la montagne et l'hiver. De solides
maisons de pierre avec des toits très inclinés pour supporter la
neige, des mules dont les naseaux fumaient, des complets de
laine brune, des bonnets de fourrure, et le pépiement des perdrix
engourdies dans leur cage au-dessus d'épiceries éclairées au pétrole,
pleines d'objets lourds, colorés et brillants.

Nous n'avions pas arrêté la voiture qu'un gamin vint nous
chercher pour nous conduire chez le directeur de l'école que
les professeurs de Trébizonde avaient averti de notre passage.
C'était un gros homme cordial qui nous attendait, assis en

pyjama[1] entre une corbeille de pommes et un poêle chauffé au rouge. Il ne savait pas un mot d'allemand, d'anglais ou de français. Nous, vingt mots de turc à peine et nous étions trop fatigués pour nous lancer dans les gestes ou dans les dessins. Nous avons donc de part et d'autre mangé les pommes en nous regardant sourire. Puis il nous montra la peau d'un ours qu'il avait tué la semaine passée, et celle d'un renard argenté. Comme on l'admirait, il nous l'offrit. Ses mains nous tendaient la fourrure en tremblant un peu pendant que ses yeux bruns suppliants la retenaient. On refusa avec force. Il s'habilla, nous conduisit jusqu'à l'auberge, nous fit donner la meilleure chambre, et pendant qu'on sombrait tout habillés dans un sommeil sans rêve, paya notre addition. Le lendemain matin, il revint accompagné d'un nabot contrefait, un Stambouli qui soignait ici ses poumons perdus, et lui servait d'interprète. Il voulait nous inviter quelques jours dans son école et, pour nous retenir, se mit à énumérer les qualités de son village en comptant sur ses doigts : l'air était bon, les maisons bien chauffées, les mines d'argent qu'on exploitait depuis Byzance étaient les meilleures du pays, le tribunal n'avait pas enregistré de plaintes pour vol depuis 1921, enfin, il y avait ce miel plein de petites paillettes de cire qui donnait de la force. Tout cela est vrai, et je lui promis de le répéter. C'est chose faite. Mais nous, nous voulions passer l'hiver en Perse.

COL DU COP

Une petite voiture encadrée par deux coureurs qui la manœuvrent de l'extérieur, ça retient quand même l'attention. Les camions qui venaient d'Erzerum la connaissaient déjà par les récits de ceux qui nous avaient dépassés la veille. D'aussi loin qu'ils l'apercevaient, ils saluaient au klaxon. Parfois, au moment de croiser, ces

---

1.   En Turquie comme en Perse, sitôt les affaires de la journée terminées, on se met en pyjama.

monstres lancés dans la descente s'arrêtaient sur cinquante mètres en arrachant leurs pneus et les chauffeurs descendaient pour nous offrir deux pommes, deux cigarettes, ou une poignée de noisettes.

L'hospitalité, l'honnêteté, le bon vouloir, un chauvinisme candide sur lequel on peut toujours faire fond : voilà les vertus qu'on trouve ici. Elles sont simples, et bien palpables. On ne se demande pas — comme il arrive en Inde — si on les a vraiment rencontrées, ni si ce sont bien des vertus. Elles frappent, et si par hasard on n'a rien remarqué, il se trouve toujours quelqu'un pour vous dire « voyez, tout cela... cette gentillesse, cette correction, etc... ce sont nos bonnes qualités turques ».

La route du Cop est excellente parce que les militaires l'entretiennent soigneusement. Mais elle est très raide et monte à trois mille mètres. Il nous fallut pousser et courir constamment ; on atteignit le sommet, le cœur près d'éclater. Le ciel était bleu et le spectacle d'une splendeur inimaginable : d'énormes ondulations de terre descendaient en moutonnant à perte de vue vers le sud ; vingt fois au moins on perdait et on retrouvait la trace claire de la route ; au fond de l'horizon, un orage occupait une insignifiante portion de ciel. Un de ces paysages qui à force de répéter la même chose convainquent absolument.

Une lourde cloche suspendue à une potence indique le sommet du col. On la sonne encore quand la neige est tombée, pour les voyageurs qui ont perdu la route. Comme je m'en approchais, un aigle qui était perché dessus s'envola en frappant le bronze de ses ailes et une vibration éperdue, interminable, descendit en s'élargissant sur ce troupeau de montagnes dont la plupart n'ont pas même de nom.

BAYBURT

— Ici, fit Thierry, on dirait que le pays refuse absolument « d'avoir un village ».

C'en était un pourtant ; étendu, jaune lépreux, se distinguant à
peine de la terre du plateau. Des casquettes noires, des pieds nus,
des chiens scorbutiques, du trachome, et, sortant d'une bâtisse
comme un essaim de mouches bourdonnantes, des groupes de
petites filles noirâtres, l'air « en dessous », qui portaient des bas
noirs, des sarreaux noirs, des nattes bien serrées et de grands cols
blancs en Celluloïd. Des cols absurdes, laids et très réconfortants,
parce qu'ils représentaient l'école. Et si minable qu'elle fût, ces
gamines y apprenaient quand même un peu de calcul, l'alphabet,
à se tenir propre, à ne pas frotter leurs yeux avec des paumes sales,
à prendre régulièrement la quinine que leur donnait la maîtresse.
C'étaient déjà des armes. On sentait que, là aussi, Atatürk avait
passé, avec sa verge d'instituteur, son air de loup et son terrible
tableau noir. Dans le misérable bistrot-à-thé où nous nous repo-
sions, on pouvait voir, à côté de son portrait en couleur, un fly-tox
suspendu comme un glaive.

Il est bien naturel que les gens d'ici n'en aient que pour les
moteurs, les robinets, les haut-parleurs et les commodités. En
Turquie, ce sont surtout ces choses-là qu'on vous montre, et qu'il
faut bien apprendre à regarder avec un œil nouveau. L'admirable
mosquée de bois où vous trouveriez justement ce que vous êtes
venu chercher, ils ne penseront pas à la montrer, parce qu'on
est moins sensible à ce qu'on a qu'à ce dont on manque. Ils
manquent de technique ; nous voudrions bien sortir de l'impasse
dans laquelle trop de technique nous a conduits : cette sensibi-
lité saturée par l'Information, cette Culture distraite, « au second
degré ». Nous comptons sur leurs recettes pour revivre, eux sur
les nôtres, pour vivre. On se croise en chemin sans toujours se
comprendre, et parfois le voyageur s'impatiente ; mais il y a beaucoup d'égoïsme dans cette impatience-là.

Une ville couleur de terre, avec de lourdes coupoles basses sur l'horizon et de belles fortifications ottomanes rongées par l'érosion. La terre brune l'entoure de toute part. Elle fourmille de soldats terreux, et l'étranger y voit ses papiers contrôlés dix fois par jour. Il n'y a que quelques vieux fiacres bleu lavande et le plumet jaune des peupliers pour y mettre de la couleur.

En fin d'après-midi, nous sommes allés au lycée du district pour voir danser un « jeu de Bar ». C'est une danse guerrière d'origine turco-mongole que chaque district anatolien pratique à sa mode. Les partenaires, vêtus d'un gilet à brandebourgs, d'une large ceinture rouge et d'un pantalon blanc soutaché de noir tournoient lentement en se menaçant de leur sabre et parodient le combat. Dans les provinces de l'est où cette danse est populaire, la plupart des garçons ont leur costume, et le jeu peut s'improviser sur-le-champ.

Cinq minutes après notre arrivée, les équipes se mirent à danser sous les arbres du préau. Il faisait froid et la nuit s'installait. La danse était belle, à cause de la force enfermée dans chaque geste, mais la musique était plus belle encore. Deux instruments seulement : la *zourna* — la clarinette orientale — pour stimuler les sentiments héroïques, et surtout le *dahour,* une gigantesque timbale qu'on frappe par le côté. Cette même timbale que les Parthes employaient pour ouvrir le combat, et dont les Hiong-Nou avaient fait cadeau à la Chine. Un instrument bien fait pour la steppe, avec un son lourd qui voyage, plus grave qu'une sirène de remorqueur, comme un lent battement de cœur auquel le cœur finalement se rallie, pareil aussi au vol pelucheux — si bas qu'il est à la limite du silence — des grands oiseaux de nuit.

La danse une fois finie, on s'attarda à regarder tourbillonner les gosses des petites classes. Les professeurs, mains dans le dos, nous entouraient en silence. De temps en temps, ils poussaient un cri rauque pour faire cesser un pugilat. Les vieux, le crâne tondu et le poil grisonnant, avaient l'air de policiers retraités. Les plus jeunes

paraissaient harassés. Le maître de français s'isolait de temps en temps pour composer une phrase et se la répéter avant de nous l'adresser. Il bégayait un peu, il avait aussi peine à nous comprendre. Pour lui, c'était pire qu'un examen, cette entrevue ; un peu comme si nous, avec notre latin d'école, devions donner la réplique à deux voyageurs surgis de l'époque alexandrine. Pourtant ici, dans cette solitude, ce peu de français appris presque sans livres lui faisait grand honneur.

C'était de cette catégorie d'instituteurs mal payés et mal vêtus que sortaient les idées nouvelles, les initiatives, le réalisme si nécessaires après l'exaltation d'une révolution nationale. Avec une obstination d'artisans, ils travaillaient cette paysannerie anatolienne noueuse, réticente, mais au fond avide d'apprendre, qui est la force du pays. Plus loin encore, dans des coins plus perdus, accablés par la neige ou la tuberculose, d'autres collègues encore plus mal partagés — et parmi eux quelques jeunes femmes — luttaient pour arracher les campagnards à la crasse, aux superstitions cruelles, à la misère. L'Anatolie en était à la civilisation des instituteurs de village, du degré primaire, et du livret. On ne peut pas sauter cette étape, et il fallait bien ces dévouements pour que tout puisse commencer. Il n'y avait peut-être pas en Turquie de métiers plus ingrats, ni de plus utiles.

Une lourde odeur de pâtée montait du réfectoire. Dans le préau obscur on entendait encore des cris, des claquements de socques sur la terre détrempée. On voyait passer des cavaliers sans cheval, des sabres de bois, et de lugubres casquettes de laine noire sur de petites têtes tondues. C'est toujours déconcertant, ces voix d'enfants dans une langue étrangère. On a l'impression — pas si fausse peut-être — qu'ils l'inventent à mesure. Pourtant c'étaient probablement les mêmes cris suraigus qui font retentir tous les préaux du monde : des « rends-moi ma paume » et, quand on s'empoigne, des « pas par les habits… ».

À Stamboul, on n'entend guère parler de ces obscurs éducateurs ; on les ignorerait même complètement si parfois ils ne publiaient dans une revue littéraire des morceaux de folklore anatolien d'une saveur et d'une âpreté inouïes. Avec quelques militaires et quelques « jeunes Turcs » d'Ankara, ce sont les derniers tenants de l'austère esprit kémaliste. On n'est pas trop reconnaissant à ces spartiates d'être ce qu'ils sont : les représentants d'une époque de drill impitoyable que la Turquie officielle célèbre, en souhaitant qu'elle ne revienne jamais. Après la mort d'Atatürk, le train des innovations brutales, mais nécessaires, qu'il avait mis en marche, s'est beaucoup ralenti. Certains fonctionnaires dont la peur avait fait des modèles de vertu ont retrouvé sans déplaisir le goût des « accommodements » et du bakchich. Dans les campagnes, le clergé, qui a repris de l'influence, pousse parfois les fidèles à souiller ou détruire les statues du « Père des Turcs », les ramène à de sordides superstitions médicales[1], les monte contre l'instituteur — cet ennemi de Dieu — et surtout l'institutrice — cette putain qui dévoile son visage. Tous les mollahs ne sont pas ainsi, bien sûr, mais pour quelques bons pasteurs il y a quantité d'ignorants rapaces et tyranniques qui rêvent d'étriper tout ce qui touche à la Turquie nouvelle, et d'avoir leur revanche. Celle qu'ils ont à prendre est de taille : la Guerre Sainte qu'ils avaient lancée contre Atatürk aux abois a tourné court, et dans les atroces représailles qui suivirent, bien des mosquées et des medressé anatoliennes ont entendu les échines et les crânes craquer sous le gourdin. Maintenant, par place, ils se reprennent et beaucoup de paysans les suivent ; c'est si doux, les vieilles habitudes, même celles qui vous oppriment. Plutôt un malheur familier que ces nouveautés insolites, et cet effort encore pour comprendre, lorsqu'on atteint, rompu, la fin de la journée.

Et c'est à ces espèces de sergents scolaires, à l'étroit dans leur vie indigente, mal nourris et affreusement seuls, d'empêcher ce recul et de dispenser ces lumières souvent si mal accueillies. En les voyant piétiner dans ce préau boueux, je me rappelais la réponse

---

1. D'ailleurs tout à fait étrangères au Coran.

désespérée d'un de leurs collègues de la mer Noire auquel j'avais demandé ce qui lui manquait le plus dans son enseignement... « douze douzaines de Voltaire ».

Toute la soirée, nous avions travaillé avec deux chauffeurs de camion bénévoles à réparer l'allumage qui ne donnait plus. À minuit, c'était fait et la voiture tirait comme un tracteur. Un col seulement nous séparait encore de la Perse, et sept cents kilomètres de la prochaine poste restante. La nuit était froide et splendide, la piste — on nous l'assurait — sèche, et nous n'avions presque plus d'argent turc ; on décida de passer à la Police d'armée toucher notre escorte[1] et de partir tout de suite. Dans une cour de caserne glaciale, on attendit en battant la semelle que l'officier convoyeur, l'interprète et le chauffeur de la jeep qui devaient nous accompagner jusqu'à Hassankale aient passé un uniforme sur leur pyjama.

La piste était mauvaise. Thierry avait pris les devants à fond de train avec l'officier comme passager. J'étais en arrière, avec l'interprète, dans la jeep qui suivait péniblement. Le vent nous tranchait la figure et les secousses étaient telles qu'il fallait parler les dents serrées pour ne pas se couper la langue. D'ailleurs, l'interprète — un jeune homme blême perdu dans une tunique trop grande — n'était guère bavard. Il nous en voulait de l'avoir fait lever et évitait mes questions en feignant de dormir. Au kilomètre cinq, il dit pourtant : « J'ai appris le français au lycée d'Üsküdar. Je suis fourreur au civil... en faillite... les usuriers grecs m'ont mis dedans, mais tant que je suis sous l'uniforme ils ne peuvent pas grand-chose... d'ailleurs les Grecs, ajouta-t-il en guise de conclusion, on leur cassera

---

1.   Erzerum est zone militaire. La photo y est interdite, les séjours limités à quarante-huit heures, et dans un rayon de quarante kilomètres autour de la ville, l'étranger ne peut circuler que sous escorte.

la gueule… » et il referma les yeux. Au kilomètre vingt-cinq j'avais déjà les oreilles à moitié gelées mais je parvins encore à entendre : « … au lit, les femmes, nous les voulons très grosses. Ça ne vous a pas frappé ?… en avoir plein les bras, très grasses, la peau blanche, c'est le goût turc… moi, de toute façon… » le vent emporta le reste.

À l'entrée de Hassankale je demandai si Erzerum n'avait pas été autrefois une des capitales kurdes. Il éclata d'un vilain rire qui semblait annoncer une plaisanterie, mais c'était : « … Ils n'y reviendront plus de longtemps. On leur a cassé la gueule… on leur a bien cassé la gueule…[1] » Il continua à marmotter ainsi en frappant du poing dans sa paume. Je remarquai alors seulement qu'il avait des mains gigantesques, une carrure d'ours, des poignets comme des bûches. Moi qui l'avais pris pour un gringalet ! C'était cet uniforme trop grand — un géant ne l'aurait pas rempli.

Il reprit : « Tous les jours après mon travail, je vais faire de la lutte gréco-romaine… nous avons une bonne équipe dans ma rue, et le dimanche, aux compétitions, on triche un peu ; il faut voir ça : les torsions, les étouffements… il y a chaque fois des blessés. Et vous ? Vous savez lutter ? »

À Hassankale, l'officier quitta la voiture, nous souhaita bonne chance, et remonta dans la jeep qui fit demi-tour. Je serrai prudemment la main de l'interprète. On roula jusqu'au matin sans croiser un camion.

À l'est d'Erzerum, la piste est très solitaire. De grandes distances séparent les villages. Pour une raison ou une autre, il peut arriver qu'on arrête la voiture et passe la fin de la nuit dehors. Au chaud dans une grosse veste de feutre, un bonnet de fourrure tiré sur les oreilles, on écoute l'eau bouillir sur le primus à l'abri d'une roue. Adossé contre une colline, on regarde les étoiles, les mouvements vagues de la terre qui s'en va vers le Caucase, les yeux phospho-

---

1. C'est vrai, en 1921, après que les Kurdes se furent soulevés. En fait de « politique des minorités », celle d'Atatürk semble avoir surtout consisté à les exterminer l'une après l'autre.

rescents des renards. Le temps passe en thés brûlants, en propos rares, en cigarettes, puis l'aube se lève, s'étend, les cailles et les perdrix s'en mêlent… et on s'empresse de couler cet instant souverain comme un corps mort au fond de sa mémoire, où on ira le rechercher un jour. On s'étire, on fait quelques pas, pesant moins d'un kilo, et le mot « bonheur » paraît bien maigre et particulier pour décrire ce qui vous arrive.

Finalement, ce qui constitue l'ossature de l'existence, ce n'est ni la famille, ni la carrière, ni ce que d'autres diront ou penseront de vous, mais quelques instants de cette nature, soulevés par une lévitation plus sereine encore que celle de l'amour, et que la vie nous distribue avec une parcimonie à la mesure de notre faible cœur.

LE LION ET LE SOLEIL

Nous avions cheminé une heure et la nuit était faite lorsqu'on tomba, au centre d'un vallon piqueté de saules, sur une sorte de pavillon Empire, crépi en rose et un peu décati. Dans le pinceau des phares, nous vîmes une silhouette s'encadrer en bâillant dans la porte, disparaître, et une lumière s'allumer. La douane iranienne...

Au-dessus de la lampe acétylène, l'officier élevait un visage sombre où brillaient deux yeux lourds. Il portait sous sa tunique ouverte une chemise de flanelle à raies pointillées, comme les paysans de chez nous. Il considérait la voiture en souriant.

— Je suis désolé, les amis, dit-il en français, il vous faut un soldat d'escorte jusqu'à Maku, c'est la loi. Ce n'est pas loin... d'ailleurs, je vais vous en donner un tout petit.

Où allait-il le prendre ? le poste était silencieux et paraissait désert. Il disparut avec la lampe, nous laissant dans la nuit, et revint au bout d'un instant avec une espèce de nain mongoloïde, en bandes molletières, le visage fendu par un sourire très doux.

— Et voilà ! dit-il en le poussant vers nous comme s'il l'avait tiré de sa pantoufle.

Nous assîmes le nabot sur le capot. Je conduisais très lentement sur une piste étroite et moelleuse. Thierry, perché sur le siège du passager, allumait des cigarettes pour le soldat qui chantait, les yeux mi-clos, une petite ritournelle, et émettait par bouffées une forte odeur de mouton. À notre gauche, les flancs de l'Ararat tendaient dans la nuit un mur de plus de cinq mille mètres. À mesure que nous approchions du défilé, l'air devenait plus chaud. Des nuages parisiens couraient sur une lune de soie. Les roues en écrasant le sable faisaient une interminable et profonde respiration pendant que les souvenirs de la dure Anatolie fondaient comme sucre dans le thé.

MAKU

L'auberge de Maku était jonchée de barbus assoupis parmi lesquels nous découvrîmes le patron, prosterné sur son tapis de prière. Il s'interrompit pour nous débarrasser une table sur laquelle on dormit. Le matin venu, nous n'eûmes qu'à en descendre pour y déjeuner. Les autres clients avaient disparu. Deux grandes images coloriées, accrochées contre le mur, représentaient, l'une, le Shah, l'autre… Jésus à Tibériade. Il faisait bon ; par la porte ouverte, on apercevait la ville étagée en fer à cheval sur les deux côtés du défilé qui sépare la Perse du plateau anatolien : des maisons de terre aux douces arêtes rongées, des portes peintes en bleu, des carreaux de vigne et des rideaux de peupliers plus légers que fumée. Une galette mince comme du journal avait remplacé le pain turc ; et le petit lait, le café. Plus moyen de déchiffrer une enseigne ou une borne milliaire ; c'était l'écriture persane qui marche à reculons. Le temps aussi : en une nuit nous avions passé du vingtième siècle du Christ au XIVᵉ de l'Hégire, et changé de monde.

Après avoir perdu la matinée à la Police pour obtenir des « permis de route »[1] que personne ne songeait à nous refuser, nous laissâmes notre soldat d'escorte endormi sur un banc, le fusil entre les genoux. Sa tunique rapiécée portait à l'épaule gauche un petit lion vert d'une finesse merveilleuse, brodé sur un soleil en fil d'or.

---

1.   Chaque déplacement à l'intérieur de l'Iran nécessite, en plus du visa, une autorisation spéciale, le *djavass*.

Tabriz – Azerbâyjân

Le palais du mendiant
c'est l'ombre des nuages
                              HAFIZ

La vie nomade est une chose surprenante. On fait quinze cents kilomètres en deux semaines ; toute l'Anatolie en coup de vent. Un soir, on atteint une ville déjà obscure où de minces balcons à colonnes et quelques dindons frileux vous font signe. On y boit avec deux soldats, un maître d'école, un médecin apatride qui vous parle allemand. On bâille, on s'étire, on s'endort. Dans la nuit, la neige tombe, couvre les toits, étouffe les cris, coupe les routes... et on reste six mois à Tabriz, Azerbâyjân.

Pour repartir vers l'est, il aurait fallu une jeep ; mais pour rester, il fallait un permis, parce que Tabriz est zone militaire. Et pour le permis, des appuis. Paulus — le docteur rencontré la veille — nous adressa à un colonel de police qu'il avait délivré d'une tumeur. C'était un militaire sanglé, le cheveu rare, avec un profil d'épervier, auquel deux pommettes trop roses donnaient un air ambigu. Il avait étudié en Prusse et nous interrogea longuement dans un allemand soupçonneux et très sec. L'après-midi nous avions sa réponse. Son ton avait changé ; il nous couvait des yeux.

— J'ai vu le général, vous pouvez rester ici autant que vous voudrez, puis, rougissant jusqu'aux cheveux et d'une voix mal assurée... j'ai passé deux heures à la mosquée et j'ai prié pour que nous soyons bons, très... très bons amis.

Trop sans doute pour notre goût. La semaine suivante, il fut muté, et nous ne l'avons jamais revu. Comme l'écrivait un poète, *les projets des souris et des hommes parfois n'aboutissent pas.*

— As-tu remarqué, fit Thierry en repassant la porte, cette coupe-rose bronzée qu'*ils* ont toujours ?

Ce qui me rendait plus perplexe, c'était la candeur de cette prière ; quel bon Dieu ! auquel on pouvait *tout* demander. Mais le colonel avait tenu parole, et nos permis furent visés. Le lendemain, nous louions deux chambres blanches et basses dans une courette du quartier arménien. Nous étions à Tabriz, et pour longtemps.

Première soirée dans la cuisine des locataires : une veuve — infirmière à l'hôpital missionnaire — qui savait un peu d'anglais, sa vieille mère, et deux gamins aux yeux de choucas, lavés jusqu'au fond des oreilles, qui faisaient leurs devoirs sous la lampe à pétrole. Concombres au sel, noix vertes confites, galettes et vin blanc au goût de fumée. Les voisins venaient s'asseoir un moment dans la cuisine pour faire connaissance et examiner curieusement ces chrétiens étrangers, échappés d'un monde plus doux. Petits négociants engoncés dans des tricots sombres, aux voix étouffées, aux visages gonflés et anxieux, qui répondaient à toutes nos questions sur la ville avec le sourire protecteur de ceux qui *savent souffrir.*

Notre ruelle formait la frontière du quartier arménien. Au « mauvais bout », on trouvait quelques familles turques et une petite cour dont la porte fermée laissait parfois filtrer la perfide odeur de l'opium. *Bad people,* disait la veuve en baissant pudiquement les yeux. Elle aurait sans doute rangé le vieux M... dans cette catégorie. C'était un *arbab*[1] turc dont les Arméniens nous avaient dit tant de mal qu'on lui rendit visite par simple curiosité. Le désir d'entreposer notre voiture dans la remise qu'il possédait à deux pas de chez nous y était aussi pour quelque chose. Il accepta aussitôt et nous reçut courtoisement, très amusé par cette démarche de « l'ennemi » ; puis il fit atteler sa calèche et nous proposa de pousser avec lui sur la route de Turquie jusqu'au hameau de Sophian dont il

---

1.   Propriétaire de villages.

possédait la moitié. On traversa au trot le faubourg des teinturiers ; sur les toits plats, d'énormes écheveaux aux couleurs somptueuses séchaient en se balançant contre le ciel pâle. Puis la route s'enfonçait dans un océan de terre rouge et bouleversée, coupée de murs bas et d'arbres dépouillés où nichaient les corneilles. La campagne avait encore l'odeur amère des feuilles foulées et l'attelage soulevait des nuées de grillons noirs qui culbutaient, traversaient les ornières, chantaient et mouraient par milliers. La neige de l'avant-veille avait presque entièrement fondu.

— Alors l'hiver ?

— Ce n'était qu'une giboulée, répondit doucement le vieux, il viendra dans un mois… et toujours assez tôt.

Il conduisait à toute allure, sans cesser de nous interroger dans un français presque parfait. Comme beaucoup de fumeurs, il négligeait sa mise, et sans ses manières souveraines, on l'aurait pris pour le cocher. Il m'expliqua avec bonhomie que parmi les arbabs de sa génération, l'opium était plutôt une habitude qu'un vice. Il ne dépassait jamais ses trois pipes quotidiennes, et pouvait aisément s'en passer. Ses paysans lui plantaient un peu de pavot[1], de la même façon qu'ils lui fournissaient son vin, son huile ou sa laine. Il nous fit ensuite cent questions naïves sur la France avant de confesser qu'il y avait vécu cinq ans. Ces réticences me séduisaient beaucoup ; le vieux sphinx devait en savoir sur tout bien plus long qu'il n'en voulait montrer. En tout cas, il connaissait sa ville, et nous en parla longuement. Lorsqu'il était gamin, c'était encore la plus grande cité d'Iran. Chaque vendredi — le dimanche des musulmans — on organisait sur la grand-place des combats de loups que les paysans venaient voir de très loin. Le vin blanc coulait alors à flots sans qu'aucun mollah y trouve à redire. Le Bazar était célèbre, non seulement pour ses tapis qui atteignaient parfois quinze mille tomans — environ cinq mille francs or — au mètre carré, mais aussi parce qu'on y trouvait les meilleurs faucons de

---

1.   Dont la culture et la vente ont été interdites en 1955.

chasse du Moyen-Orient : des oiseaux de Tartarie, venus d'un vol
à travers la Caspienne, et qui s'abattaient épuisés sur le nord-est
de la province. Tabriz était alors plus riche et plus peuplée qu'aujourd'hui, et ses négociants avaient pignon sur rue aux foires de
Leipzig et de Nijni-Novgorod. Puis, la Révolution bolchevique et la
fermeture de la frontière russe plongèrent la ville dans une léthargie mortelle. La bourgeoisie marchande émigra vers Beyrouth ou
Stamboul et l'esprit aventureux du Bazar disparut. De 1941 à 1945,
les Russes occupèrent la province et tous ceux qui avaient encore
quelque chose à perdre firent en hâte leurs paquets. L'occupation
fut draconienne mais disciplinée. Les mendiants furent ramassés
dans la rue et forcés de travailler pour un quignon de pain. En quittant la ville, les Soviets laissaient derrière eux quelques rues asphal-
tées, une filature ultra-moderne, une Université fourmillante de
sympathisants, et les éventaires encombrés d'éditions bon marché
de Marx, Lénine, ou Ehrenbourg, traduits pour la circonstance en
dialecte turc-azéri. Ils laissaient aussi et surtout une « République
démocratique de l'Azerbâyjân », république improvisée, dont le
gouvernement, débordé, sombra promptement dans l'anarchie et
la vodka. Début 1947, les troupes iraniennes récupérèrent la ville
sans tirer une cartouche.

— Ils ont édité un timbre pour célébrer leur reconquête... puis
ils ont pillé les campagnes, ajouta âprement le vieux... j'y ai laissé
bien des moutons.

Rentrés dans la ville par Chahanas Street, une large avenue
mélancolique, bordée de murs de terre qui dérobent entièrement
les maisons. Un croissant de lune brillait dans le ciel encore clair.
Il faisait froid, on sentait dans l'air une attente de neige. Accroupis
sur le seuil des échoppes, les marchands de bois, de charbon, d'entrailles, de raves bouillies bavardaient par-dessus la rue. Crânes
rasés, hautes pommettes, barbiches clairsemées, bonnets de laine
ou de fourrure.

— Voyez-vous... la ville n'est ni turque, ni russe, ni persane...
elle est un peu tout cela, bien sûr, mais au fond d'elle-même elle est

centre-asiatique. Notre dialecte turc, difficile pour un Stambouli, se parle pratiquement jusqu'au Turkestan chinois. Vers l'ouest, Tabriz est le dernier bastion de l'Asie centrale, et quand les vieux lapidaires du Bazar parlent de Samarkande où ils allaient autrefois chercher leurs pierres, il faut voir de quelle oreille on les écoute... l'Asie centrale, dit-il encore, cette chose à laquelle, après la chute de Byzance, vos historiens européens n'ont plus rien compris.

Nous sommes montés chez lui pour boire les derniers thés de la journée. Par les fenêtres à cadre bleu, j'ai longtemps regardé la ville étendue : une énorme assiette de terre ocre, séparée en deux à la hauteur du Bazar par la boucle noire de la rivière *Atchi-tchâi*[1]. Le doux renflement de quelques coupoles émergeait d'une mer de toits boueux. Dans le faubourg est, on voyait des paysans pousser devant eux leurs chameaux et leurs ânes, et des camions aux couleurs de sorbet parqués dans des cours obscures.

Dans les géographies arabes d'autrefois, la ville passait pour avoir — avec Kaboul — un des meilleurs climats du monde. Elle était si belle que les Mongols émerveillés n'osèrent la détruire, et que Ghazan Khan, descendant de Gengis Khan, y installa une des plus brillantes cours d'Asie. Aujourd'hui rien ne subsiste de ces fastes anciens, sinon l'énorme citadelle qui s'effondre sous le poids des neiges, le labyrinthe du Bazar, et une mosquée célèbre dans tout l'Islam, dont le porche d'émail bleu luit encore doucement.

La nuit était presque tombée, le ciel s'était couvert. Comme je me levais pour voir par la fenêtre si l'averse menaçait, le vieux M..., qui a poussé très loin l'art de vivre tranquille, me retint gentiment par la manche... « s'il pleut, le chat rentrera ».

Tabriz nourrissait — plutôt, aurait dû nourrir — environ deux cent soixante mille âmes, parmi lesquelles : les Arméniens, une trentaine d'étrangers, et deux lazaristes fran-

---

1.   Les Eaux amères.

çais. Pourquoi ces pères, alors qu'il n'y avait pratiquement ici ni Français, ni convertis musulmans ? Comment ? On ne savait plus bien, mais ils étaient là, et nulle solitude n'était plus amère que la leur. J'allai les voir dans l'idée de leur emprunter quelques livres ; depuis Belgrade, je ne m'étais plus mis une page de français sous la dent. La Mission se cachait derrière le Consulat français. Vers midi, j'y trouvai les deux compères, se promenant, mains dans le dos, le long d'un rayon de soleil. On eut vite fait connaissance. Le Supérieur, un géant alsacien, sanguin, lent et barbu, venait d'arriver. Son second, le père Hervé, était là depuis cinq ans déjà ; un Breton dans la quarantaine, dégingandé, avec une petite tête de chanterelle, des yeux fiévreux et l'accent de Quimper. Il me fit entrer dans une chambre en désordre : fusils de chasse, mégots, une pile de romans policiers et des copies d'élèves furieusement annotées au crayon rouge. Des cartouches de chevrotine traînaient sur une soutane reprisée.

— J'ai tous les vices, dit-il avec un sourire las, et c'est mieux ainsi.

Ses mains tremblaient en allumant ma cigarette. Sans doute avait-il fait de brillantes études en France, et ici, pour l'amour de Dieu ou de la Maison mère, il passait ses nuits à corriger les misérables dissertations des étudiants de l'Université qui, la plupart du temps — ce n'était pas leur faute — ne comprenaient même pas le sujet proposé. Il n'avait plus guère d'illusions sur la ville.

— L'Islam ici, le vrai ? c'est bien fini… plus que du fanatisme, de l'hystérie, de la souffrance qui ressort. Ils sont toujours là pour vociférer en suivant leurs bannières noires, mettre à sac une ou deux boutiques, ou se mutiler dans des transports sacrés, le jour anniversaire de la mort des *Imam*… Plus beaucoup d'éthique dans tout cela ; quant à la doctrine, n'en parlons pas ! J'ai connu quelques véritables musulmans ici, des gens bien remarquables… mais ils sont tous morts, ou partis. À présent… Le fanatisme, voyez-vous, reprit-il, c'est la dernière révolte du pauvre, la seule qu'on n'ose lui refuser. Elle le fait brailler le dimanche mais baster

la semaine, et il y a ici des gens qui s'en arrangent. Bien des choses iraient mieux s'il y avait moins de ventres creux.

Le Supérieur hochait la tête en silence.

— Notre travail ici ne sert à rien, dit encore le Breton ; à la dernière Messe de Noël, j'étais presque seul dans l'église… mes quelques paroissiens n'ont pas même osé venir. C'est la fin. Et puis, pourquoi viendraient-ils ? Pauvres gens !

Pauvre Père ! J'aurais voulu lui déboucher une bouteille de Muscadet sous le nez, poser un paquet de Gauloises sur la table, et le faire parler de sa province, de Bernanos, de saint Thomas, de n'importe quoi, parler, parler, vider un peu son cœur de tout ce savoir inemployable qui l'aigrissait.

— Pour les livres, reprit-il, allez voir à la Bibliothèque de la Faculté ; ils ont reçu quelques vieux lots de France — tout ce qu'on jetait sous Jules Ferry — vous trouverez d'excellentes choses. Quant aux policiers, ajouta-t-il avec un peu d'embarras en désignant ceux qui couvraient son lit, je ne peux pas vous les prêter, ce sont ceux du Consul qui les relit sans cesse. Que voulez-vous, il n'a rien à faire et le temps lui dure ici.

Le vendredi, le père Hervé s'en allait seul à la chasse, passer chrétiennement sa colère sur les loups : « Venez avec moi après-demain, si vous voulez, j'avertirai le brave homme de la camionnette. » Mais cette proposition était faite avec si peu d'entrain que je n'y donnai jamais suite. Le Supérieur me raccompagna jusqu'à la porte. Il posait timidement la main sur mon épaule, comme pour s'excuser de l'amertume de son subordonné. Il ne disait mot. L'air d'être un patient, un roc, avec des nerfs lents à s'émouvoir. Celui-là, la ville et l'exil ne l'auraient pas.

Notre installation était parfaite. Deux chambres, deux boyaux voûtés plutôt, blanchis à la chaux, qui donnaient sur la cour où un grenadier et une touffe de tagettes luttaient contre les premières gelées. Les murs étaient creusés de niches pour les icônes, le samovar et les lampes à pétrole. Dans le bûcher minuscule qui séparait nos chambres logeaient des rats couleur de lune. Nous avions chacun une table, une chaise, et un petit fourneau de tôle gaufrée comme du bricelet. Le loyer était payé pour six mois ; nous étions parés. Thierry tendait des toiles ; j'avais ramené une rame de papier blanc du Bazar et décrassé ma machine à écrire. Jamais le travail n'est si séduisant que lorsqu'on est sur le point de s'y mettre ; on le plantait donc là pour découvrir la ville.

Large, terreuse, à l'abandon, elle se ressentait de ses infortunes passées. Excepté les avenues principales, c'était un réseau de venelles bordées de murs de terre fauve, qui débouchaient sur des ronds-points ombrés d'un platane sous lequel les vieux venaient, le soir, fumer et bavarder. Une foule rude et engourdie défilait dans les artères du Bazar : manteaux rapiécés, lugubres casquettes, soldats couleur de terre, et femmes ensevelies dans leur *tchador*[1] à fleu- rettes. Des fiacres silencieux, des troupeaux d'ânes, de moutons, de dindons, coulaient à travers les places. Les samovars fumaient sur le seuil des échoppes. Les milans dérivaient au large des toits dans un ciel toujours gris. Les peupliers perdaient leurs dernières feuilles. C'était patibulaire, mais fascinant.

Voici la situation de la ville.

Quatre-vingt-dix kilomètres au nord : la frontière russe. Une fois la semaine, un train de quatre wagons quitte Tabriz pour gagner Djulfa puis Erivan, capitale de l'Arménie soviétique. Ce train est presque toujours vide. Des contreforts de l'Ararat aux plages désertes de la Caspienne, la frontière offre une ligne continue de barbelés doublés d'une bande de sable fin où les pas des fugitifs sont immédiatement décelés. Elle n'est pourtant pas hermétique ; les comparses que les Soviets ont laissés ici passent et repassent discrètement. Pour eux, cet impressionnant dispositif

---

1.   Voile des musulmanes de Perse.

d'alarme reste silencieux. Comme le dit excellemment un proverbe local : *le sabre ne coupe pas son fourreau.* Ainsi, les Russes sont parfaitement informés de ce qui se trame dans la ville, et Radio-Bakou prend parfois la liberté d'interrompre un programme de musique caucasienne pour annoncer le résultat des élections de Tabriz, deux semaines avant le scrutin.

Trois cents kilomètres à l'ouest, la calotte de glace de l'Ararat domine une mer de montagnes bleues qui descendent en vague vers la Russie, la Turquie et l'Iran. C'est là, au cœur de l'ancienne Arménie, que Noé, dans un bouillonnement d'eaux hostiles, échoua l'Arche dont nous sommes tous sortis. Son passage a laissé des traces, et la première bourgade du versant russe s'appelle Nakhitchevan : en vieil arménien « les gens du navire ».

Loin au sud, au-delà des roseaux de l'immense lac d'Urmia, les hautes vallées et les crêtes du Kurdistan ferment l'horizon. C'est une région magnifique et peu parcourue dont l'armée iranienne contrôle pratiquement tous les accès. Les tribus d'éleveurs qui l'habitent ont dans la ville une réputation de brigandage et de rapines, aussi solide qu'injustifiée. Que les Tabrizi les détestent, n'empêche pas les Kurdes de descendre parfois ici, bardés de cartouches, avec des sourires dévorants, pour d'énormes bombances de volaille et de vodka.

Vers l'est, une route de terre franchit le col du Chibli à plus de trois mille mètres, et s'éloigne vers Téhéran. Au-delà de Mianeh, on passe la rivière Kizil-uzum sur les bords de laquelle Israël captif « pleurait en se souvenant de Sion », et on change de monde et de langage. On quitte le dur pays de race turque pour les terres millénaires, les paysages ensoleillés du plateau iranien. Excepté cette route souvent fermée par la neige ou par les boues du printemps, et l'autobus vert amande qui met parfois quatre jours pour atteindre Téhéran, rien ne relie la ville au monde extérieur[1]. Dans

---

1. Depuis lors, la voie ferrée Téhéran-Khazvin a été poussée jusqu'à Tabriz.

son berceau de peupliers, de terre fauve et de vent, elle vit pour
elle, à part.

Un séjour perdu et sans commodités, on le
supporte ; sans sécurité ni médecins, à la rigueur ; mais dans un
pays sans postiers, je n'aurais pas tenu longtemps. Pendant des
années, à travers la neige, le sable ou la boue, le chemin de la poste
fut un chemin rituel. À celle de Tabriz, les lettres poste-restante
parvenues à bon port étaient exposées — comme le fruit d'autant
de miracles — dans une vitrine grillagée dont le sous-directeur
conservait la clef, passée dans sa chaîne de montre. On ne s'en
tirait donc jamais sans une visite à ce personnage, et les quelques
thés de rigueur. C'était un vieillard amical, râpé, et fort cérémo-
nieux qui tuait le temps en étudiant le français dans un abécédaire orné de vignettes figurant l'« A - rrosoir », la « B - oîte » ou
le « CH - eval », et comptait sur nous pour corriger les exercices
auxquels la rareté du courrier lui laissait tout loisir de se livrer.
En échange de quoi, il prenait lui-même soin de nos lettres, et
jamais il ne s'en perdit une. Quant aux cartes postales d'Europe
— surtout celles qui représentaient des femmes ou des fleurs — il
avait d'emblée dégagé sa responsabilité ; elles faisaient, paraît-il,
des heureux en chemin.

Quand l'autobus de Téhéran n'était pas resté bloqué sur la route
et nous apportait quelque chose, nous transportions précieuse-
ment cette manne jusqu'à une gargote du Bazar où les portions
de riz brillaient comme neige sous des cages remplies d'oiseaux
engourdis par la fumée des pipes et la vapeur des thés. Là seulement, le ventre plein et les mains lavées, nous épelions lentement,
sans en perdre une syllabe, ces messages d'un autre monde. J'aurais
trouvé ces lectures plus agréables encore si je n'avais pas toujours
été le premier à terminer. Thierry recevait de son amie Flo de véritables volumes que, pour tromper ma faim, j'essayais vainement de
déchiffrer à l'envers. J'avais des attachements du genre qui n'écrit

pas, et j'étais le plus souvent celui qui, retour du guichet, reçoit dans le dos la bonne tape consolatrice.

La mi-octobre était passée quand eut lieu le *Moharam*, l'anniversaire du meurtre de l'imam Hussein, le vendredi saint des musulmans shi'ites[1]. Pour une journée, la ville retentit de clameurs, de sanglots, et bouillonne de fureur fanatique contre des assassins morts depuis treize siècles. La vodka et l'arak coulent à flots, la foule se sent en force, les esprits sont bientôt confus et la journée pourrait bien se terminer par l'émeute, ou le sac de quelques boutiques arméniennes. La police tient donc la rue, les Kurdes qui sont sunnites évitent de se montrer, et les quelques chrétiens de la ville ont avantage à rester chez eux.

Nous rôdions prudemment aux abords du quartier arménien quand le vieux M... nous héla de sa voiture et nous y fit monter. C'était la fin de l'après-midi.

— Venez voir comme, en Perse, nous pleurons mieux sur les morts que sur les vivants, nous dit-il en riant.

Il n'y avait pas de quoi rire ; on entendait déjà le cortège de deuil descendre l'avenue Pahlevi en poussant des cris déchirants. Derrière les bannières noires triangulaires défilaient trois groupes de pénitents. Les premiers se contentaient de se frapper la poitrine en sanglotant ; ceux du deuxième groupe se déchiraient le dos avec un fouet terminé par cinq chaînettes de fer. Ils y allaient carrément ; la peau éclatait et saignait. Les derniers, vêtus de tuniques blanches, portaient de lourds coutelas avec lesquels ils entaillaient leur crâne rasé. La foule soulignait chaque blessure par des cris d'admiration. La famille et les amis qui entouraient ces sacrifiés veillaient à ce qu'ils ne se blessent pas trop gravement, en maintenant un bâton

---

1.   Shi'ite : nom des musulmans qui regardent Ali comme seul
      calif légitime, à l'exclusion des autres successeurs de Mahomet,
      reconnus par les sunnites. La plupart des Persans sont shi'ites.

au-dessus de leur tête pour amortir l'élan du couteau. Malgré quoi, chaque année, un ou deux fanatiques s'effondrent, le crâne ouvert, et quittent ce monde trompeur. Le défilé terminé, les plus excités se réunirent encore derrière le bâtiment de la Poste pour une sorte de ronde rythmée par les hurlements des spectateurs. De temps en temps, l'un des danseurs s'interrompait pour s'enfoncer son couteau dans le crâne avec un grand cri. On voyait mal le coup parce que la nuit était presque tombée, mais à vingt mètres on entendait distinctement la lame entailler l'os. Vers les sept heures, la frénésie était devenue telle qu'il fallut arracher leur arme aux danseurs pour les empêcher de se tuer sur place.

Dans les villages du voisinage, la mortalité infantile est très forte au moment du sevrage, puis la dysenterie vient prélever son lot ; aussi, les mères qui ont déjà perdu plusieurs fils en bas âge engagent-elles à Allah celui qu'elles attendent. S'il atteint ses seize ans, l'enfant deviendra mollah, ou fera le pèlerinage shi'ite de Kherbellah[1], ou s'acquittera envers le Ciel en défilant au Moharam. Le vieux M... qui avait reconnu plusieurs de ses villageois dans le cortège nous assura que la plupart des pénitents étaient dans ce cas.

Ce soir-là, le vieux nous fit rencontrer un des rares étrangers de la ville : Roberts, un Texan, ingénieur-conseil au *Point IV*[2]. Arrivé depuis six semaines seulement, il s'était déjà bravement mis au turc-azéri, sortait quelques phrases, se trompait, riait et faisait rire de lui. Il était chargé d'étudier la construction de dispensaires et d'écoles dans les gros bourgs du voisinage. Encore plein d'optimisme, avec ce trait américain si plaisant mais si exotique ici, qui est de faire confiance tout de suite. Il croyait aux écoles, ne devait pas croire au Diable, et regarda passer le cortège en silence avec quelques légers sifflements incrédules. Le vieux qui l'avait presque entraîné de force au Moharam ne cessa, de tout l'après-midi, d'observer ses réactions d'un œil vert et sardonique.

---

1   Village d'Irak où l'imam Hussein fut assassiné par les sunnites.
2.   Organisme américain d'assistance technique.

Il y avait peu d'étrangers dans la ville. C'est étonnant un étranger. À travers le jardin, par-dessus le mur des courettes, du haut des toits en terrasse, nos voisins arméniens nous observaient. Gentiment. Pendant nos absences, il arrivait qu'un balai mystérieux nettoie notre maison ou que des mains invisibles posent sur notre table un bol de soupe amère.

Voici un siècle, les Arméniens avaient été près d'un million dans cette province ; c'était à peine s'il en restait quinze mille, à s'accrocher dans la ville. Ils vivaient entre eux, s'épaulaient, se réunissaient chaque soir dans les sombres cuisines de l'Arménistan, autour de la lampe à pétrole, pour débattre les affaires de la communauté, ou déterminer soigneusement leur stratégie au Bazar. C'était un petit monde chaud, noir vêtu, laborieux et secret, avec un respect dévôt de son prestigieux passé et une infinie résistance au malheur. Parfois, une famille « réussissait » et montait vers Téhéran tenter sa chance. C'était l'exception, et pour ceux d'ici, la vie était dure ; mais ils savaient l'aménager avec l'expérience des vieilles races, et lui conserver sa saveur. En semaine, les femmes, bien gardées par leurs portes closes, fredonnaient en maniant le balai d'admirables complaintes qui volaient par-dessus les toits ; le dimanche à l'église, on chantait tout naturellement à quatre voix : depuis le temps qu'ils se connaissaient, on savait bien que le clan des Arzrouni donnait plutôt des basses, et que les Mangassarian étaient dans les ténors.

C'étaient pour la plupart des chrétiens monophysites dont le chef spirituel, le catholikos d'Echtmiadzin, résidait en Arménie soviétique[1]. Un vieillard coupé du monde chrétien, dont l'élection faisait ici l'objet de discussions interminables, et qui, à chaque Noël, envoyait à ses frères d'Iran sur les ondes de Radio-Bakou de faibles mais politiques encouragements. Beaucoup d'entre eux avaient encore en URSS de la famille dont ils étaient pratique-

---

1.   Depuis 1959 le diocèse de Tabriz s'est rallié au catholikos d'Antelias, Liban.

ment sans nouvelles, et à laquelle il leur arrivait d'envoyer — bien qu'ils fussent très ménagers de leurs sous — un paquet de vêtements chauds. Parfois, ils avaient la surprise de recevoir en retour un colis de friandises mal emballées et quelques lignes d'une compassion prudente, parce que la propagande était ainsi faite que, de part et d'autre de la frontière, on croyait avoir en face plus malheureux que soi. Pourtant, nos voisins parlaient volontiers de leurs misères, s'enorgueillissant de ce qu'ils avaient subi, de ce qu'il faudrait subir encore : « et vous verrez... ça n'est pas fini... » avec cette vanité plaintive des peuples trop injustement étrillés par l'histoire, si remarquable dans la diaspora juive d'autrefois. À propos de Juifs : sept familles israéliennes, déçues par Tel-Aviv, venaient précisément de s'établir ici et d'ouvrir boutique au Bazar. Tout l'Arménistan en parlait avec de mauvais sourires. Pour une fois, les marchands azéris et arméniens s'étaient mis d'accord, et s'apprêtaient, main dans la main, à leur mener la vie dure.

Nous n'étions pas trop seuls. En fin de matinée, une silhouette massive et grise traversait parfois le jardin, et une grêle de coups ébranlaient notre porte. C'était Paulus, le médecin grâce auquel nous avions obtenu les permis de séjour, qui passait aux nouvelles entre deux visites. Il posait vivement ses cent kilos sur la plus solide de nos chaises, tirait de son pardessus un esturgeon fumé enveloppé de journal et une bouteille de vodka qu'il ouvrait d'un coup de pouce. Il balayait la chambre d'un regard ironique, et se lançait — tout en mastiquant — dans une sorte de chronique locale qui débutait presque toujours par : « ... Écoutez une fois... je peux rire seulement. » Paulus était Balte et parlait avec un lourd accent germanique un français imprévu qu'il semblait inventer à mesure. Après avoir fait, dans la Wehrmacht, la campagne de Russie, il avait fui son pays envahi, émigré, et pratiquait ici depuis deux ans. Il connaissait son métier à merveille, guérissait beaucoup, gagnait en conséquence, mangeait énormément et buvait davantage encore. Ses yeux vairons et mobiles éclairaient un large visage blême, pétri d'astuce et d'intelligence. Avec ça, une vitalité de sanglier, une bonne dose de cynisme, et un rire effrayant qui montait du ventre, lui noyait joyeusement la figure et ponctuait les histoires les plus noires. C'était d'ailleurs un conteur prodigieux. La ville, il l'avait soignée assez longtemps pour la comprendre, et toute la rude saga de Tabriz passait à travers lui sans s'altérer. Il ne la jugeait pas et n'en « rajoutait » jamais, mais dans sa bouche, les morts suspectes, les manœuvres cocasses ou sordides dont il avait été le témoin, devenaient aussitôt fables, mythes ou archétypes, et prenaient l'espèce d'autorité que deux mille ans d'âge, par exemple, parviennent à conférer aux plus vilaines affaires[1].

Ce matin-là, il revenait du quartier de Chich-kélan où la police l'avait appelé sur le corps d'un vieux mollah, trouvé à moitié nu dans sa courette, à côté de son magot — un sac d'écus — autour duquel il avait, paraît-il, tourné toute la nuit en psalmodiant d'une atroce voix cassée. Les voisins terrifiés par ces litanies s'étaient bien gardés d'intervenir. Quand ils l'avaient entendu tomber, puis râler, ils l'avaient laissé crever sans autre, parce qu'ils soupçonnaient le vieux de se livrer à la magie et lui imputaient la moitié au moins des fausses couches et des infirmités du quartier. Cette histoire piqua notre curiosité et ne nous porta pas bonheur. L'après-midi même, nous allâmes explorer Chich-kélan, un faubourg rustique au pied d'une colline de nord de la ville : des impasses boueuses, des amandiers rabougris, des murs de terre, et quelques vieux sournois en passe-montagne qui paissaient leurs chèvres dans des combes couvertes de givre, ou somnolaient sur le seuil d'échoppes souillées de fiente de pigeon. Au sommet de la colline, une mosquée en ruine et semée d'étrons, qui servait de repaire aux rôdeurs, dominait l'étendue de la ville. Le lendemain, Thierry,

---

1. Une bonne partie de la mythologie grecque relèverait aujourd'hui de la correctionnelle.

qui y était retourné pour dessiner, rentra blême, couvert d'écorchures, ses habits déchirés. À la descente, une douzaine de vauriens l'avaient entouré, jeté par terre et délesté à la pointe du couteau de l'argent du mois que nous avions changé le matin même au Bazar.

Lorsqu'on raconta cette mésaventure à Paulus, il eut un de ses accès d'hilarité irrépressibles qui nous rapprocha beaucoup. Il n'avait été dévalisé qu'une fois, lui, sur la route d'Urmia… par des gendarmes laissés un peu trop à eux-mêmes. C'est très dangereux, un gendarme armé. Il « pouvait rire seulement » et il ne s'en priva pas. Quand il nous quitta, ça le tenait encore ; les yeux pleins de larmes et le souffle coupé. On entendit son pas lourd décroître entre les murs de terre ; il était obligé de s'arrêter de temps en temps, pour reprendre haleine. C'était juste avant la neige.

NOVEMBRE

Les grenades ouvertes qui saignent
sous une mince et pure couche de neige
le bleu des mosquées sous la neige
les camions rouillés sous la neige
les pintades blanches plus blanches encore
les longs murs roux les voix perdues
qui cheminent sous la neige
et toute la ville jusqu'à l'énorme citadelle
s'envole dans le ciel moucheté
C'est Zemestan, l'hiver

Sur le plateau d'Azerbâyjân, il vient tard mais il vient bien. Un soir les étoiles paraissent toutes proches dans un ciel royal, et les gens du quartier sortent leurs *korsi*[1]. Dans la nuit,

---

1. *Korsi* : sorte de chaufferette dans laquelle on s'installe jusqu'à mi-corps.

le thermomètre tombe à – 30° ; le lendemain, l'hiver est dans la ville. Un vent coupant descend du nord en rafales, brasse la neige et glace les champs. Les loups s'enhardissent et les sans-travail des faubourgs s'organisent en bandes pour détrousser les paysans. Les barbes et les moustaches se givrent, les samovars fument, les mains restent au fond des poches. On n'a plus que trois mots en tête : *thé… charbon… vodka*. Sur la porte de notre cour, les gamins arméniens ont dessiné à la craie une grande garce bottée, aux innombrables jupes, qui porte un petit soleil à l'endroit du bas-ventre. Tout cela ne manque pas de poésie, aussi longtemps qu'on peut bourrer son poêle et payer le marchand de bois.

Le nôtre savait un seul mot d'allemand : *Guten Tag,* qui dans sa bouche édentée était devenu *huda daa* ; peu importait : un mot étranger, nous étions étrangers, nous devions comprendre. C'était un menu vieillard aux yeux noyés, aux mains crevées d'engelures, qui arrosait en tremblotant ses bûches pour les rendre plus lourdes : du figuier, du saule, du jujubier à veines violettes ; des bois bibliques et qui pompaient bien. Lorsque je le surprenais dans cette opération, il éclatait d'un rire candide et m'observait par-dessus sa moustache pour savoir si j'allais me fâcher pour de bon. Les commères arméniennes du quartier lui représentaient bien que sa conduite offensait Dieu, et essayaient parfois de lui faire honte de sa marchandise ; mais elles finissaient toujours par repartir avec. Le bois était rare ; mouillé ou pas, c'était une affaire.

Pendant que Thierry travaillait aux toiles qu'il comptait vendre à Téhéran, j'avais pris des élèves pour assurer la subsistance. Ils arrivaient à la tombée du jour, par le jardin, de la neige jusqu'aux hanches.

— Ah ! monsieur le professeur… dans le Tabriz, elle est bien noire, notre vie…

— À Tabriz… à Tabriz, monsieur Sepabodhi. Vous n'y êtes pas du tout ; on dit *à* Paris, *à* Vienne, *en* Italie…

C'était le pharmacien. Il savait assez de français pour discuter les événements de la ville, m'expliquer sans erreurs les trois stades de la syphilis qu'il avait prudemment étudiés dans le *Larousse médical,* ou savourer lentement *Peau d'Âne, Le Chat botté,* ou tout autre de ces contes cristallins qui réconcilient logique et poésie et ne connaissent d'autre fatalité que celle du bonheur. Par exemple, j'avais du mal à lui expliquer les fées, parce que rien ici ne correspondait à ces apparitions fugaces, à ces hennins pointus, à cette féminité aiguisée mais abstraite. Les enchanteresses du folklore local étaient bien différentes : c'étaient ou les *peri,* les servantes du Mal de la tradition mazdéenne, ou les robustes Génies femelles des contes kurdes, qui dévoraient les voyageurs attirés par leurs charmes après les avoir proprement épuisés dans un lit.

Cela plaisait, pourtant. Au bout d'un chapitre, le pharmacien essuyait ses lunettes, murmurait : « j'aime Perrault… c'est si doux » et sur cet aveu, piquait dans son cahier, rouge comme une pivoine. Pendant que Carabosse ou Carabas, syllabe par syllabe, livraient prestiges et secrets, la nuit descendait sur la ville, puis la laine de la neige sur les rues noires. Mes vitres se couvraient de plumages de givre et les premiers chiens parias commençaient à hurler. Je mouchais la lampe à pétrole. Nous avions bien travaillé. Le pharmacien remettait sa pelisse, me tendait cinq tomans que nous allions tantôt convertir en vodka et me quittait sur le seuil en soupirant : « Ah ! monsieur le professeur, quel hiver perdu, atroce, ici… dans le Tabriz. »

En vodka, ou en billets du cinéma *Passage,* toujours bondé parce qu'il y faisait chaud. Étrange local : des chaises de bois, un plafond bas, un large poêle chauffé au rouge, parfois plus brillant que l'écran. Et merveilleux public : des chats transis, des mendiants qui jouaient aux dames sous la veilleuse des lavabos, des gosses pleurant de sommeil, et un gendarme chargé d'assurer l'ordre au moment où l'on diffusait l'hymne national en projetant le portrait de l'Empereur, souvent la tête en bas.

Sur les listes des distributeurs, Tabriz était sans doute mal placé, puisqu'on pouvait voir ici — outre les films iraniens et les westerns du *Point IV* — en première vision, des bandes vieilles de vingt-cinq ans. *City Lights, Le Kid,* Greta Garbo ; nous aurions eu tort de nous plaindre ! c'étaient des classiques admirables. Mais, comme la lumière des étoiles lointaines, les réputations des acteurs atteignaient la ville avec une génération de retard. Des vedettes mortes depuis longtemps survivaient ici en secret ; les garçons en pinçaient pour Mae West, et les filles pour Valentino. Parfois, quand le spectacle était trop long, l'opérateur, pour en finir, augmentait la vitesse du film. L'histoire s'achevait à un rythme inquiétant : les caresses avaient l'air de claques, des impératrices en hermine dévalaient les escaliers. Le public occupé à rouler des cigarettes ou craquer des pistaches n'y voyait aucune objection.

À la sortie, un froid saisissant vous prenait le souffle. Avec ses murs bas, ses ombres blanches, ses squelettes d'arbres décharnés, la ville tassée, tapie sous la neige et la Voie lactée, avait quelque chose d'envoûtant. D'autant plus qu'une chanson sauvage résonnait dans les rues siphonnées par le vent ; la police avait laissé branchés les haut-parleurs de la place et Radio-Bakou était sur les ondes. On reconnaissait aussitôt cette voix inégalable : c'était *Bulbul* — le rossignol — le meilleur chanteur en langue turque de toute l'Asie moyenne. Autrefois il vivait ici, c'était même une des gloires de la ville. Puis les Russes, qui savaient pourquoi, l'avaient attiré chez eux avec un cachet royal. Depuis, bien des postes iraniens prenaient Bakou pour l'entendre… et entendaient le reste. Ses chansons étaient d'ailleurs prodigieuses ; il y a quatre folklores différents dans la ville, tous déchirants, et personne ne s'y prive de musique, mais rien n'égale en lyrisme et en cruauté ces vieilles complaintes transcaucasiennes.

Nous remontions lentement Chahanas. À l'entrée de l'Arménistan une poignée de mendiants étaient installés, comme chaque soir, autour d'un feu de pétrole. C'étaient de vieux fantômes grelottants, rongés par la vérole, mais sagaces, mais gais. Ils faisaient rôtir quelques betteraves déterrées aux champs, tendaient leurs mains vers la flamme et chantaient. Le peuple d'Iran est le plus poète du monde, et les mendiants de Tabriz savent par centaines ces vers de Hafiz ou de Nizhami qui parlent d'amour, de vin mystique, du soleil de mai dans les saules. Selon l'humeur, ils les scandaient, les hurlaient ou les fredonnaient ; quand le froid pinçait trop fort, ils les murmuraient. Un récitant relayait l'autre ; ainsi jusqu'au lever du jour. Le soleil de mai était encore loin et il ne s'agissait pas de s'endormir.

À côté de ces « familles » organisées qui mettaient en commun leurs aubaines, on trouvait quelques proscrits solitaires dont le sort était moins enviable encore. Une nuit, au sortir d'une *tchâikhane*[1], une espèce d'ombre chauve et malade nous aborda. Il neigeait. On lui donna ce qui nous restait — l'argent de deux ou trois jours — et elle s'évanouit aussi subitement qu'elle était apparue. Puis la neige se mit à tomber si serré qu'on tourna plus d'une heure en rond dans le labyrinthe du quartier arménien avant de retrouver notre porte. C'est en sortant la clef de ma poche que j'aperçus le vieux tapi dans l'encoignure ; il nous avait suivis et devancés dans l'espoir de nous taper encore. Comme nous l'ignorions, il se redressa rapidement, me noua les bras autour du cou et fit un saut maladroit pour m'embrasser. Comme dans un cauchemar, je vis monter vers moi ce crâne couvert de neige fondante, ces yeux clos, cette bouche offerte ; avec une sorte de panique je me débarrassai de ce paquet d'os tremblant, entrai et refermai la porte. Thierry riait aux larmes : « Vous auriez dû vous voir, vous aviez l'air de danser le tango. » On aurait bien surpris ce vieil homme en lui reprochant la nature de ses propositions ; passé un certain degré de misère, ces subtiles distinctions s'abolissent et, au point où il en était, il n'avait plus que sa carcasse à négocier. Il essayait… avec persévérance : nous n'avions pas secoué la neige de nos habits qu'on l'entendit revenir et frapper aux battants, des coups faibles, monotones, frustrés, comme

---

1.   Maison de thé. Les Persans disent volontiers « ghafékhane » (café), bien qu'on n'y serve jamais de café.

si la terre entière lui devait encore quelque chose. Sur ce point il n'avait certainement pas tort ; il fallut tout de même ressortir, le prendre par les épaules et le repousser dans la nuit dont il était si imprudemment sorti.

Le procès Mossadegh qui venait de s'ouvrir à Téhéran laissait craindre ici quelques échauffourées[1]. Elles n'eurent pas lieu parce que le matin même, le Gouverneur avait montré à la ville ce qu'il avait sous la main : cinq automitrailleuses, quelques mortiers et vingt camions de troupe qui, pour la circonstance, avait reçu des souliers neufs.

Le Gouverneur était un vieillard rusé, cruel, farceur, curieusement estimé des adversaires mêmes du Gouvernement qu'il représentait. On lui pardonnait beaucoup, parce que chacun savait qu'il n'avait pas de convictions politiques et consacrait entièrement son mandat à l'édification de sa fortune personnelle avec une finesse qui lui valait bien des admirateurs. Tabriz a toujours été une ville frondeuse mais on sait y être « fair-play ». On salue les coups bien ajustés. Ce défilé inattendu, par exemple, qui jugulait la ville à son réveil, était tout à fait dans la manière de celui qu'elle appelait familièrement par son prénom. Un despote, bien sûr, dont la disparition serait accueillie avec soulagement, et dont on guettait un possible faux pas. En attendant, renseigné, patelin, sans pitié, efficace, il en imposait. La ville, qui s'y connaissait en despotisme, lui reconnaissait du talent.

Pourtant cette parade matinale contrecarrait bien des projets. La majorité des Tabrizi qui restaient favorables à Mossadegh suivirent les étapes de son procès avec une amertume coupée d'éclats de rire quand les reparties de l'accusé pulvérisaient l'accusation. En fait,

---

1.   On trouvera une excellente analyse de la situation politique en Perse dans le remarquable ouvrage de Vincent Monteil : *Iran*, coll. Petite Planète, Éd. du Seuil [1957. *NdÉ*].

Mossadegh était bien plus populaire que la presse occidentale ne l'avait laissé croire. Mes élèves m'en parlaient tendrement. Devant les tchâikhanes, les mendiants et les portefaix éclataient à son propos en palabres hystériques, ou en sanglots. Parfois même, on trouvait à l'entrée du Bazar, fumant dans la boue, le cadavre d'un mouton propitiatoire nuitamment sacrifié. Pour l'homme de la rue, Mossadegh restait le Renard iranien plus rusé que le Renard anglais, qui avait arraché le pétrole à l'Occident et habilement défendu son pays à La Haye. Son talent de Protée, son courage, son patriotisme, sa duplicité géniale avaient fait de lui un héros national, et les nombreux villages qu'il possédait âprement ne changeaient rien à l'affaire. Qu'après son succès, la production d'Abadan — faute de techniciens — fût tombée en flèche, et que le boycottage du pétrole iranien eût mis les finances en péril importait peu au petit peuple dont la situation n'aurait, de toute façon, pu s'améliorer que lentement. À défaut de production, au moins avait-on les raffineries dont la désaffection profitait au petit commerce d'une manière imprévue : certaines installations légères étaient démontées de nuit par de mystérieux rôdeurs, et les robinets, volants, câbles, boulons, tuyaux, vendus à bas prix dans les bazars du Khuzistan.

Décembre

Le ciel était bas. À midi déjà on allumait les lampes. La suave odeur du pétrole et le tintement des pelles à neige enveloppaient les journées. Parfois, les chansons et les flûtes d'un mariage arménien nous parvenaient d'une cour voisine à travers les flocons. Le thé bouillant, à longueur de journée, nous conservait les tripes au chaud et la tête claire. À mesure que la ville s'enfonçait dans l'épaisseur de l'hiver nous nous y trouvions mieux. Cette idée semblait tracasser la veuve Chuchanik, notre logeuse, qui nous rendait souvent visite : qu'on vienne — d'aussi loin et de plein gré — s'installer ici lui paraissait saugrenu. Au début, elle avait pensé que si nous étions ainsi sur les routes, c'était sûrement qu'on nous avait chassés de chez nous. Elle s'installait dans un coin de ma chambre, grosse caille en tablier noir, et regardait avec une réprobation morose le lit de camp, le sol nu, la fenêtre calfatée par de vieux journaux, le chevalet ou la machine à écrire.

— Mais que faites-vous donc ici ?

— J'ai ces élèves.

— Mais le matin ?

— Vous voyez bien, je prends des notes, j'écris.

— Mais moi aussi j'écris... l'arménien, le persan, l'anglais — fit-elle en comptant sur ses doigts — ce n'est pas un métier.

Nous abandonnions bientôt ce terrain délicat, pour les nouvelles du quartier dont elle était très informée : le crieur de journaux était mort du ventre... le fils de l'épicier venait d'achever un grand portrait de l'Empereur, tout en vieux timbres-poste, qui lui avait pris presque deux ans et voulait aller l'offrir lui-même à Téhéran... Sat..., le tanneur de l'avenue Chahanas, avait perdu l'autre soir au jeu trente mille tomans sans broncher. Là, je tendais l'oreille ; c'était une somme, et les rumeurs de l'Arménistan ne trompaient jamais sur les chiffres.

La ville avait encore ses derniers riches, bien cachés, et dont elle ne profitait guère. C'étaient, pour la plupart, de grands proprié-taires qui, comme le vieux M..., dissimulaient sous des dehors râpés l'étendue de leur fortune. Craignant de se trahir en investissant sur place, ils thésaurisaient, dirigeaient l'excédent de leur revenu sur les banques étrangères, ou le jouaient, toutes portes closes, à des taux fabuleux. Le tanneur Sat... qui avait perdu si bravement possédait une centaine de villages au moins entre Khoy et Mianeh. Un village moyen rapporte environ vingt mille tomans ; il pouvait donc compter sur une rente annuelle de deux millions de tomans et sa perte était insignifiante.

Pendant que l'histoire faisait le tour du Bazar, que se passait-il dans la tête des indigents qui forment l'immense majorité de la ville et lui donnent son vrai visage ? Pas grand-chose. Ils savaient que Sat... avait l'estomac plein trois fois par jour, qu'il dormait quand il lui chantait avec une — ou deux — femmes sous suffisamment de couvertures, et roulait dans une voiture noire. Au-delà, leur imagination s'égarait ; le luxe abordait un monde dont ni les livres qu'ils ne pouvaient lire, ni le cinéma qui relève d'une mythologie étrangère ne leur donnaient d'exemple. Lorsqu'ils pénétraient dans la maison d'un riche, c'était par le quartier des domestiques, à peine mieux fourni que leurs galetas. Ils étaient aussi incapables de penser trente mille tomans que nous un milliard de dollars. L'envie de ceux qui n'avaient rien ne dépassait donc pas la peau et le ventre ; nourris et vêtus ils n'auraient plus d'envie. Mais ils n'étaient pas nourris, trottaient pieds nus dans la neige, et le froid empirait sans cesse.

À cause de cet écart fantastique, les riches avaient même perdu leur place dans l'imagination populaire. Ils étaient si rares ou si lointains qu'ils ne comptaient plus. Jusque dans ses songes, la ville restait fidèle à son dénuement : les diseurs de bonne aventure qui partout ailleurs promettent l'amour ou les voyages vous prédisent ici, plus modestement — encore fallait-il tirer un excellent poème[1] — trois marmites de riz au mouton et une nuit dans des draps blancs.

Dans une ville qui connaît la faim, le ventre n'oublie jamais ses droits et la nourriture est une fête. Les jours fastes, les commères du quartier se levaient matin pour éplucher, piler, désosser, touiller, hacher, pétrir, souffler la braise, et les minces vapeurs qui montaient des cours trahissaient l'esturgeon à l'étouffée, le poulet au jus de citron grillé sur charbon de bois, ou cette grosse boule de hachis remplie de noix, d'herbettes, de jaunes d'œuf, et cuite dans le safran, qu'on appelle *kufté*.

---

1.   Au lieu de tirer les cartes, le client pique avec une épingle dans un
       recueil de Hafiz un quatrain que le diseur interprétera pour lui.

La cuisine turque est la plus substantielle du monde ; l'iranienne, d'une subtile simplicité ; l'Arménistan, inégalable dans le confit et l'aigre-doux ; nous, nous mangions surtout du pain. Un pain merveilleux. Au point du jour, l'odeur des fours venait à travers la neige nous flatter les narines ; celle des miches arméniennes au sésame, chaudes comme des tisons ; celle du pain *sandjak* qui fait tourner la tête ; celle du pain *lavash* en fines feuilles semées de brûlures. Il n'y a vraiment qu'un pays très ancien pour placer ainsi son luxe dans les choses les plus quotidiennes ; on sentait bien trente générations et quelques dynasties alignées derrière ce pain-là. Avec ce pain, du thé, des oignons, du fromage de brebis, une poignée de cigarettes iraniennes, et les longs loisirs de l'hiver, nous étions du bon côté de la vie. La vie à trois cents tomans par mois[1]. J'avais maintenant assez d'élèves pour y suffire. Deux d'entre eux, même, fils de boucher, amélioraient parfois notre ordinaire en apportant quelques déchets raflés sur l'étal paternel. C'étaient des jumeaux rouquins, timides jusqu'à la panique, qui ne savaient rien, n'apprenaient rien, mais qui nous plaisaient bien lorsqu'ils tiraient de leur serviette un poumon de chèvre, grosse éponge sanguinolente, ou quelques bas morceaux de buffle encore semés de poils noirs. Chaque samedi soir nous allions au restaurant *Djahan Noma,* bondé de Kurdes et de sombres fêtards en casquette, manger un plat de mouton dont nous reparlions la semaine. De temps en temps, Thierry, qui peignait dans une demi-pénombre et croyait sentir sa vue baisser, s'isolait pour se cuire un kilo de carottes. À ce caprice près, il n'était pas plus exigeant que moi : un jour que je nettoyais avec un couteau les bords de notre marmite il me suggéra, l'œil brillant, de confectionner avec ces raclures une « sorte de grosse croquette ».

---

1.   150 par personne. Un ouvrier de la filature en gagnait environ 100.

— Pas de lettre ?

— Elles se chauffent au bord de la route, répondait le postier en soufflant dans ses doigts.

Le courrier ne passait plus depuis dix jours. C'était vraiment la lune ici. Nous nous y trouvions bien. Mes élèves me laissaient quand même du temps pour travailler. J'essayais d'écrire, péniblement.

Le départ est comme une nouvelle naissance et mon monde était encore trop neuf pour se plier à une réflexion méthodique. Je n'avais ni liberté ni souplesse ; l'envie seulement, et la panique pure et simple. Je déchirais et recommençais vingt fois la même page sans parvenir à dépasser le point critique. Tout de même, à force de me buter et de pousser j'obtenais parfois pour un petit moment le plaisir de dire sans trop de raideur comme j'avais pensé. Puis je décrochais, la tête chaude, et regardais par la fenêtre notre dindon Antoine, une volaille décharnée que nous nous flattions d'engraisser pour Noël, tourner dans le jardin enneigé.

Quand le travail ne marchait pas, ou quand l'odeur de ma chemise commençait à me gêner, je mettais le cap sur le bain *Iran* chargé d'un ballot de linge sale. C'était, à dix minutes de chez nous, un hammam tenu par une vieille bougresse fort propre qui fumait à travers son voile des cigarettes à bout doré. Les cafards qui, ordinairement, fréquentent ces lieux humides étaient morts de froid avant l'automne. La vermine, elle aussi, avait péri sous les gelées. L'eau bouillante y coulait à flots, et la gaieté s'y donnait libre cours. Pour un toman on avait droit à une cellule munie de deux robinets, d'un baquet, et d'un bat-flanc de pierre polie sur lequel je commençais par faire ma lessive en écoutant les sifflotements, les soupirs d'aise et les bruits de brosse qui montaient des cellules voisines. Pour un toman supplémentaire, le laveur venait s'occuper de vous. C'était un gaillard silencieux, et squelettique comme si les vapeurs dans lesquelles s'écoulait sa vie lui avaient dévoré les chairs. Il commençait par vous allonger sur la banquette de pierre et vous savonnait des pieds à la tête. Puis il vous sortait la poussière du corps en travaillant la peau au gant de crin et au savon de sable. Vous arrosait d'eau chaude. Enfin, il vous massait longuement, tirant sur la tête, faisant craquer les vertèbres, pinçant les tendons et foulant les articulations, les côtes et les biceps avec ses poings et ses pieds nus. Il connaissait son affaire et ne laissait pas un muscle noué. Ça ne ratait pas ; sous ces flots d'eau chaude et ces pressions expertes, je sentais les nerfs se détendre un à un, les réticences disparaître, et se rouvrir mille vannes secrètes fermées par le froid. Puis je restais là, étendu dans le noir, à griller une cigarette et regarder dans ma tête jusqu'à ce que des poings impatients qui martelaient la porte m'obligent à céder la place.

J'en ressortais vers six heures, léger, lavé jusqu'à l'âme et fumant dans le froid comme un torchon mouillé. Le ciel d'un vert intense et pur se reflétait dans les flaques gelées. Le long de la rue, les commerçants prosternés au fond de leur boutique, la casquette tournée visière sur la nuque, priaient bien fort au milieu des pots de mélasse, des navets, des pains de sucre, des sacs de lentilles et des papiers colle-mouches, que le Ciel les conserve dans toutes ces possessions. Noël approchait, et dans l'Arménistan les marchands de volaille passaient déjà de porte en porte, le dos emplumé de bêtes engourdies et sanglantes dont les ailes battaient faiblement : vieillards floconneux, coiffés d'une sorte de mitre, au nez cireux, aux longues houppelandes, qui sillonnaient la neige comme les Génies de cette cage enchantée où nous étions coincés jusqu'au printemps. Apparitions de bon augure. Ça me remettait en tête le début d'un poème baroque que j'avais déniché pour mes élèves :

> Adoncques Filles de l'air
> De cent plumes couvertes
> Qui de serf que j'étais
> M'ont mis en liberté...

Ces soirs-là, je travaillais sans contrainte, je rêvassais les mains sur les genoux. Le poêle ronflait. Le dindon Antoine somnolait au pied du lit et sa torpeur faisait plaisir à voir. Dehors, le ciel régnait

sur les maisons obscures. La ville était plus calme qu'un tombeau.
On entendait seulement, de loin en loin, l'agent de veille, vieux
grillon pathétique, chantonner d'une voix rauque pour se donner
du courage.

                    Vers la mi-décembre, la fille d'un des voisins s'em-
poisonna par amour. Elle aimait un musulman et tout était vraiment trop compliqué. Elle avait avalé du *shiré*[1] et le garçon s'était
pendu de son côté. Capulets et Montaigus. Longs cris de femmes
au-dessus du quartier. Des affichettes vertes et noires placardées
sur toutes les portes annonçaient l'heure du culte mortuaire... À
la chapelle arménienne, la fille reposait mains jointes dans son
cercueil ouvert. Elle portait une robe de velours presque neuve
et des anneaux d'or aux oreilles. Au fond de l'église, les vieilles
formaient un groupe d'une extraordinaire noblesse : une phalange
de Parques drapées dans leurs châles noirs, silencieuses, dures,
féminines, les yeux comme des soleils. Jamais, sauf chez quelques
vieilles Tziganes, je n'avais vu cette dignité de Sphinx, poignante
et puissante. C'étaient vraiment les gardiennes de la race, cent fois
plus belles que les filles à marier. Le service terminé, toute l'église
défila devant la morte puis les portes furent ouvertes et, sous l'œil
des passants, deux femmes dépouillèrent ostensiblement le cadavre
de ses bijoux, de ses chaussures, et déchirèrent la robe à coups de
ciseaux. Nous étions en hiver, saison de la disette et des pilleurs de
tombe ; on espérait par ce geste éviter des profanations.
    Cette même semaine, un Kurde mourut dans la ville sans que
sa famille fût là pour l'emporter. Pas de chance ! Il serait « mal
enterré ». Entre ces montagnards sunnites et ces citadins shi'ites, il
existait une rogne vivace que mille incidents se chargeaient d'alimenter. Mais les Kurdes sont de dangereux bagarreurs et les Tabrizi
les craignaient trop pour les attaquer vivants ; ils prenaient mali-

---

1.   *Shiré* : le dross, le résidu de l'opium fumé. Extrêmement toxique.

cieusement leur revanche à l'heure de la mort. Les Kurdes trépassés dans la ville couraient grand risque d'être enterrés à plat et face contre terre, au lieu d'être installés dans la fosse, le visage tourné contre La Mecque, comme l'exige la coutume. Ainsi Azraël, l'Ange de la Mort, blessé par cette posture inconvenante, leur refuserait l'accès du Paradis. Aussi arrivait-il parfois qu'un Kurde, malade à l'hôpital du district, et sentant ses forces décroître, disparaisse, vole un cheval et rentre, bride abattue, mourir en Kurdistan.

Un soir, devant le bain *Iran* justement, un jeune Kurde m'aborda pour me demander avec beaucoup d'insistance l'adresse d'une fille du quartier. Il portait un turban de soie blanche et une ceinture d'étoffe neuve d'où dépassait un poignard de mille tomans au moins. Manifestement, il sortait des mains du laveur et se proposait d'aller faire sa cour. Je connaissais l'adresse, et la fille, que nous avions enregistrée quelques jours plus tôt ; une pecque qui se piquait de chanter le beau folklore arménien « comme au conservatoire » avec des simagrées qui nous avaient gâché une bande entière. Je lui en voulais donc un peu, mais pas au point de conduire jusqu'à sa porte un prétendant à l'air aussi déterminé. Je l'envoyai dans la direction opposée et continuai mon chemin.

Comme on peut s'y attendre, les Tabrizi faisaient courir sur les Kurdes toutes sortes de rumeurs malveillantes : ... c'étaient des sauvages, des coupeurs de bourses, qui vendaient leurs filles à bas prix, qui s'en prenaient à celles des autres, etc. Les Arméniens faisaient chorus, mais du bout des lèvres seulement ; en fait, leurs rapports avec les Kurdes étaient meilleurs qu'ils ne voulaient le laisser croire. Les marchands de bois du Bazar traitaient avec plusieurs tribus, depuis longtemps déjà et sur un pied d'entière confiance. On prétendait bien que, de loin en loin, autour de Rézaïé, les Kurdes se permettaient encore d'enlever une de ces Arméniennes dont ils sont si friands, mais c'étaient surtout les filles qui répétaient ces histoires pour montrer à quels extrêmes leur beauté pouvait conduire, et je n'ai jamais eu vent d'un seul cas précis. Quoi qu'il en soit, les affaires n'en pâtissaient pas. Comme les Perses l'avaient déclaré voici longtemps déjà à Hérodote : *Enlever les femmes, évidemment, c'est malhonnête ; mais prendre les choses à cœur au point de vouloir les venger, quelle folie ! les gens sérieux ont autre chose à faire*[1].

« Pour la naissance de votre Prophète » expliquait Moussa dans l'embrasure de la porte. Il tenait deux cailles sanglantes à la main et ses yeux souriaient au-dessus de sa pelisse de chasse. Nous étions à la veille de Noël et il était le premier dans la ville à y avoir pensé. Nous avions justement envie de viande ; il tombait bien. Il resterait pour manger ses oiseaux avec nous.

Moussa était l'unique enfant d'un arbab turc du bout de notre rue, un jeunot cordial et désœuvré qui passait son temps à chasser, peindre des miniatures, et relire indéfiniment en traduction persane *Les Misérables* qui l'enflammaient de chimères héroïques et de passions égalitaires. Il n'avait plus que Paris en tête et voulait nous persuader qu'il détestait la Perse, mais nous n'en croyions rien — il brûlait seulement de la réformer, sabre au clair. Ses dix-sept ans y étaient bien pour quelque chose. Sa chronique familiale aussi : sous les Kadjar, son arrière-grand-père qui désapprouvait le Gouverneur était parvenu à s'emparer de la ville avec une cinquantaine d'hommes de main, et à y tenir le pouvoir quelques mois. À la suite de cette initiative, il avait été abattu lors d'un banquet donné en son honneur. Le grand-père, qui menaçait de reprendre l'affaire, avait reçu une bombe en temps utile, et sauté avec. L'oncle avait été truffé de plomb par des conspirateurs dépités auxquels il refusait de se joindre. Quant au père, il avait renoncé aux aléas de la politique pour administrer soigneusement ses domaines, et amasser une fortune qui laissait à son fils tout loisir de rêver plaies et bosses et de chevaucher dans l'imaginaire. Moussa comptait aussi aller

---

1   Hérodote, *Première Enquête*. Trad. Jacques Lacarrière.

peindre à Montmartre, pauvrement. Il entendait même, pour réaliser ce projet, extorquer à son père le revenu de plusieurs villages, car la « pauvreté à Paris » lui apparaissait comme un statut si enviable qu'il l'imaginait plus coûteux encore que la richesse à Tabriz.

En attendant d'être dépouillé, son père, qui l'aimait, commençait à l'admettre le soir dans la compagnie de quelques vieux finauds de ses amis, pour lui former le jugement, lui apprendre à rouler proprement les dés, à boire sans tomber, à ne parler qu'à son tour. Comme en outre il le savait étourdi, il lui avait attaché un enfant trouvé que le quartier connaissait sous le nom de *kütchük* — petit — et qui lui servait à la fois de factotum et de Sancho Pança. Très futé pour ses huit ans, le « petit » marchandait aussi serré qu'une vieille arménienne, s'acquittait des commissions les plus délicates, et trottait dur à travers le Bazar. Mais c'était un kütchük heureux : son âge lui permettait encore d'habiter le quartier des femmes qui le gavaient de confit ou de foie grillé. Un paletot neuf, une casquette, des bourrades amicales protégeaient du froid son âme coquine et gaie. Surtout, il n'avait jamais peur. Jamais peur, à Tabriz, pour un orphelin : c'est considérable. Cela lui donnait, en tout cas, quelque chose de particulier et d'engageant, et les mémères qui le croisaient dans Chahanas ne se retenaient pas de lui flatter la tête en murmurant des mots sucrés, auxquels il répondait d'ordinaire par quelques compliments d'une obscénité qui les laissait pétrifiées.

Moussa venait souvent nous voir. Comme, depuis notre installation, il avait tout fait pour nous obliger, il s'était acquis le droit de nous resservir à chaque visite les mêmes histoires de *Mollah Nasser-ed-Dine*[1], et ses vues personnelles sur la peinture : « D'abord apprendre à peindre classique, puis impressionniste, et enfin seulement, moderne… » Il parlait, assis sur le lit de camp. Je l'écoutais d'une oreille distraite. J'avais entendu tout cela dix fois au moins. Et ce qui m'occupait ce jour-là, c'était Noël, le pivot de l'année. Ainsi, nous y étions déjà… où serions-nous au Noël suivant ? quel tour

---

1.   Personnage comique, populaire dans tout le Moyen-Orient.

aurait pris l'existence ? Je regardais les cailles se gonfler en chantant dans notre casserole cabossée, avec un bouquet de menthe et un litre de vin blanc d'Arménie, ce vin biblique qu'on trouve au Bazar en flacons scellés d'un frêle cachet de cire rouge.

Mince fumée sacrificielle au-dessus de la maison, sur les sages grimoires des écoliers arméniens, sur les toits de la ville, sur les friches gelées qui l'entourent, sur les terriers des loirs et les nids des corbeaux, sur ce tendre et vénérable monde ancien.

Les quelques Américains du *Point IV* formaient, un peu en marge de la ville, un petit groupe solidaire, sympathique, et isolé. Pour la nuit du Réveillon, ils invitèrent dans une de ces demeures patriciennes qui, depuis le départ des grands bourgeois arméniens, avaient, en dépit des rideaux de chintz et des tourne-disques de ces nouveaux venus, conservé une poignante atmosphère d'abandon. Nous nous réjouissions de passer l'année en compagnie ; lavés, brossés, émus, on entra dans la salle. La soirée était en train ; ruisselants de cordialité, des bonnets de papier sur la tête, les Américains serraient des mains, brisaient leurs verres, chantaient. Un bon tiers d'entre eux étaient ivres et, dans leurs yeux mouillés d'alcool et de bienveillance, passaient quelques lueurs affolées : panique d'être si loin, si mal compris, si différents dans un jour pareil. Puis le chahut reprenait de plus belle. De l'autre côté du bar, les invités iraniens formaient une phalange muette et souriante. Nous les rejoignîmes ; ce soir-là, nous nous sentions plutôt des leurs. Au sortir de notre ermitage cette cohue nous déconcertait. On dansait. J'invitai une jeune femme éméchée et bien faite. La tenir contre moi me parut soudain chose si remarquable et digne d'attention que j'en oubliai la musique et demeurai parfaitement immobile, serrant de plus en plus fort. Au bout d'un instant, elle leva sur moi des yeux stupéfaits, puis révoltés, se dégagea et disparut. Je bus beaucoup et Thierry de même ; aux choses faites comme aux choses à faire, mais nous avions perdu l'habitude de l'alcool qui eut bientôt raison de nous. On fila juste à temps pour ne pas s'endormir sur place. La nuit était dure et splendide, la neige épaisse, la marche difficile. Nous nous tenions par les épaules pour ne pas tomber. Nous n'avions pas envie de rentrer et, pendant longtemps, les milans et les chiens de l'Arménistan purent nous entendre sillonner les venelles en appelant des prénoms aux consonnances étrangères.

Tourné en braillant pendant une heure au moins. C'était trop. En atteignant la maison j'avais la gorge enflée et les dents qui claquaient. Il gelait dur dans ma chambre ; j'étendis sur mon lit tout ce que je pus trouver de vêtements, de chiffons, de papiers d'emballage, et m'endormis... Une mélodie frivole et singulière me réveilla bien avant l'aube : à travers une sorte de brume, j'aperçus à mon chevet une silhouette chancelante, le chapeau sur les yeux, qui me regardait en sifflotant du Schubert. *Glückwünsche !*... fit-elle avec un plongeon ironique en me tendant la bouteille qui gonflait sa poche. C'était Paulus. Il avait passé la nuit dehors, trouvé notre porte ouverte, et venait « présenter ses vœux ». Je bus un coup sans parvenir à me réveiller tout à fait et lui demandai s'il avait bien fini l'année.

— Au *Djahan Noma*... une beuverie, *grausam... grausam Herr Nicolas !* Je peux rire seulement.

Il n'aimait pas les pochards ; l'alcool était pourtant son faible, mais, à sa manière, il le dominait. Même sur des flots d'arak, il manœuvrait calmement, comme une barge insubmersible, plus lui-même et saisissant que jamais. Il s'était assis ; pendant un moment il me parla de l'autobus de Téhéran qu'il était allé, je ne sais pourquoi, voir partir : ces valises ficelées, ces voyageurs dans la neige, ne savent pas quand ils partiront, ni s'ils arriveront jamais... *wirklich grausam.* Après tout, lui aussi, il était coincé dans la ville. Ensuite, je l'entendis de très loin compter en tenant mon pouls, et beaucoup plus tard, le premier coq de l'année. Je me réveillai le surlendemain avec une fièvre de cheval et la gorge pleine de peaux blanches. Paulus avait déjà fait le nécessaire : la veuve Schuchanik

était dans ma chambre en train de remplir une seringue hypoder-
mique. Elle avait mis tout exprès sa blouse d'infirmière et paraissait
enchantée...

JANVIER

            ... sur ce lit de camp en équilibre instable, plusieurs
couches de vieux journaux sous les fesses, entre le jardin grisé de
nuit et la lueur du poêle disjoint, j'attendais l'effet de la piqûre.
Au fond du quartier une radio diffusait des chansons persanes ; les
gosses de l'Arménienne se disputaient dans la cour et j'entendais
Thierry, dans la chambre voisine, décliner : *rosa*, la rose. Il s'était
mis au *Latin sans peine* de l'abbé Moreux, pour écourter l'hiver et,
dans tout ce blanc, dans l'écho de ces langues augustes, dans cette
vieille province d'Atropatène que les légions d'Antoine n'avaient
jamais pu conquérir, la *Regina parthorum* et le *pugnare scytham* des
premières leçons prenaient un sens amplifié, mystérieux, boréal,
qui berçait délicieusement la fièvre. Elle n'avait pas baissé. Depuis
plusieurs jours, je cherchais le point faible de la maladie, sa fissure,
pour y enfoncer un coin. Ce n'était pas l'arak ; il ne passait plus et
me brûlait le ventre sans m'alléger. Ni même le latin de manuel.
Je carrai prudemment mon dos contre le mur de pierre et, tout
en regardant tomber la neige, je me mis à pleurer, méthodiquement, comme on nettoierait une cheminée ou un chaudron. Ainsi
pendant une heure. C'était ça. Je sentais tous les barrages de la
maladie céder et se dissoudre, et finis par m'endormir, assis au cœur
de l'hiver comme dans un moelleux cocon.
   En me soignant, Thierry avait attrapé lui aussi cette sorte de faux
croup, et je me relevai juste à temps pour m'occuper de lui. C'était
facile. Malade, il était à son affaire, comme en train de couver ou
de s'opérer lui-même. Il répondait à peine aux questions, pas par
humeur, non, mais par concentration : mieux il était malade,
moins longtemps il le serait. En fait, il profitait de la moindre grippe

pour faire peau neuve, se remettait rapidement et menait sa conva-
lescence à coups de plaisirs modiques et bien dosés : un verre de
thé sous les peupliers, une promenade de cinquante mètres, une
noix, penser dix minutes à la ville de Stamboul ou encore, lire de
vieux numéros de *Confidences,* prêtés par une de mes élèves, et qui
lui valaient bien des satisfactions. Le « Courrier du cœur » surtout.
Il y trouvait des perles signées « Juliette éplorée (Haute-Saône) » ou
« Jean-Louis surpris (Indre) »... « je ne l'ai pourtant pratiquement
jamais trompée, exception faite d'aventures de voyage *qui ne m'ont
presque rien coûté* »...

     Pour traverser l'hiver il faut aussi des habitudes.
     J'avais pris les miennes au coin du quartier armé-
nien, à la gargote des portefaix. Avec les mendiants, ils formaient
bien la bande la plus dépossédée de la ville. C'est pourquoi ils occupaient cette tchâikhane où, à l'exception d'un flic qui buvait son
thé au comptoir, ils étaient certains d'être entre eux. La première
fois que je m'y fourvoyai, il se fit aussitôt un silence tellement
tendu et complet — comme si la bâtisse allait s'écrouler sur mon
crâne — que je rentrai la tête dans les épaules et ne parvins pas à
écrire une ligne. Moi qui croyais vivre frugalement, j'avais l'impression que mon bonnet miteux, ma veste râpée, mes bottes
beuglaient l'aisance et le ventre plein. J'enfonçai la main dans ma
poche pour faire taire quelques sous qui tintaient. J'avais peur, et
j'avais bien tort : c'était la tanière la plus paisible de la ville.
    Aux alentours de midi, ils arrivaient par petits groupes grelot-
tants et ployés, leur corde enroulée sur l'épaule. Ils s'installaient
aux tables de bois dans un grommellement de bien-être, la vapeur
montait des haillons, et les visages sans âge, tellement nus, pati-
nés, usés qu'ils laissaient passer la lumière, se mettaient à briller
comme de vieux chaudrons. Ils jouaient au tric-trac, lapaient leur
thé dans la soucoupe avec de longs soupirs, ou formaient cercle
autour d'une bassine d'eau tiède pour y tremper leurs pieds blessés.

Les plus cossus tiraient sur un narghilé et parfois, dévidaient entre deux quintes de toux une de ces strophes illuminées qui sont ce que la Perse a réussi de mieux depuis mille ans. Le soleil d'hiver sur les murs bleus, la fine odeur du thé, le choc des pions sur le damier, tout était d'une légèreté si étrange qu'on se demandait si cette poignée de vieux séraphins calleux n'allait pas s'envoler avec toute la boutique dans un grand bruit de plumes. Instants tout gonflés de tendresse. C'était admirable, et bien persan, cette manière de se tailler au cœur d'une vie perdue, malgré les bronches rongées et les engelures ouvertes, un petit morceau de bon temps.

Mi-janvier, le froid qui devint mauvais en emporta quelques-uns dont les affaires furent dispersées aux enchères au fond de la salle : une couverture usée, un demi-pain de sucre, un bout de corde et, deux fois même — je m'en souviens — la ceinture verte de *Seïed*, qui est l'attribut des descendants du Prophète. C'est une prétention répandue dans la ville, mais c'est parmi les pauvres et les humiliés qu'on la trouve le plus.

À cause de l'habitude qui endort et console, la plupart d'entre eux ne savaient presque plus qu'ils avaient faim. Outre leurs trois verres de thé, ils déjeunaient d'un morceau de pain turc et d'un mince écheveau de sucre filé. Jamais, quand j'étais à leur table, ils ne commençaient sans m'offrir d'abord : *Beffarmâid* — c'est à vous — cette minable pitance qui s'en trouvait aussitôt sanctifiée. Si j'acceptais, c'en était fait du repas de la journée. Je me demandais quel ordre poussait ces ventres-creux à offrir ainsi machinalement le peu qu'ils possèdent ? Un ordre noble, en tout cas, bien ample, impérieux, et avec lequel ces faméliques sont plus familiers que nous.

Le père Hervé avait dit vrai : la petite bibliothèque possédait deux cents volumes français au moins. Surprenant assemblage : Babeuf et Bossuet, Arsène Lupin et Élie Faure, René Grousset, la *Vie de Gambetta* et les Lettres du Maréchal de Soubise dont le style gracieux, tout fleuri d'euphémismes — *l'infanterie combattit sans empressement et céda à son inclination pour la retraite...* — paraissait traduit du persan.

Dans *L'Empire des Steppes,* de Grousset, je trouvai mention d'une infante chinoise dont un Khan de Russie occidentale avait demandé la main. Les émissaires ayant pris quinze ans pour faire l'aller-retour et rapporter une réponse favorable, l'affaire s'était finalement conclue... à la génération suivante. J'aime la lenteur ; en outre, l'espace est une drogue que cette histoire dispensait sans lésiner. En déjeunant, je la racontai à Thierry, et vis sa figure s'allonger. Les lettres qu'il recevait de son amie Flo le confirmaient dans des idées de mariage qu'il ne comptait pas différer d'une génération. Bref, je tombais mal avec ma princesse.

Un peu plus tard, retour du bain *Iran,* je le trouvai sur le point d'éclater. J'allai faire du thé pour lui laisser le temps de se reprendre et quand je revins, c'était : « Je n'en peux plus de cette prison, de cette trappe » — et je ne compris d'abord pas, tant l'égoïsme peut aveugler, qu'il parlait du voyage — « regarde où nous en sommes, après huit mois ! piégés ici. »

Il avait déjà assez vu pour peindre toute sa vie, et surtout, l'absence avait mûri un attachement qui souffrirait d'attendre. J'étais pris de court ; mieux valait aborder cette question-là le ventre plein. On mit le cap sur le *Djahan Noma* et, tout en rongeant un pilon, nous convînmes qu'à l'été suivant, nous nous séparerions. Flo viendrait le retrouver dans l'Inde ; je les rejoindrais plus tard, pour la noce, quelque part entre Delhi et Colombo, puis ils s'en iraient de leur côté.

Bon. Je ne voyais guère que la maladie ou l'amour pour interrompre ce genre d'entreprise, et préférais que ce fût l'amour. Il poussait sa vie. J'avais envie d'aller égarer la mienne, par exemple dans un coin de cette Asie centrale dont le voisinage m'intriguait tellement. Avant de m'endormir, j'examinai la vieille carte allemande dont le postier m'avait fait cadeau : les ramifications brunes du Caucase, la tache froide de la Caspienne, et le vert olive de

l'Orda des Khirghizes plus vaste à elle seule que tout ce que nous
avions parcouru. Ces étendues me donnaient des picotements.
C'est tellement agréable aussi, ces grandes images dépliantes de la
nature, avec des taches, des niveaux, des moirures, où l'on imagine
des cheminements, des aubes, un autre hivernage encore plus
retiré, des femmes aux nez épatés, en fichus de couleur, séchant du
poisson dans un village de planches au milieu des joncs (un peu
puceaux, ces désirs de terre vierge ; pas romantiques pourtant, mais
relevant plutôt d'un instinct ancien qui pousse à mettre son sort en
balance pour accéder à une intensité qui l'élève).

J'étais quand même désemparé : cette équipe était parfaite et
j'avais toujours imaginé que nous bouclerions la boucle ensemble.
Cela me paraissait convenu, mais cette convention n'avait probablement plus rien à faire ici. On voyage pour que les choses
surviennent et changent ; sans quoi on resterait chez soi. Et
quelque chose avait changé pour lui, qui modifiait ses plans. De
toute façon nous n'avions rien promis ; d'ailleurs il y a toujours
dans les promesses quelque chose de pédant et de mesquin qui nie
la croissance, les forces neuves, l'inattendu. Et à cet égard, la ville
était une couveuse.

Tabriz qui avait tant d'autres affaires négligeait
un peu les beaux-arts, et le vieux Bagramian, l'unique peintre de
la ville, était ravi de s'être découvert un collègue. Ganté, guêtré
et chapeauté comme un séducteur du cinéma muet, il venait de
temps à autre inspecter le travail de Thierry en poussant quelques
cris encourageants. Après avoir végété trente ans à Leningrad où
il enseignait le « dessin floral », Bagramian avait émigré ici, trouvé
une poignée d'élèves, et épousé sur le tard une Arménienne bien
dotée qui lui offrait ses foulards de soie blanche et ses gants de
chevreau. Depuis cette tractation, il ne peignait quasiment plus ;
son fort, c'était plutôt la béatitude douillette. Il passait l'hiver atta-
blé dans sa salle à manger à siroter de la liqueur d'abricot, grigno-

ter du nougat, ou croquer des pistaches en faisant mille fables à
sa femme très éprise qui l'écoutait avec un dodelinement émerveillé. Quand nous lui rendions visite, il nous tenait dans un russe
volubile de longs discours sur l'Union soviétique auxquels nous
ne comprenions rien, pendant qu'elle lui remplissait son verre, lui
époussetait tendrement l'épaule, ou battait des mains, folle de son
artiste et les yeux brillants comme des broches. Parfois, elle l'arrêtait
pour traduire : « Il dit... n'y pas aller, jamais... grand pays sombre,
vous disparaissez, vous oubliez tout... le Léthé... » « Léthé » répétait Bagramian avec emphase, en laissant tomber, pour illustrer son
dire, de petits morceaux de pelure d'orange dans son thé bouillant.

C'était si vrai qu'il y avait — disait-on — complètement oublié
une première épouse dont il n'était pas encore divorcé, et dont
seule la seconde feignait d'ignorer l'existence. Le quartier qui était,
bien sûr, au courant, pensait que malgré ses airs folâtres, Bagramian
s'était conduit comme un renard bien avisé qui veut vieillir au
chaud. Se débrouiller ainsi, c'est respectable. Personne en tout cas
qui cherchât à l'embarrasser là-dessus ; les gens savaient gré au
vieux farceur de son enjouement, et dans l'Arménistan, la vie est
trop sévère pour qu'on calomnie ainsi sans profit.

Ses tableaux, dont nous passions chaque fois la revue, étaient
moins heureux que lui : des jardins fignolés et ternes bien que le
soleil y figurât toujours ; des patriciennes en robe de velours qui
souriaient durement, les mains sur un mouchoir ; des généraux à
cheval dans la neige, avec des décorations et des joues comme cirées.
Thierry faisait la moue, et Bagramian que rien ne pouvait démonter l'engageait chaque fois, pour justifier son académisme, dans
un débat fébrile sur la peinture. Par gestes, évidemment. Il criait le
nom d'un peintre en étendant la main à une certaine hauteur pour
montrer le cas qu'il en faisait. Thierry répliquait. Ils étaient rarement d'accord : quand Thierry ramenait Millet au niveau du plancher, l'autre, qui l'avait placé à hauteur d'épaule et le copiait depuis
trente ans, se renversait dans sa chaise en se cachant la figure. Ils
s'entendaient sur les Primitifs italiens, aux environs d'un mètre,

puis s'élevaient prudemment avec quelques valeurs sûres — Ingres, Vinci, Poussin — en se surveillant du regard et gardant son meilleur candidat en réserve car, dans ces espèces d'enchères, chacun voulait le dernier mot. Quand Thierry, le bras levé, avait mis son favori hors de portée du petit homme, Bagramian grimpait sur son escabeau et finissait par emporter l'affaire, sans trop d'élégance, avec un peintre russe totalement inconnu. « Chichkine... grande peinture — disait la femme — forêts de bouleaux sous la neige. » Nous, nous voulions bien ; entre-temps, la table s'était couverte de flacons, de fromage blanc, de concombres, et c'est manger surtout qui nous intéressait. Pour nourrir l'amitié. Bagramian l'entendait bien ainsi.

FÉVRIER

La ville s'était faite à nos têtes, nous avions cessé d'être suspects. Des Arméniens, des Russes blancs, des colonels de police, des fonctionnaires qui rêvaient pour leur fille d'un pension- nat à Lausanne nous invitaient dans des salons trop éclairés dont les miroirs, les tapis, les meubles à fanfreluches assuraient qu'on était du bon côté de l'existence. On nous remplissait constamment nos assiettes pour nous confirmer dans ce sentiment. On nous interrogeait sur notre train de vie, avec circonspection, parce que si nos hôtes aimaient secrètement leur ville, ils ne nous faisaient pas le crédit de penser qu'avec cent cinquante tomans par mois, on pût l'aimer comme eux. Ils ne nous connaissaient pas d'assez longtemps pour parler à cœur ouvert du pays et de ses problèmes, mais nous savaient déjà trop au fait pour gober l'optimisme officiel que les Persans réservent aux gens de passage. C'était embarrassant ; de faux-fuyants en gentillesses sincères, de réticences en attentions délicates, la conversation finissait par mourir et Thierry prenait l'accordéon pour faire danser les dames. Parfois, quand nous insis- tions, une de ces solides bourgeoises en robe noire se campait au milieu de la pièce, les yeux pudiquement baissés, et chantait d'une voix sanglante les ballades arméniennes de *Sayat Nova*[1], ou une de ces complaintes azéri à vous soulever de terre et, comme si les carreaux avaient volé en éclats, tout ce que Tabriz exprime de puissant, d'éperdu, d'irremplaçable, envahissait soudain la chambre. Les yeux se mouillaient, les verres tintaient, la chanson s'éteignait... et, le cœur au chaud, on retombait en feuille morte dans ce fraternel ennui provincial, gonflé de désirs vagues, qui baigne les pièces de Tchékhov.

Au milieu des voix étrangères, des bâillements, des beignets à la viande, une léthargie confuse s'emparait de nous. « Allez-y... mangez-y... buvez-y » criait notre hôtesse qui avait un peu perdu le français appris chez les Bonnes Sœurs de Téhéran. Ces exhortations nous parvenaient à travers une sorte de ouate. Nous nous regardions par-dessus nos verres : que faisions-nous ici ? depuis combien d'années étions-nous dans cette ville ? pourquoi ? les mots de Bagramian me tintaient aux oreilles : ici aussi, c'était le Léthé. Nous sortions. Il neigeait toujours ; dans le froid qui nous mordait les tempes, nous nous dévisagions, repus. « C'était gras » ; nous n'avions plus d'autre critère.

Avec raison. On s'épuisait à grelotter. Nous perdions du poids. Le rêve n'était plus de manger bien mais de manger gras. Chez *La Nanou* on pouvait le satisfaire. C'était un restaurant d'étudiants tenu par deux vieilles aux faciès de souris, à l'air coupable, noyées dans de noirs châles, dans de noirs fichus, et qui mitonnaient toutes sortes de brouets couenneux. La plus âgée, La Nanou, avait été cuisinière de Pishevâri, l'ex-tribun de la *République libre,* qui, au retour des Persans, avait manqué le gibet d'un cheveu. Parfois, il venait humblement chez elle s'asseoir dans un coin et flairer l'odeur de ses marmites. J'ignore s'il payait, mais il était servi. J'ignore s'il l'avait bien traitée au temps de sa puissance, mais les rapports mauvais ou bons lient les êtres, et pour toujours. Alors il restait là,

---

1.   Barde populaire arménien du XVIIIe dont les chansons sont
      toujours à la mode.

dans cette torpeur d'après la soupe, au chaud, le ventre plein — tellement plus réel que les fumées du Pouvoir — à écouter la clientèle brocarder le gouvernement ou fredonner, entre deux bouchées, quelques couplets subversifs que deux vieux policiers assis près de la porte notaient sans élan sur leur calepin.

Ces lazzis entretenaient une vieille querelle entre Tabriz et Téhéran. L'Université avait été fondée sous la « République » avec l'appui soviétique ; elle était progressiste. À leur retour, les Iraniens, craignant la turbulence des démocrates, avaient voulu fermer les facultés. Mais à Tabriz, les distractions ne sont pas si nombreuses qu'on y puisse encore supprimer l'instruction. Les étudiants avaient, dit-on, pris les armes, obtenu gain de cause, plus tard soutenu puis regretté Mossadegh, et exprimé leurs sentiments dans un répertoire trop vif pour être rapporté ici. Mansour, un des habitués, qui déjeunait souvent à notre table, nous en traduisait la fleur en argot de Montmartre. Fils d'un instituteur de Meched, Mansour s'était débrouillé pour obtenir un passeport, avait tenu trois ans à Paris et terminait sa médecine ici. Quand l'hiver lui pesait trop, ou le silence, il venait s'épancher chez nous. Son communisme (*made in France*) était débordé par la réalité qu'il retrouvait ici. Cette ville âpre et rétive ne collait manifestement pas avec la doctrine. Il était tout déconcerté. Il avait compté sur des opprimés modèles, révoltés, efficaces. C'était bien différent : ici, trop de mendiants lui faisaient l'insulte d'être insouciants malgré le froid, ironiques malgré la vérole, de lui tendre âprement la main comme s'il était semblable aux autres, et d'accepter les aubaines avec une joie obscène, d'où qu'elles fussent venues.

Dans notre petite chambre, il était plus à l'aise ; sa vindicte s'insérait mieux dans notre dialectique occidentale et il pouvait nous exposer longuement des théories auxquelles nous opposions quelques réfutations engourdies, préférant encore la politique à la chronique très réaliste de ses amours françaises, riche en détails saisissants qui donnaient le tournis. Les jours de verve, il parvenait même à concilier ces deux thèmes qui le sollicitaient également, et finissait par associer les coucheries de la Du Barry aux tares de la « plus-value », et la nymphomanie de la Grande Catherine à la fonction impériale. Nous qui ne voyions pas l'Iran transformé en kolkhoze, nous le chicanions sur ces raccourcis sommaires, son utopisme, la fragilité de ses démonstrations ; pour la forme. Parce qu'à ces « malajustements » près, son désarroi et sa révolte étaient légitimes. Beaucoup d'étudiants les partageaient, secrètement ; sous le régime Zahedi, ces opinions menaient tout droit en prison, et la prison iranienne n'est pas drôle, au mauvais bout du bâton. Le plus prudent pour eux, ç'aurait encore été de dormir, car la ville qui a la main lourde a le sommeil plus lourd encore, mais la jeunesse, si encouragée soit-elle, n'est hélas jamais parvenue à dormir tout le temps.

Thierry, qui était à court de toile et de couleurs depuis quelque temps déjà, reçut un avis de la poste l'informant que le matériel qu'il avait commandé en Suisse était enfin arrivé. Il se précipite au bureau, remplit des formules, signe des décharges, paie une taxe, va jusqu'à la douane et en revient, assiste au déballage de son colis. Tout y est — mais quand il fait mine de l'emporter, l'employé le lui retire vivement en expliquant que le directeur qui désire le lui remettre en mains propres s'est absenté pour quelques instants. En attendant, on l'installe dans un petit salon avec une chaufferette, du tabac, des raisins, du thé, et il s'endort. Une heure plus tard, il se réveille et va trouver notre ami, le Maître de Poste :

— Somme toute qu'est-ce que j'attends ?

— Notre Directeur… un homme délicieux.

— Et à quelle heure revient-il ?

— *Pharda* (demain) !

— ! (?) !

— Votre paquet… aujourd'hui vous l'aurez vu, et demain vous l'emporterez. Deux plaisirs au lieu d'un, conclut aimablement le vieux en le reconduisant jusqu'à la porte.

Pharda toujours invoqué. Pharda gonflé de promesses. Pharda, la vie sera meilleure…

Mars

L'hiver nous avait d'ailleurs enseigné la patience. Il pesait encore sur la ville mais, dans le sud, il commençait à lâcher prise. Là-bas, le vent chaud de Syrie qui sautait les montagnes faisait fondre la neige et grossissait les ruisseaux du Kurdistan. Certains soirs, dans cette direction, un fond de ciel jaunâtre et vagabond annonçait déjà le printemps.

J'avais justement trouvé à la bibliothèque un recueil de contes kurdes[1] dont la fraîcheur me transportait : un moineau — kurde évidemment — réplique en gonflant ses plumes au Grand Roi des Perses qui lui a manqué d'égards : *Je pisse sur la tombe de ton père* ; des Génies à oreilles d'âne, hauts comme une botte, sortent du sol en pleine nuit dans un grondement de tonnerre pour délivrer les plus étonnants messages. Et des combats singuliers à faire pâlir Turpin et Lancelot ! Chacun frappe à son tour, et le premier coup déchargé enterre jusqu'aux épaules l'adversaire qui se dégage, s'ébroue, et prend son élan pour rendre la pareille. Au cimeterre, à la massue, à l'épieu. Toute la contrée résonne ; une main s'envole par-ci, un nez par-là, et le ressentiment — mais aussi le plaisir de se dépenser ainsi — grandissent en conséquence.

Ces éclaircies au fond du ciel et cette littérature allègre nous donnaient bien envie d'aller voir ça de près. Ce fut toute une affaire d'obtenir les *djavass,* parce qu'en Kurdistan la situation était tendue. Les Kurdes sont iraniens de pure race et loyaux sujets de l'Empire, mais leur turbulence a toujours inquiété le pouvoir central. Voici dix-sept siècles déjà, l'Arsacide Artaban V écrivait à

---

1.   Recueillis par la mission Lescot, dans la région de Diarbékir.

son vassal révolté Ardeshir[1] : *Tu as dépassé la mesure, et t'es toi-même attiré ton mauvais destin, toi KURDE, élevé dans les tentes des Kurdes...* Depuis cet avertissement, ni les Arabes, ni même les Mongols n'ont pu déloger les bergers kurdes de ces hautes pâtures lyriques qui séparent l'Irak de l'Iran. Ils s'y sentent chez eux, entendent y mener les affaires à leur guise, et lorsqu'ils sont résolus à défendre leurs coutumes ou à vider une querelle à leur manière, la voix de Téhéran a du mal à dominer le bruit des carabines. Parfois même — à la mauvaise saison seulement — ils coupent un peu la route et rançonnent le trafic. Pour décourager ces initiatives, le Gouvernement maintient dans quelques bourgades limitrophes une soldatesque nombreuse et si rarement payée qu'elle en est bientôt réduite à piller les pillards. L'équilibre est ainsi rétabli et l'autorité affirmée au prix, toutefois, d'une certaine confusion que l'approche des élections, avec son cortège ordinaire d'intrigues, de pressions et de marchandages, ne pouvait qu'augmenter. Ce linge sale se lave en famille et le moment était mal choisi pour demander des laissez-passer, mais nous n'en avions pas d'autre. Ni l'état-major, ni la police n'étaient trop disposés à nous satisfaire, mais comme nous étions maintenant en bons termes avec la ville, chaque instance s'en remettait à l'autre du désagrément de nous opposer un refus. Pendant deux semaines, nous fîmes la navette d'un bureau à l'autre, prenant le thé avec des galonnés courtois, prêts à nous entretenir de tout sauf de notre affaire, vivant de promesses toujours remises que nous rappelions jour après jour avec une placidité qui nous coûtait beaucoup, assurant des interlocuteurs qui s'étaient déjà dédits à maintes reprises que leur bonne foi nous paraissait sans tache, usant nos nerfs et apprenant ce jeu ancien où le plus patient gagne. On nous laissa gagner.

La veille du départ, Paulus nous rendit visite. Il venait de faire la route, elle était propre jusqu'à Miandoab, inondée mais passable

---

1.   Fondateur de la dynastie sassanide. Cité par Altheim dans *Gesicht vom Abend und Morgen*, Fischer Bücherei.

au-delà. Sur cette portion, une jeep avait été attaquée le matin
même ; le chauffeur, qui ramenait du sud un chargement de contrebande, avait forcé le passage pour sauver sa mise, et atteint Tabriz
avec ses portières criblées et un poumon perforé. Paulus venait d'extraire la balle et de le tirer d'affaire. Selon lui, c'étaient des shi'ites
de Miandoab ou des déserteurs déguisés en Kurdes qui avaient fait
le coup.

— C'est facile de mettre un turban... sans compter qu'à cette
saison, les Kurdes ont d'autres choses en tête ; les troupeaux
commencent à sortir, la transhumance qui approche. C'est vrai
qu'ils sont durs et qu'ils se battent entre eux, mais il faut la disette
pour qu'ils s'en prennent aux voyageurs. On grossit ces histoires
pour leur faire du tort. Peut toujours arriver, *inch'Allah,* comme
ici, mais c'est l'exception. Emportez juste assez d'argent pour
vivre, mais pas d'armes surtout. Ils en ont trop besoin. Les armes,
ils aiment énormément, alors ils viennent à dix ou quinze pour
vous les prendre... et qu'est-ce que vous faites ? Vous pouvez rire
seulement !

Paulus avait raison. Cela n'a pas de sens d'aller en visite avec un
pistolet. Encore moins lorsqu'on sait mal s'en servir. Nous étions
partis pour voir le monde, pas pour lui tirer dessus.

Les turbans et les saules

ROUTE DE MIANDOAB

Des ravines profondes coupaient la chaussée ; la conduite était délicate, et six mois de vie sédentaire nous avaient rendus maladroits. On embourba plusieurs fois la voiture jusqu'au capot, et sans espoir d'en sortir par nous-mêmes. Le mieux, en pareil cas, c'est encore de s'asseoir sur ses talons en attendant qu'une charrette passe et de regarder le paysage. Il en valait la peine. Malgré l'humidité, la vue portait loin. Au nord, des vergers tachés de neige et plantés d'arbres griffus s'éloignaient à perte de vue vers Tabriz et l'hiver ; au fond du pays, la chaîne du Savalan tendait ses arêtes blanches et légères au-dessus du brouillard. À l'ouest, un désert de marécages nous séparait des eaux amères du lac d'Urmia. Au sud, dans la direction du printemps, les premiers épaulements du Kurdistan fumaient sous l'averse au bord d'une plaine sombre mouchetée de peupliers. Autour de nous, entre les plaques de neige, la terre travaillait, soupirait, rendait comme une éponge des milliers de filets d'eau qui la faisaient briller. Trop d'eau. Nous commencions à croiser des chameaux trempés jusqu'au ventre. Le niveau montait sur les gués ; il fallait se déshabiller et chercher dans un courant déjà fort le meilleur chemin pour la voiture.

ROUTE DE MAHABAD

Aucun brigand ; mais à plusieurs reprises, des groupes de six ou sept personnes pleines d'espoir nous arrêtèrent. Dans l'esprit des Kurdes, tout ce qui possède un moteur et quatre roues, c'est nécessairement l'autobus, et ils s'emploient à monter dedans. On a beau leur expliquer que le moteur est trop faible, que les ressorts vont casser... ils se récrient, vous claquent dans le dos, s'installent avec leurs paquets sur les ailes, les marchepieds, le pare-chocs, pour vous montrer comme ils seront bien, que l'inconfort ne leur pèse pas, qu'il ne s'agit après tout que de cinquante kilo-mètres... Lorsqu'on les fait descendre — avec ménagement car ils sont tous armés — ils pensent qu'il s'agit de négocier et sortent affa-blement un toman de leur ceinture. Ils ne pensent ni à la taille, ni à la capacité de la voiture, sorte de bourrique d'acier destinée à porter le plus possible et à mourir sous les coups. Pour nous : un adulte ou deux enfants, c'est le plus que nous puissions faire.

Aux abords de Mahabad, nous ramassâmes ainsi un vieillard crotté jusqu'aux fesses, qui brassait d'un bon pas la neige fondue et chantait à tue-tête. En s'installant sur le siège du passager, il tira de sa culotte une vieille pétoire qu'il confia poliment à Thierry. Ici, il n'est pas séant de conserver une arme en pénétrant chez quelqu'un. Puis il nous roula à chacun une grosse cigarette et se remit à chanter très joliment.

Moi, par-dessus tout, c'est la gaieté qui m'en impose.

MAHABAD

Maisons de torchis aux portes peintes en bleu, minarets, fumées des samovars et saules de la rivière : aux derniers jours de mars, Mahabad baigne dans le limon doré de l'avant-printemps. À travers l'étoupe noire des nuages, une lumière char-gée filtre sur les toits plats où les cigognes nidifient en claquant du bec. La rue principale n'est plus qu'une fondrière où défilent des shi'ites aux lugubres casquettes, des Zardoshti[1] coiffés de leur

---

1.   Sectateurs de Zardosh (Zoroastre) encore assez nombreux dans la région d'Urmia. Les Parsi de l'Inde sont leurs coreligionnaires.

calotte de feutre, des Kurdes enturbannés et trapus qui vocifèrent des couplets enroués et dévisagent l'étranger avec effronterie et chaleur. Ceux qui n'ont pas d'affaire plus pressante lui emboîtent résolument le pas, et le suivent à trois mètres, le buste un peu penché et les mains dans le dos — toujours dans le dos, parce que leurs pantalons n'ont pas de poches.

Ainsi escorté, on flâne à travers un pied de boue, dans la compagnie de ces regards intenses, buvant des thés aux échoppes, humant l'air vif et acquiesçant à tout… sauf à ces deux flics au visage ruiné, qui vous talonnent, anxieux de produire quelques lambeaux d'autorité, et font mine de disperser cette foule inoffensive en distribuant mollement des claques.

C'était le point noir à Mahabad : trop d'uniformes. Les tuniques bleu roi de la gendarmerie iranienne, et partout, de petits groupes de soldats dépenaillés qui traînaient avec des airs perdus et des têtes de mauvais rôdeurs. Leurs officiers se montraient moins ; bien par hasard, en se promenant le soir de l'arrivée, nous en surprîmes une douzaine qui palabraient à l'entrée d'un pont menacé par la crue. Ils s'interrompirent pour éplucher nos permis, nous enjoignirent sèchement de regagner la ville « avant que les Kurdes nous détroussent », et reprirent leur débat. Ils criaient pour s'entendre par-dessus le fracas de la rivière, chacun à son tour, pendant qu'un planton inscrivait des noms et des chiffres dans son calepin. Il nous fallut un moment pour comprendre qu'il notait des paris sur le point de savoir si, oui ou non, le pont s'effondrerait. C'était oui.

Il n'y avait pas de détrousseurs kurdes à Mahabad, des mécontents seulement, que l'armée se chargeait de faire taire. Mais les histoires de bandits fournissaient un prétexte commode au maintien d'une garnison importante ; les officiels les colportaient donc avec complaisance et les étayaient au besoin par quelques arrestations arbitraires. Les Kurdes supportaient d'autant plus mal cette occupation déguisée que l'armée avait laissé ici de mauvais souvenirs. En 1948, la liquidation de la petite *République kurde de*

Mahabad[1] s'était opérée sans douceur : les autonomistes kurdes dont les prétentions étaient pourtant modestes avaient été décimés, et leur chef, Qâzi Mohammed, pendu haut et court malgré les assurances les plus solennelles. Les gens de Mahabad fleurissaient fidèlement sa tombe et regardaient passer la troupe d'un œil qui ne promettait rien de bon.

Le patron de l'*Hôtel Ghilan,* ex-ministre des transports, s'en était mieux tiré que le malheureux Qâzi. Condamné à mort par les Persans, il avait obtenu sa grâce de justesse en échange de plusieurs villages, et retrouvé à soixante-dix ans la saveur de la vie avec un entrain attentif qui illuminait son auberge. C'était une bâtisse aux murs épais d'une toise, aux solives énormes dont les interstices bourrés de paille abritaient des nichées d'hirondelles et de martinets. Deux lits de fer peints d'un bleu céleste, une table de cuisine et un tapis kurde aux couleurs passées meublaient la chambre où nous revenions le soir, trempés jusqu'aux os. Pendant que nos frusques séchaient en fumant sur le brasero, enveloppés de couvertures, nous jouions au tric-trac dans la lumière d'apocalypse qui montait de la rue inondée. Le patron, qui nous portait à dîner, nous rejoignait pour surveiller la partie, nous reprendre, ou nous signifier, par une bourrade discrète, que nous négligions une des innombrables fourberies qui font le sel d'un jeu si simple en apparence.

Un conteur kurde du Bazar venait aussi partager nos repas. Il connaissait quantité de légendes et de mélopées pastorales que nous enregistrions. Il chantait comme un forcené, avec une sorte de gaieté opiniâtre qui ameutait tout l'étage. Nos voisins de palier frappaient l'un après l'autre à notre porte et s'installaient en rang sur les lits pour l'écouter. C'étaient des arbabs des bords du lac d'Urmia, corpulents, musclés, vifs comme des belettes, qui avaient laissé leurs domaines sous bonne garde, et rallié Mahabad pour suivre de plus près les tractations préélectorales. Excepté le turban

---

1.   Contemporaine et jumelle de la *République démocratique de l'Azerbaïdjan* et qui connut le même sort.

d'étoffe sombre dont les franges pendent sur les yeux, la large ceinture de cotonnade et le poignard kurde, ils étaient vêtus à l'occidentale : solides barons du xve siècle en complets de drap anglais,
parfaitement à l'aise dans cette chambre étrangère, qui nous exami-
naient, nous et notre bagage, avec ce regard appuyé si particulier
aux Kurdes, nous tendaient leur tabatière guillochée, ou faisaient
sonner en souriant contre leur oreille les oignons d'or massif qu'ils
tiraient de leur gousset.

— *May I come in ?*

Le capitaine de la police entrait sans attendre la réponse. La voix
suave, les yeux bridés, les crocs découverts par un sourire patelin. Il déposait sur la table son revolver et sa casquette ruisselante,
saluait la compagnie et s'enquérait de l'emploi de notre journée
avec une bonhomie qui masquait mal sa contrariété de trouver
tant de Kurdes réunis chez nous. Il était persuadé que notre igno-
rance du persan était simulée, que nous étions ici pour intriguer, et
s'en voulait de n'être pas arrivé à temps pour tout entendre. Il faut
dire que des influences nombreuses s'exerçaient ici en sous-main :
anglaises, russes, américaines, séparatistes kurdes, sans compter
la police et l'armée qui ne poursuivaient pas les mêmes objectifs.
Chacun appartenait à une faction, il importait de savoir à laquelle,
et le capitaine, nouveau venu dans la ville, avait du mal à se tenir
à jour. Muté ici pour remplacer le directeur de la prison locale que
ses pensionnaires, à force de plaintes et de lettres anonymes, étaient
parvenus à faire révoquer, il assumait sans entrain ses fonctions
de garde-chiourme et multipliait les prévenances pour se les faire
pardonner. Par désœuvrement, par amitié, par méfiance, il nous
rendait constamment visite, insistait pour nous accompagner dans
nos randonnées et se hasardait même à critiquer le régime pour
nous engager à nous découvrir. Cette surveillance continuelle nous
irritait, mais il faisait son métier avec trop d'adresse pour qu'on pût
lui fermer la porte au nez. En outre, il parlait bien l'anglais, nous
rapportait fidèlement les propos les plus virulents de nos invités et
traduisait à mesure les couplets du conteur :

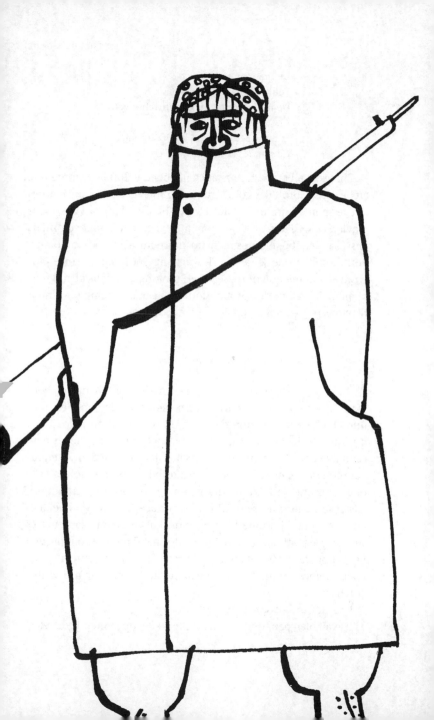

> La pluie tombe
> Tout est nuageux et pluvieux
> Fleurs du printemps que cherchez-vous ?
> ...
> Et toute cette eau qui tombe et tombe
> Ce sont les larmes de mes yeux...

Chanson bien de circonstance : l'auberge flottait comme une arche dans le bruit des gouttières, et la pluie incessante qui emportait les ponts l'un après l'autre nous bloqua dans la ville. Nous n'avions plus d'argent. Le patron du *Ghilan* nous aurait volontiers laissé la chambre et fait crédit sur notre mine, mais le capitaine, dont la sollicitude se faisait plus nerveuse et la surveillance plus étroite à mesure que notre séjour se prolongeait, nous offrit l'hospitalité à la prison. Une proposition affable mais péremptoire ; nous n'avions pas le choix.

Prison de Mahabad

À travers les barreaux, le petit jour touchait d'abord la tunique à boutons de cuivre accrochée contre le mur bleu, puis une affiche aux couleurs de l'Iran où figuraient en médaillons quelques policiers méritants mais défunts, enfin, la silhouette du capitaine en pyjama qui se gargarisait interminablement. Étendus par terre dans nos sacs, nous le regardions d'un œil morose faire une douzaine de flexions des genoux, *re-es-pi-rer* en comptant, passer son uniforme, se sourire dans la glace et s'envoyer quelques bonnes tapes d'homme bien portant. Puis il ouvrait les fenêtres sur l'averse matinale, allumait un bâtonnet d'encens pour purifier l'atmosphère et s'installait à son bureau en frottant lentement ses mains velues comme pour convaincre un interlocuteur invisible et réticent.

Pourrions-nous sortir aujourd'hui ?

Il avait bien peur que non... la ville était trop remuante, les élections... nous serions molestés et il était responsable... d'ailleurs, il voulait précisément nous faire partager son déjeuner : des pousses de joubarbes au beurre noir, une spécialité kurde qu'il allait faire préparer tout exprès. Il sonnait le flic de service qui entrait d'un pas traînant, saluait en dissimulant dans sa main gauche le tricot auquel il consacrait ses heures de garde, et repartait vers le Bazar un cabas à la main.

— Excellent, la joubarbe, ajoutait le capitaine en inspirant avec force... fait uriner, fortifie l'intestin. Suivaient une série de conseils diététiques. Les bonnes digestions, l'alimentation bien comprise ; c'était sa marotte, à cet homme-là. Certes la santé est une belle chose ; mais s'en voir infliger chaque matin la démonstration ! nous nous tournions contre le mur pour sommeiller encore un coup ; après tout, les prisons sont faites pour dormir et celle-ci nous offrait nos premières vacances.

Vers les neuf heures elle s'animait. On entendait bâiller et chantonner dans les cellules. Le gamin de la gargote voisine apportait sur sa tête le thé des sentinelles ; puis le barbier venait, son cuir à aiguiser sur l'épaule, faire la tournée des détenus. Des plaignants aussi, qui nous enjambaient pour gagner le bureau du capitaine : parents de prisonniers d'une humilité pitoyable, contrebandiers professionnels, mollahs campagnards qui laissaient leur âne à la porte et allaient, pliés par les courbettes, intercéder pour une de leurs ouailles. Les yeux mi-clos, du niveau du sol, nous observions ce défilé.

Un matin, deux babouches crottées qui passaient à toucher mon nez, et une voix de femme, forte et déchirée, me réveillèrent en sursaut. C'était une fille de joie, souple et râblée, un pied de fard sur la figure. Elle parlait l'azéri et j'en comprenais maintenant assez pour saisir qu'elle se plaignait au capitaine de militaires qui jouissaient d'elle et ne la payaient pas.

— C'est l'armée, répondit-il, je n'y suis pour rien. Ne va plus avec les soldats, va avec mes gendarmes, s'ils peuvent encore, et tu reviendras te plaindre.

Il lui tendit une cigarette et lui fit servir du thé. Elle s'assit de coin sur une table, drapée dans son tchador à fleurettes, et tout en tirant des bouffées, continua de quereller le capitaine avec enjouement. Elle n'avait pas peur ; c'était clair. La peur, on la reconnaît tout de suite à un certain tassement de la voix et du regard. Elle, au contraire, parlait sans arrêt en balançant sa chaussure cloutée : des quolibets, des doléances, des ragots du Bazar ; parlait avec une vitalité âpre, fantastique, s'interrompant seulement pour éclater de rire ou nous adresser quelques rauques agaceries. Elle avait les chevilles couvertes de terre, des yeux meurtris et magnifiques, des traces de morsures autour de la bouche. Ça ne l'empêchait pas d'être un fleuve à elle toute seule : boueux, profond, puissant. L'index levé, elle menaça encore en plaisantant le capitaine et disparut aussi soudainement qu'elle était entrée. Il s'amusait beaucoup : « Elle veut retourner pour quelque temps à la campagne... elle fait aussi les villages, vous savez, comme un colporteur, à pied, avec ses parfums dans une besace, et un bâton ferré. »

Ces vies atroces, humiliées et pourtant tellement fortes. J'aurais dû sortir de mon sac et aller embrasser cette commère, mais pour le coup, la sentinelle qui gardait la porte, la main en pavillon contre l'oreille pour ne pas perdre une seule de ses répliques, n'y aurait plus rien compris.

Notre statut d'hôte-prisonnier n'était pas exactement défini. L'après-midi nous pouvions sortir dans la ville, entre deux gendarmes chargés de nous ramener : deux vieux chaperons aux moustaches café au lait, au souffle court, qui nous hélaient piteusement quand nous forcions l'allure. Nous n'avions rien contre eux, mais leur présence nous faisait mal juger, sans compter qu'il est peu civil de s'entourer de gendarmes au milieu de gens parfaitement débonnaires. Le seul moyen de s'en défaire pour de bon était de s'enfoncer dans le Bazar où, pour avoir commis quelques modestes exactions — à la mesure de leur importance — ils ne se risquaient pas volontiers. Ils s'installaient donc à la lisière de cette zone dangereuse, chez un marchand de thé où nous les reprenions au retour pour leur éviter une réprimande.

Petit bazar allègrement chahuté par le vent. Des échoppes ouvertes sur la boue rutilante, des buffles aux yeux cernés vautrés dans les flaques, des tentures fouettées par l'averse, des chameaux, le front couvert de perles bleues contre le mauvais œil, des ballots de tapis, des barils de riz, de lentilles, ou de poudre à fusil, et sur chaque auvent, le blanc remue-ménage des cigognes. Au milieu de ce bestiaire, les boutiquiers shi'ites calculent à toute allure sur leur boulier d'ébène ; les muletiers font ferrer leurs bêtes dans les étincelles et l'odeur de corne brûlée, ou les chargent — sans trop de mystère — de contrebande destinée aux « pays » du Kurdistan irakien[1]. Sans s'attarder non plus, parce que le chômage saisonnier et la proximité d'une frontière incontrôlable stimulent vivement la concurrence. Beaucoup d'enfants aussi, qui s'étourdissent à brailler des comptines ou à danser des rondes dont les spectateurs — de grands sérieux patibulaires — se placent *à l'intérieur* du cercle. On est d'avis ici que pour regarder convenablement une ronde il faut se mettre dedans. Il y a ainsi une manière kurde pour toute chose, et dans cette manière une espèce de cocasserie fraternelle qui vous perce le cœur.

Le soir venu, le capitaine, qui n'était pas trop sûr de son droit à nous confiner ainsi, invitait, pour nous entretenir, l'élite de ses prisonniers. Il les traitait avec douceur, moitié par humanité véritable, moitié par crainte d'un coup de fusil familial. Il faut des deux pour faire le monde. C'est ainsi que nous rencontrâmes Hassan Mermokri. Sa couverture de cellule sur l'épaule, il entrait derrière le planton, saluait avec une nonchalance suprême et secouait en souriant sa longue tignasse quand le capitaine lui

---

1. Il y a deux millions de Kurdes en Irak.

disait comme chaque soir : *Hassan... salmoni tchâi dar chin...* —
tu aurais besoin du coiffeur[1]. Tête nue, un pantalon en loques
serré aux chevilles sur ces chaussons aux couleurs criardes que les
bergers tricotent en paissant leurs troupeaux, la chemise à longues
manchettes fendues qui pendent sous le poignet, et la sombre
tunique à col russe des Kurdes de la plaine. Mais sa connaissance du
persan, et le stylo qui dépassait de sa poche de poitrine démentaient
ces hardes rustiques[2]. C'était un jeune arbab de la région de Rézaïé.
À l'âge de seize ans, au cours d'une querelle, il avait poignardé un
oncle qui le menaçait. Ces choses arrivent ; les témoins étaient pour
lui, il n'avait pas été inquiété. Mais, quatre ans plus tard, un cousin
qui convoitait la rente de ses villages était parvenu, à force d'intrigues et de pots-de-vin, à le faire inculper. Trop jeune au moment de
l'affaire pour encourir la peine de mort, Hassan avait été condamné
à cent ans de prison — la perpétuité, qui n'appartient qu'à Dieu,
n'existe pas en droit pénal iranien. Il était ici depuis dix ans, et
avait fait vœu de ne pas couper ses cheveux avant d'en être sorti. À
chaque mouvement de tête, l'épaisse crinière qui coulait jusqu'à la
taille masquait ses yeux verts. Tout en chauffant ses paumes contre
le verre de thé, il racontait d'une voix sourde, assez lentement pour
que le capitaine pût traduire à mesure.

Hassan appartenait au clan des Kurdes *Targuar* dont les pâtures
s'étendent au sud-ouest de Rézaïé jusqu'aux montagnes de la frontière turque. Sa famille de petite noblesse avait toujours fidèlement
servi l'Iran, non sans prendre certaines libertés : un de ses ancêtres
avait ainsi enlevé la fille d'un empereur séfévide et péri dans l'aventure avec son amoureuse ; un autre, par contre, avait reçu de Shah
Abbas une main d'or fin pesant trois livres pour remplacer celle
qu'il avait perdue en combattant les Ottomans ; et bien d'autres

---

1. Littéralement : *d'un thé chez le coiffeur*, qui en offre pour faire
    patienter sa clientèle.
2. Les paysans ne parlent que le kurde, langue iranienne très voisine
    du pehlvi de l'époque parthe, et enseignée dans les universités de
    Paris, Londres et Leningrad.

encore, qui avaient brûlé leur poudre pour quelques moutons, pour trois plants de mûrier, pour un filet d'eau gros comme le bras à travers ces riches vergers d'Urmia où les abricots, les noix, les melons et la vigne viennent comme par enchantement.

— Rézaïé... c'est Canaan, ajoutait la voix stridente du capitaine qui trouvait qu'on l'oubliait un peu — il ne vous ment pas... d'ailleurs c'est un bon garçon, docile et qui suit mes conseils, il m'aime... il me vénère, je lui prête même mes livres. Avez-vous jamais vu un geôlier comme moi ?

Je n'avais jamais vu un prisonnier comme Hassan : il acceptait ses infortunes avec un fatalisme placide ; la pensée même du cousin félon ne lui faisait pas perdre son calme : un mauvais élément, sans plus, comme on en trouve forcément dans ces familles kurdes qui sont vastes et ramifiées. Il aurait dû se défaire du cousin plutôt que de l'oncle. Il se reprochait de n'avoir pas été assez perspicace, et pensait payer pour sa négligence. En fait, il avait surtout péché par anachronisme parce que ce folklore du talion, de la vendetta et des fèdes familiales, qui avait si longtemps ensanglanté le Kurdistan, commençait à passer de mode. Les incidents devenaient rares et faisaient parler d'eux. On racontait encore ici celui qui s'était produit, trois ans auparavant, dans la vallée de Bukan : les hommes de deux familles rivales s'étaient réunis au complet dans une maison du village, avec leurs mollahs respectifs, pour aplanir un litige qui les opposait depuis plusieurs générations. Pendant tout l'après-midi, les parties avaient banqueté, fumé, parlementé sans dire un mot plus haut que l'autre et sans trouver d'accommodement. On avait alors fait sortir les prêtres et les moins-de-quinze-ans, verrouillé portes et fenêtres, allumé le quinquet de façon à reconnaître les visages, et vidé la querelle au poignard. Six survivants sur trente-cinq convives. Les deux familles, équitablement décimées, s'étaient bientôt fait voler des troupeaux qu'elles ne pouvaient plus surveiller, la leçon avait porté, et les Kurdes de la vallée qui savent faire la part des choses s'étaient convertis à des procédures moins radicales.

La nuit s'épaississait autour de la prison. Derrière le bruit de la pluie, on entendait monter celui de la rivière. Hassan qui venait de nous indiquer sur la carte l'emplacement des principaux clans du pays, posait maintenant avec insistance une question qui semblait l'égayer beaucoup. Nous ne comprenions pas.

— C'est une énigme, faisait en bâillant le capitaine qui s'était mis au lit, un *château-blanc-sans-porte*, qu'est-ce que c'est ? un *château-blanc*...

Je la retournai sans succès dans ma tête, mais pour la réponse il faudrait attendre, car notre hôte s'était endormi, laissant à Hassan le soin de regagner sa cellule.

C'est une erreur de dire que l'argent roule ; il monte. Monte par inclination naturelle, comme le fumet des viandes sacrifiées jusqu'aux narines des puissants. L'Iran n'a évidemment pas le monopole de cette propriété universelle, mais à la prison de Mahabad, elle se manifestait dans toute sa candeur. Ainsi, pour devenir gendarme, le zèle ne suffit pas ; il faut mériter cette distinction en offrant quatre cents tomans au lieutenant de police qui n'en profite guère, puisqu'il en remet le double au colonel pour mériter la sienne. À son tour, le colonel serait bien léger d'oublier tout ce qu'il doit au commandant de la province, qui a lui-même nombre d'obligations à Téhéran. Cet usage n'a rien d'officiel ; les plus pointilleux le déplorent et les plus stoïques s'en abstiennent, mais l'insuffisance des traitements en fait une nécessité et il est difficile de s'y soustraire sans court-circuiter tout le système et s'attirer la malveillance par son ostentation. En fait, il prévaut généralement, l'argent poursuit allègrement son ascension et, comme tout ce qui a été élevé doit un jour redescendre, finit par retomber en pluie bienfaisante sur les banques suisses, les champs de courses, ou les casinos de la Riviera.

Pour un simple gendarme, quatre cents tomans, c'est une somme ! Il n'a pu la réunir qu'en s'endettant jusqu'au cou, et doit en outre payer son uniforme. Son salaire lui permet tout juste de subsister, les services qu'il peut rendre aux prisonniers ne lui rapportent qu'une misère et, comme il est assis tout en bas de l'échelle, il n'y a guère que sur le paysan qu'il puisse se rembourser, en marchandant sa protection ou en distribuant des amendes au gré de sa fantaisie et de son ingéniosité. À cet égard, la casquette et la matraque offrent des facilités. Quant au paysan — un des plus fins du monde lorsqu'on le laisse souffler un peu — il ne peut s'en prendre à personne qu'à son âne, ou qu'au Ciel qui ne répond pas.

Fin d'après-midi. Pluie. Nous nous morfondions. Par la fenêtre ouverte on entendait le pas mou des chameaux dans la boue, et le convoyeur qui chantait, tordant sa voix comme une éponge : une phrase, une pause, une grande gueulée sauvage…

— Qu'est-ce qui le fait hurler si fort ?

— Il anticipe un peu, répondit en riant le capitaine, écoutez ce que ça donne :

> … partout du sainfoin, des tulipes sauvages
> c'est fou… le soleil brille
> et l'odeur des lilas me tourne la tête.

Comme les vizirs des contes arabes, je me sentis fondre de plaisir. C'étaient bien les Kurdes ! ce défi, cette gaieté remuante, cette espèce de levain céleste qui les travaille tout le temps. Toutes les occasions de se divertir sont bonnes ; les gens de Mahabad n'en négligeaient aucune, et il faut convenir que les élections qui venaient de commencer en fournissaient d'incomparables. Dans une histoire qui faisait pâmer toutes les boutiques de la ville, un mollah apostrophe deux paysans prosternés devant l'urne aux bulletins : « Pourquoi adorez-vous cette boîte, mécréants ? » — « Vénéré Mollah, elle vient de faire un miracle : tout le village a mis Kassem dedans et c'est Youssouf qui en est sorti. »

Et une tempête de rires balayait la politique et ses turpitudes.

La saison aussi était pour quelque chose dans ces dispositions badines ; l'inondation, le crachin, les bourrasques promettaient pour bientôt de beaux herbages, et la griserie printanière qui soulevait la ville pénétrait jusqu'à la prison. Calembours, bouts de refrains, paillardises volaient de cellule en cellule. C'étaient pourtant de pauvres bougres qui, sous l'ancien directeur, avaient été rossés, bâtonnés, tourmentés de toutes les manières. Bleus, fractures, brûlures à l'acide : lamentable inventaire. Dans le coffre noir peint de guirlandes de roses où il rangeait ses affaires personnelles, le capitaine conservait à ce sujet un rapport si accablant pour son prédécesseur qu'il hésitait encore à le transmettre. On le voyait parfois sortir cette liasse, la caresser rêveusement, la remettre en place et aller faire la causette à ses pensionnaires en leur distribuant des cigarettes, des pois chiches et de la teinture d'arnica. C'était le parti le plus sage.

Ce même coffret contenait encore, dissimulé sous des paperasses, un livre relié en noir qu'il me tendit un jour avec un peu d'embarras. Une Bible anglaise. Il la tenait d'un condamné avec lequel il s'était lié autrefois dans la petite prison qu'il dirigeait alors à l'autre bout du pays ; un chrétien assyrien[1] qui lui avait dit, la veille de son exécution : « J'ai à faire ce soir en ville, laisse-moi sortir et je m'engage sur ce Livre à revenir demain. » — « Va, avait répondu le capitaine, mais si tu n'es pas là pour te faire pendre c'est moi qui serai pendu. » C'était bien loin d'être vrai, il risquait tout au plus d'y laisser quelques mois de sa solde ; tout de même, il n'avait pas fermé l'œil. L'homme était revenu à temps, et avait laissé sa Bible au capitaine. C'est au moins ce qu'il racontait, et avec complaisance. Les choses s'étaient-elles bien passées ainsi ? le capitaine avait-il inventé cette fable et l'ombre de ce « parfait » pour habiter une

---

1.   Descendants des dernières communautés qui après la chute de l'Empire d'Assyrie trouvèrent refuge dans le nord de l'Azerbaïdjan. Ils sont pour la plupart chrétiens monophysites.

vie trop solitaire ? Peu importait ; c'était vraisemblable. Les journaux de Téhéran regorgent de ce genre d'histoires. En Iran rien
n'est impossible ; l'âme a beaucoup de latitude pour le meilleur
comme pour le pire, et il faut compter avec cette éperdue nostalgie
de perfection, toujours présente, qui peut porter les plus insouciants aux résolutions les plus extrêmes.

            La crue et les pluies, qui avaient déjà fait deux mille
sans-abri dans la ville, emportèrent, avec bien d'autres choses, l'enceinte ouest de la prison. Plusieurs cellules étaient béantes, et le
capitaine avait placé des sentinelles sur le toit pour empêcher leurs
occupants de s'enfuir. Nous les entendions maintenant aller et
venir sur nos têtes, entre les nids de cigognes, bâillant et battant
le briquet. La nuit était tombée. Le capitaine tripotait sa radio pour
accrocher Bakou ; Thierry dessinait sous l'ampoule nue suspendue à son fil ; je feuilletais la Bible de l'Assyrien et le temps ne me
durait pas. L'envie de rester coincé ici assez pour lire ce livre atten-
tivement, de bout en bout, et voir éclore ce prodigieux printemps,
m'effleura même une ou deux fois. L'Ancien Testament surtout,
avec ses prophéties tonnantes, son amertume, ses saisons lyriques,
ses querelles de puits, de tentes, de bétail, et ses généalogies qui
tombent comme grêle, était à sa place ici. Quant aux Évangiles, ils
retrouvaient dans ce contexte la vertigineuse témérité dont nous
les avons si bien dépouillés, mais la Charité avait du mal à s'incarner, et l'oubli des offenses restait décemment dans l'ombre. Il n'y
avait guère que les comparses : centurions, publicains, ou Marie-
Madeleine, à se détacher nettement. Et le Golgotha, inéluctable.
Tendre la joue gauche à qui frappe la droite n'est pas l'usage à
Mahabad où pareille méthode ne peut mener qu'à une fin misérable. Si le Christ revenait ici, certainement, comme en Galilée, les
vieillards garniraient la fourche des arbres pour le regarder passer,
parce que les Kurdes ont le respect du courage... puis les ennuis
surgiraient sans tarder. Il en irait d'ailleurs partout de même : recru-

cifié, et promptement. Peut-être, dans nos pays raisonnables qui
redoutent autant les martyrs que les prophètes, se contenterait-on
de l'enfermer ; peut-être même tolérerait-on qu'il subsiste, parlant
dans les jardins publics ou publiant à grand-peine et dans l'indifférence un tout petit journal.

MANGOUR

L'eau montait toujours et les maisons riveraines
s'éboulaient l'une après l'autre. La prison menaçait ruine et plus
personne ne s'y souciait de nous. On en profita pour s'esquiver
à l'aube et remonter la vallée vers le sud, jusqu'au territoire des
Mangour qui sont, de tous les Kurdes, les plus coriaces, les plus
malpropres et les plus facétieux. Le chanteur du *Ghilan* nous
accompagnait. Pour éviter les postes militaires il avait coupé droit
à travers les collines, grimpait vite et sans s'arrêter. Nous traversions d'immenses pâtures gorgées d'eau, qui cédaient en chuintant sous le pied. Le soleil levant allumait les névés, et faisait briller dans notre dos les nappes limoneuses qui entouraient la ville.
Excepté la tache mouvante d'un cavalier qui suivait les crêtes en
avant de nous, la montagne était déserte. L'air sentait bon et la
journée promettait d'être belle.

En fin de matinée, nous aperçûmes contre le ciel le hameau de
Beitas : une douzaine de bicoques perchées sur un éperon, autour
d'un fortin de terre battue qui commandait la vallée. Du plus haut
toit du village, une silhouette trapue suivait notre approche à la
jumelle. Lorsqu'on atteignit le pied du piton, le guetteur quitta
son perchoir et dégringola le sentier à notre rencontre. À vingt
mètres de nous il s'arrêta, le coude en abat-jour au-dessus des yeux,
salua d'une voix rauque et nous fit signe d'approcher. C'était l'arbab ; un vieillard plus large que haut, noir vêtu et crotté jusqu'aux
oreilles. L'index et le majeur manquaient à sa main gauche et le
trachome lui avait bouffé un œil, mais l'autre nous fixait, étince-

lant de gaieté. Deux lévriers noirs, fous d'excitation, dansaient autour de lui.

Lorsqu'on a affaire aux Kurdes : ne jamais détourner son regard. Ils ont besoin de ce contact. Le regard, c'est leur manière de peser l'interlocuteur et de trouver le joint. En parlant, ils ne le quittent pas des yeux et entendent qu'il en fasse autant. Ne pas davantage user de la main gauche pour saluer, offrir, ou recevoir : c'est la main impure qui sert à se moucher et à se torcher[1]. On tendit donc la droite en dévisageant sans mot dire, puis l'arbab nous frappa sur l'épaule et nous emmena déjeuner chez lui.

Le poignard est un frère, le fusil, un cousin dit un proverbe kurde. Dans l'unique chambre qui constituait son castel, l'arbab avait de quoi se sentir en famille : il portait à la ceinture un *frère* d'une coudée au moins, quant aux *cousins,* ils tapissaient une niche creusée entre deux meurtrières au-dessus du samovar : une carabine à lunette, quatre fusils *Brno* amoureusement astiqués, plusieurs *parabellum* aux gâchettes polies par l'usage, et les jumelles d'artillerie qu'il venait de remettre à leur place. Cet arsenal était son seul luxe ; son village était pauvre, ses gamins loqueteux, et sa table frugale : un plat de riz arrosé de thé clair, une écuelle de yaourt visité par les mouches et une bouteille de vin de Rézaïé à laquelle, en bon musulman, il refusa de toucher. Mais ce peu, il l'offrait avec grâce. Même le vin, puisqu'il est dans notre religion tout comme il est hors de la sienne. Fanatiques, les Mangour l'étaient d'ailleurs si peu qu'ils traçaient encore la Croix sur leurs galettes en souvenir d'un service que les Arméniens leur avaient rendu voici quatre générations.

Si l'arbab pensait du bien des chrétiens d'Iran, il en pensait moins de Mossadegh dont les déclarations sur la propriété du sol avaient valu au Kurdistan ses premières « jacqueries ». Au printemps 1953, à la suite d'un discours qui promettait *la terre d'Iran*

---

1. Au Moyen-Orient, une grande cruche est le seul accessoire des toilettes.

au peuple d'Iran, les paysans kurdes, dont le régime de tenures est quasi féodal, avaient empoigné leurs fléaux et leurs fourches pour faire reconnaître leurs droits. Les patrons avaient décroché leurs carabines ; on en était venu aux mains. Dans la région de Bukan, les escarmouches avaient fait une cinquantaine de morts. Les arbabs avaient même cloué quelques meneurs par l'oreille à la porte de leurs fermes, puis, s'étant avisés que Téhéran attisait leurs discordes et que l'armée en prenait prétexte pour s'installer chez eux, les avaient délivrés le lendemain d'un coup de pied dans les fesses et leur avaient offert une bonne paix qui, depuis, n'avait plus été rompue. Persuadés d'avoir été joués par Mossadegh, les Kurdes étaient favorables au coup d'État du général Zahedi et avaient contribué à son succès en massant plusieurs milliers de cavaliers en Sud-Kurdistan pour tenir en respect la puissante tribu des Qasqâi, hostile à la couronne. En principe, les rapports avec la monarchie étaient donc excellents et l'arbab portait sur sa tunique déchirée deux décorations, épinglées par le Shah en personne, mais, à l'échelon local, il en allait tout autrement à cause de la conduite des troupes cantonnées à Mahabad. L'arbab ne voulait pas d'uniformes dans sa vallée, et les soldats ne s'y aventuraient d'ailleurs pas.

Les voyageurs, c'est différent ; l'hospitalité les protège, et ils divertissent. D'autant plus qu'avec la réputation qu'on leur faisait en plaine, le gens de Beitas n'avaient pas souvent de visites. L'arbab nous interrogeait, la bouche pleine, en répandant une pluie de riz autour de lui. Le chanteur traduisait du kurde en persan, nous comprenions un mot sur six, mais c'était un mime inventif et la conversation allait bon train. Quand les gestes nous faisaient défaut, Thierry dessinait de la pointe du couteau au dos des écuelles de fer-blanc : notre route depuis Erzerum, la voiture, les barreaux de la prison. L'arbab s'égayait beaucoup de ces graffitis et applaudissait même pour montrer qu'il avait compris. La prison surtout l'amusait… excellent ! la prison. Il nous envoyait dans le dos des claques à décoller la plèvre, et prenait du bon temps.

Il faisait bien, car sa vallée n'avait pas grand-chose d'autre à offrir : un verger rougi par les bourgeons, quatre chameaux dans un enclos d'épines, un troupeau de buffles qui paissait contre le flanc ensoleillé d'une montagne, une portée de lévriers, quelques chèvres à long poil et un âne, borgne comme lui. Sans oublier *hadji lak-lak*[1] la cigogne, l'oiseau porte-bonheur qui venait nidifier chaque année sur le toit du fortin. Sous le village, le torrent cascadait entre les saules, les noisetiers, les peupliers d'Asie. D'où nous étions assis, nous pouvions voir un couple d'échassiers gris, parfaitement immobiles, guetter le poisson au milieu du courant. De temps en temps, l'arbab laissait dégringoler une pierre pour troubler leur quiétude, lâchait un rot sonore ou soupirait d'aise. Il faisait doux. La montagne était silencieuse. Chatons de mars, écorce tendre, branchures neuves, petits bosquets rédempteurs aux couleurs de vannerie : un maigre Éden mais l'Éden tout de même.

Au besoin, l'arbab arrondissait son budget en rançonnant les contrebandiers de la plaine qui empruntaient sa vallée pour gagner les bazars irakiens de Kirkuk ou de Mossoul avec leurs chargements de tapis, d'opium ou de vodka de la Caspienne, et en revenir avec des armes, des tissus et des cigarettes anglaises. Excellent circuit, aussi longtemps que les gens de Beitas ne s'en mêlaient pas. Ils s'en mêlaient pourtant ; après tout, c'était leur territoire qu'on traversait ainsi de nuit et sans crier gare. Lorsqu'ils avaient le dessus, les Mangour conservaient pour eux l'argent, les armes et les bêtes de somme ; quant à l'opium que les Kurdes prisent modérément, ils le revendaient par intermédiaires à la garnison de Mahabad qu'ils étaient trop heureux d'endormir de la sorte. Mais, avec des contrebandiers armés et sur leurs gardes, ces entreprises n'allaient pas toujours sans anicroches : l'arbab y avait déjà laissé deux doigts et un fils, sans renoncer pour si peu à faire valoir ses droits.

Un passage devait être attendu pour la nuit même, parce qu'en rentrant de promenade, nous trouvâmes plusieurs chevaux sellés

---

1.   Le pèlerin *lak-lak* : l'onomatopée imite les claquements de bec.

devant la porte, et le fortin bondé de colosses très en verve qui s'affairaient à remplir des chargeurs et graisser des culasses. Des parents obligeants, venus du village le plus proche donner un coup de main. On aurait dit qu'ils s'apprêtaient pour une noce et j'aurais donné cher pour comprendre les plaisanteries qui fusaient dans tous les coins. Vers quatre heures de l'après-midi, nous laissâmes la famille à ses préparatifs pour nous remettre en route. L'arbab nous accompagna jusqu'à la rivière ; il n'y avait qu'à suivre le courant pour retrouver Mahabad. À mi-chemin de la descente, on s'y lava les pieds en regardant la nuit gagner sur ces versants tachés de neige qui sentaient le fenouil et l'anis.

Mahabad

Nous prenions congé du capitaine qui ne voulait pas prendre congé de nous. Les élections étaient terminées, nous n'avions dévalisé personne ; il n'avait plus aucun motif d'imposer son « hospitalité ». Mais d'une part, il manquait de compagnie, de l'autre, il restait persuadé que nous lui cachions les véritables raisons de notre passage et aurait voulu nous retenir assez pour tirer la chose au clair. Il faisait durer les adieux et téléphonait dans toutes les directions pour nous prouver que les routes vers le nord étaient impraticables. Non sans peine : du côté de Rézaïé, la ligne avait été emportée en même temps que le pont ; avec Miandoab, il n'obtenait pas la communication, tournait la manivelle en maudissant son téléphone de campagne, et proférait dans le cornet un grand nombre de blasphèmes. Nous, au contraire, cet appareil démodé, ce récepteur en forme de liseron nous paraissaient admirables ; cela faisait huit mois que nous n'avions plus téléphoné.

— Vous voyez bien, fit le capitaine en raccrochant, on ne peut même pas les atteindre. L'autobus ne passe plus… vous n'y parviendrez jamais. Je parie dix tomans qu'on vous reverra ce soir ici…

Dix tomans, c'est appréciable. Nous en profitâmes pour lui en emprunter quarante, et puisqu'il insistait, on topa.

ROUTE DE TABRIZ

La nappe d'eau qui barrait la route était profonde d'un mètre au plus et large de quarante. Au milieu du courant, un autobus vert amande était couché sur le côté ; un autre, plus heureux, avait pu faire marche arrière jusqu'à la berge. Les jeeps, trop lourdes pour être remorquées, devaient faire demi-tour, mais les buffles, les chameaux et les charrettes à hautes roues traversaient sans encombre — un fiacre même, dont les lanternes de cuivre et la capote noire qui claquait dans le vent mettaient dans tout ce va-et-vient une pointe de tristesse provinciale. Il nous fallut une heure pour sortir le bagage, la batterie, les sièges ; démonter l'appareillage électrique et colmater le moteur avec de l'étoupe grasse. Une autre pour obtenir d'un paysan un gros cheval pommelé qu'on attela à la voiture, puis, fouettant, poussant et tirant à travers l'eau glacée, on s'en retourna lentement vers Tabriz et l'hiver.

Tabriz II

Le capitaine nous avait donné une adresse ici, où le rembourser. C'était celle d'un missionnaire américain perclus de solitude, le regard myope et prudent, et une de ces dentitions chevauchantes dont certaines sectes anglicanes semblent avoir le secret. Il se méprit sur le but de notre visite et nous laissa tout de suite entendre — sans même nous offrir une chaise — qu'il avait trop de tracas avec les musulmans pour secourir encore des chrétiens, qu'il ne recevait qu'à Noël, qu'il ne fallait en aucun cas compter sur lui, qu'il n'avait littéralement plus de quoi loger une âme. Pour couper court, on tendit à cet aubergiste les tomans du capitaine, et un éclair dans ses lunettes nous informa qu'il était au courant.

— N'était-ce pas quarante ? fit-il en recomptant les billets.

— C'était... mais le capitaine nous en a parié dix, et perdu.

— En êtes-vous bien sûrs ? reprit-il avec une onction insultante, comme s'il s'attendait à nous voir fondre en larmes.

Pour n'avoir jamais donné de conseils à ce policier qui nous en donnait tant, nous en aurions déjà mérité cent. Nous suggérâmes au révérend de faire la route de Mahabad et d'aller s'informer en personne. Et on le planta là, non sans remarquer au passage les taches fort peu pastorales qui constellaient le devant de son pantalon. On se retrouva furieux dans la neige de la ruelle. « Une vraie tête à jouir devant les catastrophes ferroviaires » dit Thierry. J'ajoutai quelques plaisanteries abominables. Nous étions devenus bien grossiers. Tant pis : c'était l'hiver retrouvé, le froid, la chasteté forcée, cette ville féroce à tant de gens. Et cet argot de bagnard nous donnait quand même un semblant de chaleur. On s'affinerait au printemps, avec les feuilles.

En rentrant ce soir-là chez la veuve, je m'aperçus que, pendant notre absence, nos chambres avaient été visitées et fouillées. L'argent était toujours là, mais les lettres d'Europe que je conservais dans une niche étaient sens dessus dessous et amputées de leur affranchissement. Je me foutais des timbres mais, dans la vie de voyage, les lettres peuvent aider et resservir, et comme la besogne avait été faite à coups de ciseaux précipités, presque tous ces passages — ceux de la fin — dont on se berce imprudemment et qu'on a tant plaisir à relire, avaient passé par-dessus bord. Dans toutes les cuisines du quartier, des gosses avaient dû coller dans leur album ces timbres en vrac avec ces mots si longtemps attendus. Comme la veuve n'était pas rentrée j'allai me plaindre à la grand-mère. Dans l'Arménistan, châtier était d'ailleurs l'affaire des anciens qui ont plus de loisirs, le cuir plus dur, l'âme plus égale, et mesurent mieux leurs taloches. La vieille mit ses savates, alerta quelques mégères de son envergure qui régnaient sur les cours voisines et s'abattirent comme l'éclair sur leur marmaille. À mesure que les coupables avouaient, on entendait les sanglots gagner de proche en proche, et les petites têtes tondues résonner sous les paumes calleuses. Dans l'heure, une procession de harpies, l'œil flamboyant sous leur châle noir, nous rapportaient par poignées des timbres trempés de larmes. Elles paraissaient contentes d'elles-mêmes, et les hurlements de contrition qui montaient decrescendo dans la nuit devaient bercer les oreilles du Dieu des Arméniens. Ces étrangers chrétiens étaient, après tout, des alliés. Ils payaient sans marchander. La loi du quartier, dont elles étaient gardiennes, avait été enfreinte, et cette loi commande d'être honnête, dans les petites choses surtout, qui relèvent du quotidien et de la conduite. On a plus de latitude dans les grandes qui appartiennent au destin.

Encore trop de neige pour la voiture sur la route de Téhéran. Nous trompions notre attente en la retapant au garage du *Point IV* que Roberts l'ingénieur avait gentiment mis à notre disposition. Nous le voyions beaucoup. Il n'était plus le même. Perdu son bel entrain. Un soir que je lui demandais ce qui clochait :

— Tout... c'est tout ce pays qui ne va pas.

Il revenait d'une tournée d'inspection dans un village ; en un mois les travaux n'avaient pas avancé d'un pouce et les paysans l'avaient mal reçu.

Le *Point IV* américain en Iran était alors comparable à une maison de deux étages où l'on poursuivrait deux activités divergentes. Au premier, à l'étage politique, on s'occupait à combattre la menace communiste en conservant — par les moyens traditionnels de la diplomatie : promesses, pressions, propagande — un gouvernement honni et corrompu, mais de droite, au pouvoir. Au second, à l'étage technique, une large équipe de spécialistes s'employait à améliorer les conditions de vie du peuple iranien. Roberts était de ceux-là.

Lui, la politique ne l'intéresse pas. Ce qui l'intéresse, c'est l'électronique, les chansons de Doris Day ou de Patachou qui, dit-il, *sont des anges,* et la construction des écoles. C'est un scientifique, mais aussi un homme ouvert et bienveillant auquel l'idée de faire un travail aussi utile souriait énormément. D'où sa déception.

— Vous rendez-vous compte, je vais là-bas pour leur construire une école, et quand ils me voient arriver les gosses ramassent des cailloux.

Il reprit en souriant : « Une École ! »

Je crois que l'Américain respecte beaucoup l'école en général, et l'école primaire en particulier, qui est la plus démocratique. Je crois qu'au nombre des Droits de l'homme, aucun ne lui paraît aussi plaisant que le droit à l'instruction. C'est naturel dans un pays civiquement très évolué où d'autres droits plus essentiels sont assez garantis pour que l'on n'y songe même plus. Aussi, dans la recette du bonheur américain, l'école joue-t-elle un rôle primordial, et dans l'imagination américaine, le pays sans école doit-il être le type même du pays arriéré. Mais les recettes de bonheur ne s'exportent pas sans être ajustées, et ici, l'Amérique n'avait pas adapté la sienne à un contexte que d'ailleurs elle comprenait mal. C'était l'origine de ses difficultés. Parce qu'il y a pire que des pays sans école : il y a des pays sans justice, ou sans espoir. Ainsi Tabriz, où Roberts arrivait les mains pleines et la tête bourrée de projets généreux que la réalité de la ville — car chaque ville a la sienne — démentait chaque jour.

Revenons à l'école de Roberts. Voici comment *Point IV* procédait : il offrait gratuitement le terrain, les matériaux, les plans et les conseils. De leur côté les villageois, qui sont tous un peu maçons, fourniraient la main-d'œuvre et construiraient, avec une belle émulation, le local où ils auraient le privilège de s'instruire. Voilà un système qui fonctionnerait à merveille dans une commune finnoise ou japonaise. Ici, il ne fonctionnait pas, parce que les villageois n'ont pas une once de ce civisme qu'on leur avait si promptement prêté.

Les mois passaient. Les matériaux s'évanouissaient mystérieusement. L'école n'était pas construite. On n'en voulait pas. On boudait le cadeau. Il y a bien de quoi écœurer les donateurs, et Roberts était écœuré.

Mais les villageois ? Ce sont des paysans assez misérables, soumis depuis des générations à un dur régime de fermage féodal. D'aussi longtemps qu'ils se souviennent, on ne leur a jamais fait pareil cadeau. Cela leur paraît d'autant plus suspect que, dans les campagnes iraniennes, l'Occidental a toujours eu réputation de sottise et de cupidité. Rien ne les a préparés à croire au Père Noël. Avant tout, ils se méfient, flairent une attrape, soupçonnent ces étrangers, qui veulent faire travailler chacun, de poursuivre un but caché. La misère les a rendus rusés, et ils pensent qu'en sabotant les instructions qu'on leur donne, ils déjoueront peut-être ces desseins qu'ils n'ont pu deviner.

En second lieu, cette école ne les intéresse pas. Ils n'en comprennent pas l'avantage. Ils n'en sont pas encore là. Ce qui les préoccupe, c'est de manger un peu plus, de ne plus avoir à se garer des gendarmes, de travailler moins dur ou alors de bénéficier davantage du fruit de leur travail. L'instruction qu'on leur offre est aussi une nouveauté. Pour la comprendre il faudrait réfléchir, mais on réfléchit mal avec la malaria, la dysenterie, ou ce léger vertige des estomacs vides calmés par un peu d'opium. Si nous réfléchissons pour eux, nous verrons que lire et écrire ne les mèneront pas bien loin aussi longtemps que leur statut de « vilain » n'est pas radicalement modifié.

Enfin, le mollah est un adversaire de l'école. Savoir lire et écrire, c'est son privilège à lui, sa spécialité. Il rédige les contrats, écrit sous dictée les suppliques, déchiffre les ordonnances du pharmacien. Il rend service pour une demi-douzaine d'œufs, pour une poignée de fruits secs, et n'a pas envie de perdre ce petit revenu. Il est trop prudent pour critiquer le projet ouvertement, mais le soir, sur le pas des portes, il donne son opinion. Et on l'écoute.

En dernier lieu, on n'entrepose pas sans risque des matériaux neufs dans un village où chacun a besoin de briques ou de poutres pour réparer ces édifices dont l'utilité est évidente à chacun : la mosquée, le hammam, le four du boulanger. Après quelques jours d'hésitation, on se sert dans le tas, et on répare. Désormais, le village a mauvaise conscience et n'attend pas le retour de l'Américain avec plaisir. Si seulement on pouvait s'expliquer, tout deviendrait simple... mais on peut mal s'expliquer. Quand l'étranger reviendra, il ne trouvera ni l'école, ni les matériaux, ni la reconnaissance à laquelle il s'attend, mais des regards fermés, fuyants, qui n'ont l'air au courant de rien, et des gosses qui ramassent des pierres sur son passage parce qu'ils savent lire le visage de leurs parents.

... Ce n'était qu'une distance à franchir, mais une longue distance parce que l'exercice de la bienfaisance demande infiniment de tact et d'humilité. Il est plus aisé de soulever un village de mécontents que d'en modifier les habitudes ; et, sans doute, plus facile de trouver des Lawrence d'Arabie et des agitateurs, que des techniciens assez psychologues pour être efficaces. Roberts, qui l'était, en viendrait bientôt à écrire dans ses rapports qu'il fallait peut-être renoncer à l'école pour s'occuper par exemple de l'adduction d'eau des vieux hammams qui sont des foyers d'infection virulents. Du temps passerait jusqu'à ce que ses supérieurs d'Amérique lui donnent raison. Mais pour que *Point IV* continue, il fallait constamment de nouveaux capitaux. Ainsi, en définitive, le problème de Roberts — qui est symbolique — arriverait jusqu'au contribuable américain. Nous savons que ce contribuable est le plus généreux du monde. Nous savons aussi qu'il est souvent mal informé, qu'il entend que les choses soient faites à sa manière, et qu'il apprécie les résultats qui flattent sa sentimentalité. On le persuadera sans peine qu'on tient le communisme en échec en construisant des écoles semblables à celle dont il garde un si plaisant souvenir. Il aura plus de mal à admettre que ce qui est bon chez lui peut ne pas l'être ailleurs ; que l'Iran, ce vieil aristocrate qui a tout connu de la vie... et beaucoup oublié, est allergique aux remèdes ordinaires et réclame un traitement spécial.

Les cadeaux ne sont pas toujours faciles à faire quand les « enfants » ont cinq mille ans de plus que Santa Klaus.

AVRIL

Il faisait un peu moins froid. Une de mes élèves s'était mise à penser. (Les autres pensaient sans doute aussi, mais jugeaient plus avisé de n'en rien laisser paraître.) C'est la lecture d'*Adrienne Mesurat* — ce trouble, ce quotidien sournois, cette vie qui se consume enfouie sous la province — où elle croyait, je ne sais comment, retrouver sa propre histoire, qui l'avait ainsi mise en branle. Elle y pensait même la nuit. De fil en aiguille elle s'était mise à penser sur n'importe quoi, vertigineusement, sans savoir comment s'arrêter. C'était l'hémorragie, la panique. Il lui fallait sans cesse de nouveaux livres, et des leçons supplémentaires, et des réponses à ses questions : si même une Française pouvait être aussi malheureuse ?... si ma barbe était existentialiste ? ou ce que c'était que l'*absurde* — deux mots qu'elle avait trouvés dans une revue de Téhéran.

La barbe servait uniquement à me vieillir un peu, car la moyenne de ma petite classe était dans la quarantaine. Mais l'absurde... l'absurde ! je restai interdit. Pourtant en Suisse, nous sommes plutôt bons pions ; mais comment expliquer ce qu'on ne ressent pas, et surtout dans une ville qui déborde à ce point les Catégories. Pas d'absurde ici... mais partout la vie poussant derrière les choses comme un obscur Léviathan, poussant les cris hors des poitrines, les mouches vers la plaie, poussant hors de terre les millions d'anémones et de tulipes sauvages qui, dans quelques semaines, coloreraient les collines d'une beauté éphémère. Et vous prenant constamment à partie. Impossible ici d'être étranger au monde — parfois pourtant, on aurait bien voulu. L'hiver vous rugit à la gueule, le printemps vous trempe le cœur, l'été vous bombarde d'étoiles filantes, l'automne vibre dans la harpe tendue des peupliers, et personne ici que sa musique ne touche. Les visages brillent, la poussière vole, le sang coule, le soleil fait son miel dans la sombre ruche du Bazar, et la rumeur de la ville — tissus de connivences secrètes — vous galvanise ou vous détruit. Mais on ne peut pas s'y soustraire, et dans cette fatalité repose une sorte de bonheur.

Depuis la prison de Mahabad, j'avais moi aussi une question :

— Dites-donc... un *château-blanc-sans-porte*... qu'est-ce que ça peut bien être ?

— Un ŒUF, fit-elle aussitôt... vous n'aviez pas deviné ? elle est pourtant facile, un enfant la connaît, celle-là. Et elle se recueillit comme pour en mesurer la pertinence et la saveur.

Un œuf ? je ne voyais pas. Chirico en personne n'aurait pas trouvé ça, et le moindre de mes élèves pouvait se réjouir de cette association. Comme ni leurs œufs ni leurs châteaux ne devaient s'éloigner tellement des nôtres, c'était donc leur imagination qui différait. Et moi qui les accusais d'en manquer ! Mais non, elle s'exerçait dans un autre monde que le mien.

Moussa, son copain Saïdi le fort en thème, Younous — le fils d'un mollah turcoman — et le *kütchük* toujours sur leurs talons, portant le parapluie. Drôle de bande ! Depuis les vacances, ils étaient sans cesse fourrés chez nous, à faire les bourdons, rire pour des bêtises, à s'étouffer en fumant nos cigarettes, à demander qu'on corrige leur anglais, ou qu'on leur joue des tangos, en mineur exclusivement. Saïdi les copiait même soigneusement sur son cahier à musique pour les chantonner dans Pahlevi sur le passage des femmes, les yeux fermés — « ta-ra-ra-râaaa » avec une espèce de ton de nez qui le transportait. Je me demandais comment il imaginait l'Espagne. Il calligraphiait les titres en deux couleurs avec des fautes qui faisaient plaisir : « Avant de mourir » était ainsi devenu « Avant de mûrir ».

— Mûrir, c'est bien de circonstance, lui disait Thierry, mais ça fait un peu poire.

Avant notre départ, Saïdi voulut à tout prix nous avoir un soir chez lui, avec nos instruments. Modeste bicoque de fonctionnaires besogneux qui avaient tué le veau gras, déroulé leurs tapis et abandonné leur meilleure chambre à cette équipe pour récompenser les bonnes notes de leur fils. Vodka au citron, melon blanc, mouton rôti, disques du chanteur Bulbul sur un vieux gramophone. L'alcool leur montait à la tête et il nous fallut jouer, dix fois au moins, le plus lugubre de notre répertoire. C'était une fameuse soirée, pleine de vin lourd, de nourritures fortes et de chaleur du cœur. Lorsqu'on quitta la pièce surchauffée par les lampes à pétrole, le kütchük dormait sur le tapis, recouvert d'un manteau. Les autres, excités, débraillés, du rouge aux joues et le bonnet de travers, se défiaient dans un concours de rots.

Petit âne debout dans un coin de la cour enneigée. En la traversant, nous aperçûmes la mère, lourde ombre couleur de nuit, qui lui apportait les côtes de pastèque que nous avions curées jusqu'à l'écorce. On la remercia : c'était bon, c'était gai, son fils était un brave gars. Elle nous souhaita bonne route d'une voix enrouée et nous adressa son beau regard foutu. Puis elle remonta vers la chambre où Saïdi et sa bande menaient un train d'enfer. Au ciel, les étoiles étaient troubles et la lune baignait. Nous n'avions pourtant presque rien bu. Alors, le printemps ?

Malgré la passion des Tabrizi pour la politique, les élections n'avaient, cette fois, guère éveillé l'intérêt. Il faut dire que le Gouverneur avait d'avance calmé les esprits en laissant entendre que, quoi qu'il arrive, seuls ses candidats passeraient. Bien qu'il fût homme à tenir parole, quelques *outsiders* s'étaient tout de même monté la tête ; allant — comme ce médecin de l'hôpital — jusqu'à dormir sur une paillasse devant l'urne préalablement garnie par ses soins. Vainement.

Le vieux M… notre voisin avait par contre été réélu dans un gros bourg du Ghilan où il possédait quelques terres. Régulièrement, car il se respectait trop pour tripoter le scrutin. Il avait même laissé son jeune adversaire — un instituteur progressiste — s'adresser le premier aux paysans réunis sur la place, s'en prendre à la corruption de Téhéran, à la rapacité des arbabs, et promettre la lune. Quand son tour était venu, le vieux s'était contenté d'ajouter : « Ce que vous venez d'entendre n'est que trop vrai… moi-même, je ne suis pas un homme très bon. Mais vous me connaissez : je vous prends peu et vous protège de plus gourmands que moi. Si ce jeune homme est aussi honnête qu'il le dit, il ne saura pas vous défendre contre ceux de la capitale. C'est évident. S'il ne l'est pas, rappelez-vous qu'il commence sa vie et que ses coffres sont vides ; je termine la mienne et mes coffres sont pleins. Avec qui risquez-vous le moins ? »

Les paysans avaient trouvé qu'il parlait d'or et lui avaient donné leurs voix.

Ici, on ne s'effarouche pas de raisons si abruptes. Pourtant les gens n'y sont pas pires qu'ailleurs. Moins hypocrites seulement. À l'hypocrisie dont l'Occident a su faire un si vaillant usage, ils préfèrent de beaucoup le cynisme. Ici, comme partout dans le

monde, on trompe son prochain lorsqu'il faut vraiment le tromper, mais sans trop s'abuser sur ses propres mobiles, ni sur les fins
qu'on poursuit. Aussi peut-on, lorsqu'elles sont atteintes, s'en
réjouir librement avec quelques amis. Le procédé est plus voyant,
mais il est moins tortueux et moins confit. En outre, il y entre un
mensonge de moins, puisque si on dupe les autres on ne cherche
pas à se duper soi-même, et on sait depuis Hérodote combien les
Persans répugnent à mentir.

Peu de pharisiens en Iran, mais passablement de chattemites ;
et l'indignation que certains étrangers feignent d'en éprouver est
encore un effet de leur hypocrisie.

J'allai trouver le Vieux pour le remercier du garage qu'il nous
avait prêté pour l'hiver, et le complimentai de son élection. Installé
au coin de sa galerie, une loupe d'horloger sur le front, il s'occupait à classer dans de vieilles boîtes de *Coronados* la collection
d'intailles hellénistiques et séfévides qu'il avait réunie en prospec-
tant pendant trente ans les bazars du Moyen-Orient. Des pendent-
ifs et des chatons d'une pierre vitreuse, couleur de corail ou de
miel, sur lesquels on voyait apparaître en transparence Arion et son
dauphin, la Mosquée de Meched, l'Hermès Trismégiste, ou l'*Allah
ou akbar* (Dieu est grand) en écriture kouffique. Nous avions plaisir
l'un et l'autre à voir voisiner nos deux mondes. Il me fit défiler une
bonne trentaine de pièces en faisant la causette. Serein et sarcastique à son ordinaire. Quand je l'interrogeai sur la route de Téhéran
qui nous préoccupait, il abandonna ses pierres et se mit à rire :

— C'est un peu tôt, mais vous y parviendrez sans doute, et
si vous ne passiez pas, vous verriez des choses étonnantes... la
dernière fois que je l'ai faite — dix ans de ça peut-être — la crue
avait emporté le pont sur le Kizil-uzum. Rien à faire pour traverser,
mais comme l'eau pouvait baisser d'un jour à l'autre, les bus et les
camions continuaient d'arriver de l'est et de l'ouest, et comme les
berges étaient ameublies par la pluie, beaucoup s'embourbèrent
aux deux têtes du pont. Moi aussi. On s'installa. Les rives étaient
déjà couvertes de caravanes et de troupeaux. Puis une tribu de

Karachi[1] qui descendaient vers le sud établirent leurs petites forges et se mirent à bricoler pour les camionneurs qui ne pouvaient pas, bien sûr, abandonner leur chargement. Les chauffeurs qui travaillaient à leur compte se mirent d'ailleurs bientôt à l'écouler sur place, à le troquer contre les légumes des paysans du voisinage. Au bout d'une semaine, il y avait une ville à chaque tête du pont, des tentes, des milliers de bêtes qui bêlaient, meuglaient, blatéraient, des fumées, de la volaille, des baraques de feuillage et de planches abritant plusieurs tchâikhanes, des familles qui louaient leur place sous la bâche des camions vides, de furieuses parties de jacquet, quelques derviches qui exorcisaient les malades, sans compter les mendiants et les putains qui s'étaient précipités pour profiter de l'aubaine. Un chahut magnifique... et l'herbe qui commençait à verdir. Il ne manquait que la mosquée. La vie, quoi !

» Quand l'eau baissa tout se défit comme en songe. Et tout ça, à cause d'un pont qui ne devait pas se rompre, de notre désordre, de pauvres fonctionnaires négligents... ah ! croyez-moi, reprit-il avec dévotion, on a beau dire ! la Perse est encore le pays du merveilleux.

Ce mot me fit songer. Chez nous, le « merveilleux » serait plutôt l'exceptionnel qui arrange ; il est utilitaire, ou au moins édifiant. Ici, il peut naître aussi bien d'un oubli, d'un péché, d'une catastrophe qui, en rompant le train des habitudes, offre à la vie un champ inattendu pour déployer ses fastes sous des yeux toujours prêts à s'en réjouir.

---

1. Nom donné dans le nord de la Perse aux nomades tziganes, musiciens et forgerons.

QUITTER TABRIZ

Tous les toits dégorgeaient. Dans le caniveau, sous une croûte de neige noire, on percevait un ruissellement cordial et précipité. Le soleil nous chauffait une joue, les peupliers s'étiraient en craquant contre un ciel redevenu léger. Profonde et lente poussée dans les têtes, les os et les cœurs. Les projets prenaient forme. C'était *Bahar*, le printemps.

Au bistrot arménien, les agents de service somnolaient, tunique ouverte, contre le mur bleu sur lequel un client avait écrit en français au charbon *merde au roi*. Au Bazar, on plaisantait avec beaucoup d'entrain devant l'échoppe fermée du dernier commerce juif à se défendre encore. Son propriétaire avait été écrasé, voici peu, par un ballot de tapis. Les autres avaient déjà quitté la place ; en moins de six mois, ils avaient été mis en faillite, acculés, balayés. Personne

ne leur était venu en aide ; bien au contraire. La ville est trop dure pour qu'on s'y fasse des cadeaux. Vieille comme le monde et attachante comme lui. C'est un pain qu'on a recuit cent fois. On y voit de tout et s'indigner ne sert de rien ; elle ne bougera pas d'un pouce. Il existe un proverbe qui dit : *Baise la main que tu ne peux mordre et prie qu'elle soit brisée.* On s'y conforme. Cela n'empêche pas les moments de grâce, d'extase ou de douceur.

Grand ramage des corneilles au faîte des branches neuves. Dans une brume de boue dorée, dans une lumière merveilleuse, les énormes camions venus de l'ouest s'arrêtaient en tanguant devant le Bazar. Nous buvions des thés sur la rue en écoutant une clarinette qui montait des souks. Nous la connaissions bien ; c'était le menuisier arménien, un soigneux, un doux, qui transportait son instrument dans une jolie boîte en poirier.

> Navets bouillis dans leur sang et gâteaux parfumés au citron
> Casquettes et gourdins
> Cheval de fiacre un œillet de papier sur l'oreille
> Fenêtre noire
> Carreaux gelés où s'inscrivaient les astres
> Chemin boueux qui menait vers le ciel
> Tabriz

Shahrah

Shahrah : highway... but, there are no
ways in Iran, high or otherwise.
English-Persian dictionary
Colonel C. D. Philott.

ROUTE DE MIANEH

Les militaires ont de ces jugements ! Il y a bel et
bien des routes en Iran, mais il faut convenir qu'elles pourraient
être meilleures. Celle qui va de Tabriz à Mianeh, par exemple, sur
une vingtaine de kilomètres, le passage des camions l'a transformée
en chemin creux. Deux ornières profondes et, au milieu, un remblai
de glaise et de moellons. Comme nous n'avons pas le même écartement, il nous faut maintenir le côté gauche sur le talus central,
le droit dans l'ornière droite, et rouler avec la voiture inclinée au
point de racler le bord de la tranchée. Comme en outre le capot
repousse devant lui un amas de boue et de pierres qui s'accumulent,
il faut s'arrêter tous les cinquante mètres et pelleter pour dégager
l'avant. Il fait doux, nous travaillons la sueur au front en regardant
des orages de grêle s'abattre sur les immenses versants qui nous
entourent. Très gais d'avoir repris la route vers l'est.

Il faut aussi soulever la voiture et la sortir de son rail pour donner
passage aux camions. Camions-mammouths, camions-citadelles,
à la mesure du paysage, couverts de décors, d'amulettes de perles
bleues, ou d'inscriptions votives : *Tavvak'kalto al Allah* (c'est moi
qui conduis mais Dieu est responsable). À des allures d'animaux
de trait ils cheminent, parfois pendant des semaines, vers un bazar
perdu, vers un poste militaire, et tout aussi sûrement vers des
pannes et des ruptures qui les immobilisent pour plus longtemps
encore. Le camion devient alors maison. On le cale, on l'amé-

nage, et l'équipage va vivre le temps qu'il faudra autour de cette épave fixe. Galettes cuites dans la cendre, jeux de cartes, ablutions rituelles ; c'est la caravane qui continue. J'ai vu plusieurs fois de ces monstres désemparés au beau milieu d'un village ; les poules couvaient à l'ombre des roues, les chattes y faisaient leurs petits.

Mianeh

Tous les entomologistes du monde ont entendu parler de Mianeh, à cause d'une punaise *melech myanensis* dont la morsure passe pour mortelle. Malgré cette réputation, c'est une bourgade engageante, ocre avec des touches de bleu et une mosquée dont la coupole turquoise navigue légèrement sur les brouillards d'avril (prendre tout de même garde à la ligne à haute tension qui traverse le balcon de la tchâikhane comme une innocente corde à lessive).

Mianeh est aussi la frontière de deux langues : en deçà, l'azéri où l'on compte ainsi jusqu'à cinq : *bir, iki, ütch, dört, bêch* ; au-delà, le persan : *yek, do, sé, tchâr, penj*. Il n'y a qu'à comparer ces séries pour comprendre avec quel plaisir l'oreille passe de la première à la seconde. L'azéri — surtout chanté par les formidables commères de Tabriz — a pourtant sa beauté, mais c'est une langue âpre, faite pour la bourrasque et la neige ; aucun soleil là-dedans. Tandis que le persan : chaud, délié, civil avec une pointe de lassitude : une langue pour l'été. Côté iranien, les visages sont aussi plus mobiles, les épaules plus frêles, les flics moins massifs mais plus torves, l'aubergiste plus dégourdi, et plus enclin à vous plumer. Nous, nous ne voulons rien savoir de cette note qu'il nous présente. Elle est absurde. Il nous prend pour des brutes. Éclater de rire ne donne rien ; notre rire n'est pas franc. Alors la colère ? Pendant que j'ergote sur le détail, Thierry disparaît le temps de s'en fabriquer une, revient congestionné, les yeux hors de la tête, jeter quelques billets sur les genoux de l'aubergiste qui reste perplexe. Il n'est pas convaincu qu'on s'échauffe pour de bon, mais son hésitation l'a perdu ; nous tournions déjà le coin quand on le vit se reprendre et dévaler son escalier quatre à quatre en criant.

Route de Kazvin

D'abord elle suit le fond d'une vallée plantée de saules. Les montagnes sont rondes et toutes proches, la rivière bruyante et les gués mauvais. Puis la vallée s'évase, devient un large plateau marécageux encore taché de neige. La rivière s'y perd, le regard aussi. La première ondulation est à vingt kilomètres et l'œil en distingue une douzaine d'autres jusqu'à l'horizon. Soleil, espace, silence. Les fleurs ne sont pas encore sorties, mais partout les loirs, les campagnols et les marmottes creusent comme des démons dans cette terre grasse. Chemin faisant on rencontre aussi le héron cendré, la spatule, le renard, la perdrix rouge, et parfois l'homme avec son allure de flâneur qui dispose de son temps. C'est une question d'échelle, dans un paysage de cette taille, même un cavalier lancé à fond de train aurait l'air d'un fainéant.

Téhéran — avril-mai

L'agrément dans ces lents voyages en pleine terre c'est — l'exotisme une fois dissipé — qu'on devient sensible aux détails, et par les détails, aux provinces. Six mois d'hivernage ont fait de nous des Tabrizi qu'un rien suffit à étonner. À chaque étape, on relève de ces menus changements qui changent tout — qualité des regards, forme des nuages, inclinaison des casquettes — et, comme un Auvergnat montant sur Paris, on atteint la capitale en provincial émerveillé, avec en poche, de ces recommandations griffonnées sur des coins de table par des pochards obligeants, et dont il ne faut attendre que quiproquos et temps perdu. Cette fois, nous

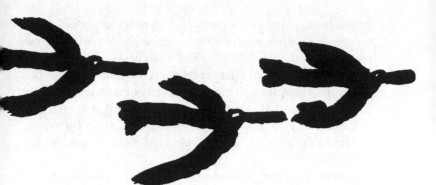

n'en avons qu'une ; un mot pour un Juif azéri que nous allons trouver tout de suite : une tête à vendre sa mère, mais c'est un excellent homme tout plein d'un désir brouillon de débrouiller nos affaires. Non, il ne pense pas que des étrangers comme nous puissent loger dans une auberge du Bazar… non, il ne connaît personne du côté des journaux, mais voulons-nous déjeuner avec un chef de la police dont il promet merveille ? Nous voulons bien. Et l'on va au diable, sous un soleil de plomb, manger une tête de mouton au yaourt chez un vieillard qui nous reçoit en pyjama. La conversation languit. Il y a longtemps que le vieux a pris sa retraite. C'est dans une petite ville du sud qu'il était chef, autrefois, il ne connaît plus personne à la préfecture… d'ailleurs il a tout oublié. Par contre, une ou deux parties d'échecs lui feraient bien plaisir. Il joue lentement, il s'endort ; ça nous a pris la journée.

À l'auberge *Phars* aux abords du Bazar. La chambre est si exiguë et encombrée qu'il faut s'étendre sur les lits pour travailler. Le plafond est une mosaïque d'estagnons « BP » qui laissent filtrer le clair de lune. Quelques puces. Des clients kurdes, des nomades qasqâi à l'odeur de mouton, des paysannes qui vous adressent un sourire juste et modéré, et dans la chambre voisine, un négociant assyrien qui compte et recompte de toutes petites sommes. Une passerelle de bois relie les chambres à la tchâikhane où la radio diffuse sans arrêt ces calmes hiérarchies d'arpèges de l'ancienne musique iranienne. Sous les fenêtres, à main gauche, une enfilade de galeries vermoulues descendent vers l'entrée du Bazar. Plus bas encore : des bouquets de tamaris, et des faubourgs de terre dont les murs écroulés s'entrecroisent et gagnent la campagne.

À main droite : les vieux canons de la place Tup-khane, et les néons de l'avenue Lalezar qui monte en pente douce vers les beaux quartiers. Dans le bas, deux tavernes populaires où de maigres fillettes en tutus pailletés font des exercices d'équilibre au milieu des buveurs d'arak et des braillards. Puis des marchands à la sauvette : peignes, espadrilles, images saintes, sifflets, préservatifs, savons « Alaviolette ». Puis un théâtre qui annonce l'adaptation persane de *L'Étourdi* de Molière et présente une comédie tirée du *Livre des Rois* de Firdouzi, où l'on voit le Sassanide Bahram Gôr s'installer incognito chez les plus pauvres de ses sujets pour confondre ses officiers qui les pressurent. Nous y sommes allés : jeu forcé, fausses barbes rouges, turbans anachroniques, gifles, culbutes, châtiment des coupables. C'était parfait. Des élégants en complet gris et des portefaix en liquette applaudissaient à tout rompre cette espèce de pantalonnade, non sans ricaner quelque peu, parce qu'aujourd'hui, le Souverain ne se déplace plus sans sa police ; ces inspections à l'improviste ne sont plus de saison, et ces dénouements encore moins... Puis la rédaction d'un journal. Quelques tailleurs chic. Les néons deviennent plus moelleux, les arbres plus fournis, les voix plus subtiles. De fabuleux gâteaux en forme de mitres flamboient sous les ampoules de couleur du tea-room arménien. Plus haut encore, entre l'avenue Shah Rezza et la colline de Chemeran, c'est le ronron des Cadillac, les longs murs pâles, les porches d'émail bleu des maisons patriciennes, l'espace, l'argent. Des taxis jaunes au plancher semé d'écorces de pistaches sillonnent la nuit, conduits par de vieux guenilleux rêveurs, et trente kilomètres au nord des derniers jardins, les neiges luxueuses de l'Elborz brillent haut dans le ciel de printemps.

Accoudés au balcon de notre auberge, nous pouvions voir monter Téhéran tout entière. Nous étions au bas bout de la table, au bord de l'assiette, mais bien résolus à y pêcher quelques morceaux. À nos âges c'était encore une bonne chose d'attaquer les villes par le bas. Les odeurs fortes, les sourires ébréchés, les bossus fraternels : bon ! Il faudrait tout de même gagner ici de quoi atteindre l'Inde.

J'avais fait je ne sais quelle remarque au sujet de Tabriz...

— Écoutez, écoutez-le... c'est passionnant tout ça !... et il fait taire la tablée, me conjure de répéter, et en dépit de son regard brillant, n'écoute pas le moins du monde. Ou si par miracle il écoute, avant ce soir il aura oublié.

C'était notre ami Ghaleb. Il était depuis peu rédacteur au plus grand journal de la ville où il réussissait très bien. Pour son article sur la bombe H, par exemple, il avait emprunté un titre aux frères Alsops, et à Rilke, une superbe citation sur la terreur. Il aurait bien cité le poème en entier parce qu'il le sentait vivement, mais la place lui avait manqué. Que de belles choses il était prêt à s'approprier ainsi ! Il n'avait d'ailleurs pas tort : puisqu'il était, lui aussi, poète, la poésie des autres lui appartenait bien un peu. C'est seulement faute de temps qu'il n'écrivait pas la sienne.

— *Un océan qu'on disait Pacifique*, c'est du bon journalisme, non ? en tout cas mon directeur est enchanté... quant à tes reportages, ils plaisent énormément, exactement ce dont nous avons besoin ces temps-ci. Nous allons en prendre au moins quatre.

Cela voulait-il dire qu'ils n'en prenaient qu'un ou qu'ils les refusaient tous ? Je n'étais pas encore au fait de ces conventions de langage. Il faudrait voir. En attendant mieux, Ghaleb avait fait passer nos photos en première page avec un commentaire si ronflant que nous avions maintenant la surprise de voir, dans toute la ville, des inconnus mal rasés nous tirer des coups de chapeau tourbillonnants. C'était divertissant, mais on n'en vivait pas. J'allais donc régulièrement relancer Ghaleb — à propos de mes articles — dans un bistrot de l'avenue Yousouf-Abad tenu par un émigré géorgien chargé de sens et de destin. On y descendait par trois marches. Quand les yeux s'étaient faits à la pénombre, on distinguait les buveurs attablés au frais devant ces bouteilles de vodka *Maksous* dont l'étiquette porte un aigle rouge d'un tracé tout tremblé, grignotant des concombres ou des poissons fumés pour éviter la migraine, pendant que le soleil passait en vagues indolentes sur l'avenue, sur les grilles du palais impérial, sur les demeures des marchands arméniens, riches et douillettes derrière leurs insignifiants murs de briques. Ghaleb s'y installait volontiers à l'heure la plus chaude pour rédiger sa chronique ou attendre des filles qui le faisaient languir, en écrivant sur la nappe :

> … Avant-hier : un jour
> Hier : deux jours
> Aujourd'hui : trois jours
> Tu n'es pas revenue
> Mon cœur est brûlé…

Quand je lui demandais si mes articles avaient brûlé du même coup, il répondait en frottant ses mains tachées d'encre : « Pas exactement, mais comment dire… ils dorment. Ça n'a plus l'air d'accrocher, si seulement vous pouviez me donner quelques *cartes,* je remettrais l'affaire en train. » Ces *cartes,* sans lesquelles rien, ici, ne semblait pouvoir aboutir, c'étaient des billets de personnes influentes nous recommandant à son directeur. Au début, nous lui en avions bien remis une — trois lignes d'un sénateur qui avait soigné ses poumons en Suisse — mais qui semblait ne pas faire le poids. En moins d'une semaine, elle s'était éventée comme une bouteille de mauvais mousseux et l'enthousiasme de la rédaction avait fait place à une amnésie complète. Le jour où j'allai reprendre mes textes, je ne pus atteindre ni le directeur ni même son adjoint. C'était l'heure de la sieste et chacun s'en donnait à cœur joie. Je tombai finalement sur un vieillard en bleu de travail qui mit une heure à retrouver mes manuscrits et me les tendit en ajoutant : « Ici, Monsieur, c'est la foutaise… dites tout de même aux typographes de chez vous que leurs collègues iraniens les font bien saluer. » Voilà qui est fait.

En tout cas, cet insuccès n'avait entamé en rien l'optimisme de Ghaleb qui continuait à nous promettre des avantages, des *cartes*, des débouchés chimériques ; à nous proposer des entrevues ou des protections qui ne dépendaient pas de lui. Par gentillesse sincère, pour nous dérider, pour nous redonner du cœur. Où serait le plaisir de promettre s'il fallait ensuite toujours tenir. Nous bercer d'illusions, c'était sa manière à lui de nous aider. (On a beau être sceptique ; les fables qui vous arrangent, il en reste toujours quelque chose.) Et il nous aidait. Plusieurs fois, pour organiser des conférences ou une exposition, nous rendîmes visite — en nous recommandant de lui — à des personnages que Ghaleb se flattait imprudemment de connaître. Il n'en était rien, mais les fausses clefs ouvrent aussi les portes ; après quelques minutes d'embarras, l'entretien tournait souvent à notre avantage. Ghaleb pâlissait lorsqu'on lui rapportait ces démarches : « … Le recteur vous a reçu ? et de ma part ? moi, vous savez, je n'en parlais qu'en passant… et ça a marché ? c'est invraisemblable ! Entre nous, il y a deux ans que je lui demande un rendez-vous, peut-être pourriez-vous lui dire un mot en ma faveur. »

C'était son tour de n'y pas croire. Nous le remerciions vivement, Ghaleb ; nous l'aimions bien.

À en croire les Téhérani, Téhéran n'est pas même une belle ville. On a démoli pour faire moderne plusieurs coins charmants du Bazar, tracé au cordeau des avenues sans mystère, abattu les anciennes portes et, du même coup, un vieux restaurant orné de fresques d'époque *kadjar*[1] où l'on reconnaissait, parmi les turbans à aigrette, le comte de Gobineau en casquette galonnée sur un fond d'orangers en pot. Il faut descendre au moins jusqu'au faubourg de Rey, d'où partirent les Rois mages, pour avoir le sentiment du passé. On vous parle aussi, en s'excusant, du climat trop sec, des trombes de poussière, du tour de main des voleurs, et de ces courants magnétiques qui rendraient morose et irritable. On vous dit : « Attendez... vous verrez Ispahan, vous verrez Chiraz... »

Peut-être.

Mais il y a ici des platanes comme on n'en voit qu'en songe, immenses, chacun capable d'abriter plusieurs petits cafés où l'on passerait bien sa vie. Et surtout il y a le bleu. Il faut venir jusqu'ici pour découvrir le bleu. Dans les Balkans déjà, l'œil s'y prépare ; en Grèce, il domine mais il fait l'important : un bleu agressif, remuant comme la mer, qui laisse encore percer l'affirmation, les projets, une sorte d'intransigeance. Tandis qu'ici ! Les portes des boutiques, les licous des chevaux, les bijoux de quatre sous : partout cet inimitable bleu persan qui allège le cœur, qui tient l'Iran à bout de bras, qui s'est éclairé et patiné avec le temps comme s'éclaire la palette d'un grand peintre. Les yeux de lapis des statues akkadiennes, le bleu royal des palais parthes, l'émail plus clair de la poterie seldjoukide, celui des mosquées séfévides, et maintenant, ce bleu qui chante et qui s'envole, à l'aise avec les ocres du sable, avec le doux vert poussiéreux des feuillages, avec la neige, avec la nuit...

Écrire dans un bistrot dont les poules fientent entre vos pieds tandis que cinquante curieux se pressent contre la table, n'est pas propre à vous détendre. Exposer sa peinture — après bien des démarches — et ne pas vendre une toile, non plus. On se lasse aussi de courir la ville d'échec en échec, un fort soleil sur les épaules. Mais quand le courage manque, on peut toujours aller voir la vaisselle

---

1.   Dynastie qui occupa le trône de Perse de 1779 à 1925.

bleue de Kachan¹ au musée ethnographique : des plats, des bols, des aiguières qui sont l'apaisement même et auxquels la lumière de l'après-midi imprime une très lente pulsation qui envahit bientôt l'esprit du spectateur. Peu de contrariétés résistent à ce traitement-là.

Puisque nous ne pouvions compter sur les journaux, l'Institut franco-iranien nous paraissait tout désigné pour patronner nos entreprises. Rasés, cravatés, suant dans nos complets trop chauds, on s'y présenta bien décidés à arracher le morceau. Après beaucoup de tergiversations, la secrétaire nous introduisit dans le bureau du directeur, en retenant son souffle, comme si nous allions nous y faire dévorer. C'était un homme puissant et sanguin, engagé dans un téléphone impatient avec ce qui semblait être une touriste française en quête de renseignements culturels. Il nous balaya d'un regard rapide, jugea que nous venions en solliciteurs et — résolu à nous décourager d'emblée — se mit soudain à rugir dans l'appareil : qu'elle avait tort de prendre l'Institut pour un bureau d'information... qu'on avait ici d'autres soucis que les siens... qu'un voyage en Perse se préparait à l'avance... qu'elle n'avait qu'à s'adresser aux Iraniens. Au bout du fil, la dame stupéfaite d'un revirement dont, évidemment, elle ne pouvait deviner la cause, s'en entendit dire de dures, et du ton tranchant et emporté d'un homme avec lequel mieux vaut ne pas plaisanter. Il reposa l'écouteur avec force et tourna vers nous un visage convulsé en grommelant : « Impossible... une folle... invraisemblable... » puis, nous ayant ainsi montré par ricochet de quel bois il se chauffait, il nous désigna des sièges et, d'une voix radoucie dont les basses étaient soigneusement lubrifiées : « Alors, de quoi s'agit-il ? » Au cœur de son veston noir, la rosette brillait comme un petit œil irrité.

---

1.   Au sud-est de Téhéran, ville célèbre pour ses tapis et ses poteries, particulièrement celles du XIVᵉ siècle.

Bref, un diplomate accompli. Sa manœuvre lui assurait l'avantage et, pendant un moment, nous ne pûmes que balbutier des offres de service de plus en plus modestes. Il les déclinait à mesure avec une courtoisie inexorable, et des raisons que nous tournions aussitôt par de nouvelles propositions — nous aurions bien lavé les tableaux noirs — qui l'obligeaient à se retrancher derrière des prétextes de plus en plus minces. Nous insistions. Il persévérait dans ses refus aimables. La chaleur était étouffante ; nous avions l'estomac vide et pantelant de déception. Il fallait absolument trouver une ouverture avant que ce vaudeville ne tourne à notre confusion. Les nerfs s'en chargèrent : comme on nous objectait quelques ampoules cassées dans la salle d'exposition, Thierry partit d'un fou rire ensoleillé que je sentis avec terreur m'emporter comme une vague. Voilà le directeur tout démonté, et nous, des larmes plein les yeux, cherchant, entre deux étouffements, à lui faire entendre par gestes que ce n'est pas lui qui nous égaie ainsi. Heureusement pour nous, cet homme pompeux avait de l'esprit. Il eut vite fait de choisir un parti : puisqu'il n'avait pas eu l'initiative de cet éclat, il devait en prendre au moins la direction. Et sans tarder. Il se mit donc à rire plus fort que nous, habilement d'abord, par gammes bien dosées, puis pour de bon. Quand la secrétaire effarée entrebâilla la porte, il lui fit signe d'apporter trois verres, et quand nous eûmes repris souffle tout était devenu différent. Un rayon de soleil éclairait le tapis. Thierry exposerait d'ici une quinzaine ; je l'introduirais par une causerie… j'en pourrais faire d'autres si le cœur m'en disait. Toutes choses qui paraissaient maintenant les plus naturelles du monde. Lirais-je mon texte ?

— Non, j'aimais autant…

— Vous avez raison, coupa aimablement le directeur, moi-même, *je me préfère de beaucoup* quand je parle sur notes.

Il s'était entièrement retrouvé.

Le vernissage se présentait bien : l'éclairage était excellent et l'exposition avait bonne allure. École française, disait le directeur qui était maintenant cordial, paternel, agité. D'ailleurs n'était-ce pas lui qui nous avait découverts ?

— Nous aurons la princesse Chams, mon cher. Nous l'attendrons pour commencer et vous direz donc : « Altesse, Excellences, Mesdames, Messieurs... »

Cinq minutes plus tard le bruit courait qu'elle ne viendrait pas ; peu après, qu'elle viendrait quand même. Les consignes évoluaient en conséquence.

— Puisque je vous introduis, me dit-il enfin, vous n'aurez qu'à m'écouter et prendre exemple sur môa.

Il m'accompagna sur scène et pendant quelques minutes, détailla avec beaucoup d'humour les coquineries que des voyageurs dans notre situation sont ordinairement tentés de commettre et dont nous nous étions jusqu'à présent abstenus ; circonspection qui trouvait sa récompense dans l'hospitalité *exceptionnelle* qu'il nous accordait aujourd'hui. Cette énumération me paraissait bien éloignée des motifs que nous avions de peindre ou de parler, mais il était vrai que sans l'Institut et son excellente bibliothèque je n'aurais rien pu faire ici. À cheval donné on ne regarde pas la dent.

Je regardais plutôt mon public. Au fond : les étudiants, une poignée de journalistes amenés par Ghaleb, deux rangées de bonnes sœurs en cornette — excellent ! — deux autres de sénateurs férus d'Anatole France, et de généraux pensionnés dont l'oreille était certes plus faite au son du *tar*[1] qu'à celui du canon. En avant — mains baguées et chevilles fines — une phalange de femmes du monde qui jetaient mille feux, et çà et là, sous un vernis d'hédonisme plein d'égards, de ces visages inquiets, hypersensibles, attachants, comme la ville sait en produire. À Tabriz, on n'est pas si gâté.

---

1.   Sorte de guitare iranienne.

Finalement, la princesse ne parut pas, mais un fox-terrier échappé du giron d'une auditrice vint s'installer sur le podium, contre ma table où il demeura jusqu'à la fin. L'oiseau Simorg — qui renaît de ses cendres — perché sur mon épaule n'aurait pas eu si merveilleux effet. Thierry vendit beaucoup. L'Université me demanda une conférence payante. Le même soir, de nouveaux amis nous offraient un studio sur le toit d'un immeuble de la haute ville. Un jardin de mûriers entourait la maison. Comme la porte du jardin n'avait pas de loquet, le factotum plaçait son lit en travers du battant. C'était un vieillard en tunique blanche qu'il fallait réveiller chaque fois que nous rentrions tard, et qui, lorsqu'on s'en excusait, nous répondait : « Que votre ombre grandisse. »

Je n'oubliais pas que c'était sur un éclat de rire que le vent avait tourné pour nous. Depuis, j'ai toujours en réserve quelque chose de cocasse à me murmurer intérieurement quand les affaires tournent mal ; quand par exemple, des douaniers, penchés sur votre passeport périmé, décident de votre sort dans une langue incompréhensible, et qu'après quelques interventions mal accueillies, vous osez à peine lever les yeux de vos chaussures. Alors, un calembour absurde, ou le souvenir de circonstances dont la drôlerie ne s'use pas, peuvent suffire à vous rendre l'esprit, et même à vous faire rire à pleine voix, seul dans votre coin, et les uniformes — c'est leur tour de ne plus comprendre — vous considèrent avec perplexité, s'interrogent du regard, vérifient leur braguette et se composent un visage... jusqu'au moment où ils retirent, on ne sait pourquoi, les bâtons qu'ils mettaient dans vos roues.

Comme Kyoto, comme Athènes, Téhéran est une ville lettrée. On sait bien qu'à Paris personne ne parle persan ; à Téhéran, quantité de gens qui n'auront jamais l'occasion ni les moyens de voir Paris parlent parfaitement français. Et ce n'est pas le résultat d'une influence politique ni — comme l'anglais en Inde — d'une occupation coloniale. C'est celui de la culture iranienne, curieuse de tout ce qui est autre. Et quand les Persans se mettent à lire, ce n'est pas Gyp, ni Paul Bourget[1].

Un matin, avenue Lalezar, en passant devant la porte ouverte d'une parfumerie, j'entendis une voix sourde, voilée comme celle d'un dormeur qui rêve tout haut :

> ... Tu t'en vas sans moi, ma vie
> Tu roules,
> Et moi j'attends encore de faire un pas
> Tu portes ailleurs la bataille
> ...

J'entrai sur la pointe des pieds. Affaissé contre un bureau-cylindre dans la lumière dorée des flacons de Chanel, un gros homme parfaitement immobile, une revue ouverte devant lui, lisait à haute voix ce poème[2] ; se le répétait plutôt comme pour s'aider à accepter des choses qu'il ne savait que trop. Une expression extraordinaire d'acquiescement et de bonheur était répandue sur son large visage mongol perlé de sueur. Il était seul dans la boutique et trop absorbé pour s'aviser de ma présence. Je me gardai bien de l'interrompre ; jamais la poésie n'est mieux dite que de cette façon-là. Quand il eut terminé et qu'il m'aperçut à deux pas de lui, il n'en marqua aucune surprise et ne me demanda pas davantage si je désirais quelque chose. Il me tendit simplement la main et se présenta. Des yeux noirs liquides, une petite moustache de morse, une élégance un peu molle : Sorab.

Comme un miroir, un visage intelligent a l'âge de ce qu'il reflète. À vingt-cinq ans, Sorab en paraissait tantôt seize, tantôt quarante. Plutôt quarante, et le ton de qui en a déjà fini avec les surprises de l'existence. C'est qu'il n'avait pas toujours récité Michaux dans

---

1. À la bibliothèque de l'Institut, les ouvrages de Proust, Bergson, Larbaud étaient couverts d'annotations marginales.
2. Henri Michaux : *La Nuit remue.*

une parfumerie. Il avait fait beaucoup de choses, Sorab, et s'y était pris de bonne heure. À seize ans déjà : lecture, noctambulisme, haschisch dans l'entourage du poète Hedayat[1] où on l'acceptait malgré sa jeunesse. Aujourd'hui Hedayat est mort, il a ouvert le gaz dans sa mansarde parisienne, mais son ombre habite encore la jeune littérature iranienne. Il se droguait ; beaucoup se droguent. Il s'est tué ; certains se tueront. Il aimait les fleurs funèbres, la gratuité, l'abandon, et vivait dans le sentiment de la mort et de la nuit ; ses épigones font tout cela. Dans le Téhéran policier de l'après-guerre, cette bohème quasi clandestine avait duré cinq ans. Tentatives d'action progressiste, galerie de peinture, revue surréaliste qui meurt au second numéro… On s'éloigne à pas de loup du réel ; on croit l'avoir occis pour de bon, et il descend sur vous comme une tonne de briques. Les amis s'éparpillent, la galerie périclite ; il faut, pour attirer l'acheteur, y organiser des thés dansants, avec poules. Puis, faute d'être payées, les poules disparaissent à leur tour, sauf la plus vieille qui vous reste on ne sait comment sur les bras et dont il faut bien des mois et des mots pour se défaire. Alors on se retrouve seul, vingt et un ans à peine, mais déjà la tremblote et plus les nerfs qu'il faudrait.

Ensuite, il avait passé une année comme professeur au lycée de Marand : les peupliers d'Azerbâyjân, et une classe de jeunes provinciaux frisés, engourdis, désespérants, qui n'avaient jamais pensé qu'on pût penser. À force de les secouer, de tailler en pleine torpeur, il avait obtenu quelque chose comme un début de réveil, quand la tuberculose l'obligea à quitter. Il avait alors profité de la maladie pour faire son brevet d'ingénieur et s'engager dans une compagnie anglaise d'Abadan : « La bonne vie… Koweit est tout près, vous savez ; pas besoin de passeport. Beaucoup de contrebande. Nous y allions par mer, nous passions quelques petites choses : des Leica bour-rés (sa voix fait une pointe tranquille) de cocaïne. Péché véniel d'ailleurs, c'est seulement quand j'ai voulu syndiquer les ouvriers

---

1.   Auteur dans la lignée de Lautréamont et Kafka, connu pour son roman : *La Chouette aveugle*.

qu'on m'a mis à la porte. Pourtant, mon cher, vous auriez dû m'entendre : je leur faisais des laïus é-pa-tants. »

Émotif, ému par la détresse de son pays, il avait alors rejoint le parti *Tudé*[1], et adopté ce marxisme hésitant si répandu dans la jeunesse iranienne. Ces ralliements, d'ailleurs fréquents, n'allaient jamais sans réticences. S'ils les trouvaient plus madrés que les Américains, les Persans n'éprouvaient pour les Russes qu'une sympathie mitigée. (Les slogans, les majuscules, les défilés au pas, les opinions de commande n'ont jamais été leur fort.) Ne pas négliger non plus cette nostalgie d'absolu, toujours remise mais toujours présente, que les « Dimanches au kolkhoze » du magazine *Ogonek*[2], avec leur optimisme un peu court de dîneurs sur l'herbette, ne pouvaient satisfaire. Quant à la doctrine, la plupart de ceux qui la connaissaient vraiment la trouvaient sommaire, simpliste, peu propre à préserver cette finesse que le monde perdra toujours assez tôt et à laquelle l'Iran a tant contribué. Mais voilà, quand on ne veut plus d'un conservatisme intéressé et brutal, quand on n'espère plus rien de l'Occident qui le cautionne, quand on est jeune, et seul, et qu'il n'y a personne au Centre, et que la peur fait taire les libéraux, on n'a pas l'embarras du choix et on ravale ses réticences. Pour un temps ; Mossadegh une fois évincé, Sorab avait tout abandonné. Maintenant il gérait sa parfumerie et travaillait comme expert dans un bureau d'État où, en fait, il n'était jamais. Il venait depuis peu de couper la drogue, et cette privation le travaillait terriblement.

— ... J'essaie de m'en sortir ; d'être régulier, on m'y pousse, on m'encourage. Une femme. C'est l'amour, mon cher... la saison des bêtises.

Mais il en parle avec une lassitude si détachée que j'ai l'impression qu'il parodie des choses vieilles d'au moins mille ans. Nous sommes attablés entre des camions gigantesques, dans un café de la vieille route de Chemeran. La lampe tempête qui nous éclaire

---

1.   Parti populaire de tendance communiste, aujourd'hui interdit.
2.   Hebdomadaire illustré soviétique.

siffle doucement. Le ciel est plein d'étoiles. Sorab parle d'une voix
subtile et ralentie. Il sue à grosses gouttes, des perles régulières se
forment à la racine des cheveux et lui tombent sur les yeux. Il doit
nous voir à peine. Bien en deçà de son regard, il se bat seul contre
ses monstres, sa peur, contre le naufrage dans cette blanche lumière
d'acétylène, en complet croisé bleu roi, à vingt-cinq ans.

Peu de mendiants ici, mais aux carrefours des
avenues principales, des rangées de jeunes déguenillés, assis au
bord du *djou*[1] à palabrer, mâcher une fleur ou jouer aux cartes. Ils
attendent le feu rouge. Dès qu'il est mis, ou dès qu'un embouteil-
lage engorge le trafic, ils se précipitent sur les voitures, nettoient la
vitre avant avec un bout de chiffon, force crachats, et on leur donne
quelques sous. L'agent de police, qui n'est pas forcément un adversaire, s'arrange à leur laisser le temps d'en finir. D'autres s'offrent
gracieusement à vous montrer le chemin de votre propre maison,
porter un paquet, arroser les pelouses, etc... Chaque matin, une
troupe mêlée de gamins, de chômeurs, de vieillards, monte ainsi du
Bazar vers les aubaines et les petits emplois de la haute ville. Parfois
aussi, la police enrôle à un toman par tête ce contingent flottant et
toujours disponible, pour représenter le « peuple iranien » en mani-
festant devant l'Ambassade soviétique, ou pour lapider la villa d'un
personnage dont l'autorité a sujet de se plaindre. Quand l'affaire
est terminée et que le chahut continue — ils voudraient bien être
payés — on les disperse avec une lance d'incendie. Le lendemain,
il peut très bien arriver que ce même « peuple » marque son dépit
en allant, encadré d'étudiants, déposer des fleurs sur le perron de
la même ambassade. La même police arrive au trot, s'empare des
meneurs — des étudiants surtout — les tond, et les envoie refaire
leur service militaire, ou casser des cailloux dans le sud qui n'en

---

1.   Rigole profonde qui borde les côtés de la rue et dont l'eau sert à
      tous les usages.

manque pas. Triste manège. Admirable méthode : cela fait toujours cinquante chômeurs de moins.

Cette méthode ne suffit pas : impossible de parquer sa voiture sans voir surgir une sorte d'escarpe qui prétend la « garder » pour un demi-toman. Mieux vaut accepter, sans quoi votre gardien, déçu, risque bien de dégonfler les pneus en votre absence ou de disparaître avec la roue de secours en direction du Bazar, où vous pourrez aller la racheter. En somme, c'est d'eux-mêmes qu'ils s'offrent à vous préserver. Au début nous refusions ; nous étions serrés ; un toman comptait. On se disait aussi : notre voiture est trop minable. Un jour nous l'avons retrouvée en plein milieu du trottoir. Ils avaient dû s'y mettre à six, dans un concours de badauds et dans les rires, pour lui faire franchir le caniveau. À cet incident près, les voleurs l'ont toujours ménagée ; sans doute à cause du quatrain de Hafiz que nous avions fait inscrire en persan sur la portière de gauche :

> Même si l'abri de ta nuit est peu sûr
> et ton but encore lointain
> sache qu'il n'existe pas
> de chemin sans terme
> Ne sois pas triste[1]

Pendant des mois cette inscription nous servit de Sésame et de sauvegarde dans des coins du pays où l'on n'a guère sujet d'aimer l'étranger. En Iran, l'emprise et la popularité d'une poésie assez hermétique et vieille de plus de cinq cents ans sont extraordinaires. Des boutiquiers accroupis devant leurs échoppes chaussent leurs lunettes pour s'en lire d'un trottoir à l'autre. Dans ces gargotes du Bazar qui sont pleines de mauvaises têtes, on tombe parfois sur un consommateur en loques qui ferme les

---

1. Traduction Prof. Khanlari.

yeux de plaisir, tout illuminé par quelques rimes qu'un copain lui murmure dans l'oreille. Jusqu'au fond des campagnes, on sait par cœur quantité de « ghazal » (17 à 40 vers) d'Omar Khayam, Saadi, ou Hafiz. Comme si, chez nous, les manœuvres ou les tueurs de La Villette se nourrissaient de Maurice Scève ou de Nerval. Parmi les étudiants, les artistes, les hommes de notre âge, ce goût tournait souvent à l'intoxication. Ils connaissaient par centaines ces strophes fulgurantes qui abolissent le monde en l'éclairant, prêchent discrètement l'identité finale du Bien et du Mal et fournissent au récitant — ongles rongés, mains fines serrées sur un verre de vodka — les satisfactions dont son existence est si chiche. Ils pouvaient se relayer ainsi des heures durant, vibrant « par sympathie » comme les cordes basses du luth, l'un s'interrompant pour dire qu'il songe à se tuer, l'autre pour commander à boire ou nous traduire un couplet.

La musique du persan est superbe, et cette poésie nourrie d'ésotérisme soufi, une des plus hautes du monde. En doses massives, elle a cependant ses dangers : elle finit par remplacer la vie au lieu de l'élever, et fournit à certains un refuge honorable hors d'une réalité qui aurait pourtant bien besoin de sang frais. À l'exemple d'Omar Khayam, beaucoup de jeunes Persans : ... *déchiraient en secret le triste plan de ce monde...* puis ils en restaient là.

Tout en plongeant sa main dans les plats, l'imam répète en détachant ses mots : « Non... cette route du sud est dangereuse ; prenez plutôt celle de Meched. Il faut voir la ville sainte et je pourrai vous introduire partout. »

L'*imam Djumé* est la plus haute autorité religieuse de la ville. Il est prédicateur de la Cour et nommé par le Shah qui lui délègue son pouvoir sacerdotal. Au reste, il n'est pas même mollah, mais diplômé d'une université d'Europe, spécialiste du droit coranique et chef d'une puissante famille qui soutient la maison royale depuis plusieurs générations. Il a aussi, dit-on, des accointances du côté des Anglais. C'est donc un prélat politique, que des fanatiques de diverses tendances ont déjà plusieurs fois tenté d'assassiner. Jamais certain, lorsqu'il monte en chaire, de ne pas s'envoler sur les ailes d'une bombe. Il est très brave, fort prisé des femmes et plein d'attentions pour sa ravissante épouse. Au haut bout de la table, il dévore entouré d'un respect silencieux :

> Compote de melon glacé
> Riz à la confiture
> Poulet grillé à la menthe
> Lait caillé aux concombres et aux raisins secs

et règne sur une quinzaine de neveux, beaux-frères, tantes ou cousins qui vont, viennent, s'inclinent, mangent un morceau, disparaissent, s'inclinent encore, reviennent, etc. Lui, c'est une sorte d'affable Montaigne en turban blanc, avec un visage plein, une barbe en collier et des yeux spirituels qui ne lâchent pas l'interlocuteur. L'itinéraire que nous prétendons suivre semble le tracasser sérieusement. D'ici, deux routes permettent de passer en Afghanistan : celle du nord touche Shah Rud, puis Meched, et l'autobus la fait régulièrement ; celle du sud — qui nous tente — est beaucoup plus longue, passe par Ispahan, Yezd, Kerman, traverse le sud du désert du Lout puis le désert baloutch dans toute sa longueur, et aboutit à Quetta en Pakistan. Nous savons qu'elle est peu fréquentée. Mais dangereuse ! ?

— À cause des nomades ?

— Non, répond l'imam, non… personne ! C'est bien là l'ennui, et du soleil, beaucoup trop de soleil.

Mais on entend tant de choses au sujet de ces routes. En voilà encore un, nous disons-nous, qui n'a jamais quitté Téhéran.

— Un soleil dont on n'a pas idée, reprend-il paisiblement, l'an dernier deux Autrichiens ont voulu faire cette route à la même saison. Ils sont morts avant la frontière.

Puis il se rince soigneusement la bouche, s'essuie la barbe et nous installe dans son jardin le temps d'aller faire ses prières.

Jardin de roses entouré de hauts murs et centré sur un bassin rectangulaire. Amarante, blanc, thé, safran, des espaliers, des touffes, des arceaux de roses dévorées de lumière. Quelques plants de fleurs presque noires protégées par des écrans de gaze répandent un parfum étourdissant. Deux serviteurs pieds nus sillonnent les allées de sable avec des arrosoirs. Paradis de couleurs atténuées, surface d'eau calme, et ces fleurs exactement disposées dans la ronde silencieuse des jardiniers. Mais c'est un paradis abstrait, impondérable : le reflet d'un jardin plutôt qu'un jardin véritable. Le luxe des jardins d'Europe prend en pleine terre et s'empare avec effusion de la plus grande quantité possible de nature. Ceux d'Iran ne prétendent pas à cette abondance qui oppresse, mais à ce qu'il faut d'ombre, et à la paix. Entre le sol et les fleurs fragiles, on distingue à peine la ligne des tiges. Le jardin flotte : l'eau miraculeuse, et ce léger flottement, voilà ce qu'on lui demande.

Son exposition terminée, Thierry était parti peindre quelques jours dans la province du Ghilan. J'étais resté à Téhéran pour organiser une ultime conférence et arrondir notre budget. Comme l'Université et l'Institut étaient déjà fermés j'avais emprunté leur salle de fête aux Lazaristes du Collège Saint-Louis. *Stendhal l'incrédule,* sujet peu clérical, ne les avait pas fait reculer. Ils me prêtaient même pour y travailler une petite classe sentant la craie et les vacances, où les Pères m'apportaient de la bière fraîche et des cigares.

Stendhal fut moins bien accueilli à l'« Institut Jeanne d'Arc » où les sœurs Clarisses éduquaient tout ce que Téhéran compte de filles dotées.

— Montaigne, Toulet… passe encore, me dit la Supérieure, mais Stendhal ! ce mange-curé, ce jacobin ! Pourquoi ne parlez-vous pas plutôt de Pascal ? Vous qui êtes un triste, ça vous irait comme un gant et je vous remplirais la salle.

Nous étions installés, à boire du chianti, sous un grand crucifix d'argent. Elle s'en versa une rasade en ajoutant : « Là vraiment, je ne peux pas vous amener mes cornettes... d'ailleurs je ne l'ai pas même lu, ce mécréant, il est à l'Index. »

C'était une femme de caractère et d'esprit qui menait son école de main de maître, et cachait sous son mordant une sorte de mélancolie très attachante. Nous nous entendions bien, parce qu'elle était d'ascendance serbe et que j'aime la Serbie. Elle tenait beaucoup à cette origine et montrait plus d'indulgence aux révolutionnaires yougoslaves qu'aux écrivains indexés. Comme je lui parlais de musique à Belgrade, elle disparut et revint avec un disque : « Je vous le prête, c'est excellent... et soignez-le-moi bien, j'y tiens comme à la prunelle de mes yeux. »

Elle me tendit le *Chant des Partisans* estampé d'une large étoile rouge.

En allant consulter par curiosité l'Index à l'Internonciature, je m'aperçus que seul le *Journal* de Stendhal était mentionné — à cause de quelques passages un peu vifs — mais que Pascal, par contre, y figurait presque en entier. Il y avait là un charmant Monsignore, originaire des Pouilles, auquel je demandai la raison de ce miracle. Il me répondit : « Stendhal n'est pas bien dangereux, et il a une excuse "Arrigo Beyle" : il aimait l'Italie. Tandis que Pascal, c'est un peu le portier de l'Église. Quand un protestant s'en approche — excellent ! — c'est qu'il va entrer ; mais un catholique, attention... c'est qu'il veut sortir. » On raisonne bien du côté de Trani.

VEILLE DU DÉPART

La cime des platanes n'atteint pas même cette terrasse où nous dormons. Le ciel est noir et chaud. Des vols de canards venus de la Caspienne y passent avec un bruit de rames. À travers les branches de l'avenue Hedayat, j'observe les boutiquiers qui s'installent pour la nuit sur le trottoir. C'est plus sociable et plus frais. Ils y amènent leur grabat, ou déroulent à même le sol de grosses couvertures noires et rouges. Ils apportent aussi des théières d'émail bleu, des jeux de jacquet, des narghilés, et entament sans se voir des conversations par-dessus la rue. Partout, c'est cette lumière électrique faible et exténuée des villes d'Asie où le réseau est surchargé, pas blessante, juste ce qu'il faut pour s'accommoder de la nuit sans la détruire. Ou alors, c'est l'éclairage glacé des lampes au carbure qui vernit par en dessous les feuillages poussiéreux.

Cette ville m'attache, et comme j'ai Stendhal en tête j'en profite pour me dire qu'il l'aurait aimée aussi. Il y aurait retrouvé son monde : bon nombre d'âmes sensibles, quelques coquins confirmés et, dans le Bazar, de ces cordonniers pleins de maximes avec lesquels il bavardait si volontiers. L'ombre d'une Cour — intrigues, mauvais café, sombres ribotes — un peu plus pourrie que celle de Parme, qui vit également dans la peur des libéraux qu'elle emprisonne et où le Fiscal Rassi ferait figure d'enfant de chœur. Un peuple qui a de la finesse à revendre, et commente ces débordements avec un humour amer. Plus de regrets que de remords, et un immoralisme nonchalant qui table beaucoup sur la mansuétude divine. Sans oublier ces discrets cénacles de religieux ou d'adeptes soufis, dissimulés dans le Bazar, qui ajoutent une dimension essentielle à la ville, et bourdonnent des spéculations les plus enchanteresses sur la nature de l'âme. Stendhal, finalement si préoccupé de la sienne, n'y serait certes pas resté indifférent.

Moi, ce qui m'y frappe le plus, c'est que l'état lamentable des affaires publiques affecte si peu les vertus privées. À se demander si, dans une certaine mesure, il ne les stimule pas. Ici, où tout va de travers, nous avons trouvé plus d'hospitalité, de bienveillance, de délicatesse et de concours que deux Persans en voyage n'en pourraient attendre de ma ville où pourtant tout marche bien. Beaucoup travaillé aussi, et gagné ici de quoi vivre six mois au moins. Demain nous irons acheter des dollars au Vieux Bazar. En descendant cette avenue Lalezar que nous avons eu tant de peine à monter.

Dans un bistrot de la basse ville, nos amis nous attendent pour nous souhaiter bonne route. J'avais oublié que nous en avions tant. Ultime verre de thé, et quand la voiture démarre, ah... ah... quels soupirs, avec quels regards ils la voient s'éloigner ainsi. Pourtant nous ne manquerons guère, et ce n'est certes pas notre destination qu'ils nous envient puisqu'à Téhéran on vous affirme avec force que les Ispahani sont des faux frères, les Kachani des gredins, qu'au Seistan l'eau des puits est salée, et qu'au Baloutchistan on ne trouve que des benêts. Non, c'est le voyage qui fait songer ainsi. Le Voyage, les surprises, les tribulations, cette mystique du chemin si vivace au cœur des Orientaux et dont nous aurons si souvent profité.

Route d'Ispahan

« Première étape : petite étape », disent les caravaniers persans qui savent bien que, le soir du départ, chacun s'aperçoit qu'il a oublié quelque chose à la maison. D'ordinaire, on ne fait qu'un *pharsar*[1]. Il faut que les étourdis puissent encore aller et revenir avant le lever du soleil. Cette part faite à la distraction m'est une raison de plus d'aimer la Perse. Je ne crois pas qu'il existe dans ce pays une seule disposition pratique qui néglige l'irréductible imperfection de l'homme.

De Téhéran à Qum la route est asphaltée, mais crevée de nids-de-poule profonds comme le bras. À partir de Qum, elle est en terre battue, et si tôlée qu'il nous faut rouler en dessous de vingt-cinq. De loin en loin, l'éclair moutarde d'une tarentule la traverse en zigzag, ou la tache sombre d'un scorpion qui va à ses affaires. Des charo-

---

1   Environ six kilomètres. Cette mesure correspond aux anciens parasanges de l'*Anabase*.

gnards couleur de crasse perchent sur les poteaux du télégraphe, quand ils ne disparaissent pas jusqu'au croupion dans la carcasse d'un chien berger ou d'un chameau. On s'intéresse d'autant plus à ce bestiaire que, dans la journée, la violence de la lumière et la vibration de l'air chaud suppriment entièrement le paysage. Vers cinq heures, le soleil rougit et, comme si on passait le torchon sur une vitre embuée, on voit alors surgir avec une netteté prodigieuse ce plateau désert à travers lequel l'ange a, paraît-il, conduit Tobie par la main. Il est jaunâtre, semé de touffes pâles. Des montagnes couleur aubergine l'entourent de dentelures insolites. Montagnes *distinguées.* C'est bien le mot : sur des milliers de kilomètres les paysages d'Iran s'étendent avec une distinction maigre et souve-raine, comme modelés par un souffle presque éteint dans la cendre la plus fine, comme si une expérience amère, immémoriale en avait depuis longtemps disposé les accidents — points d'eau, mirages, trombes de poussière — avec une perfection qui transporte ou qui décourage mais dont le pays ne se départit jamais. Même dans les étendues désolées du sud-est, qui ne sont que mort et soleil, le relief reste exquis.

On n'a pas, ici, l'habitude de si petites voitures ; et chargée comme est la nôtre, il faut vraiment approcher pour se persuader que c'en est bien une. Sur notre passage, on voit les prunelles s'ar-rondir et les mâchoires tomber. L'autre matin, dans un faubourg de Qum, un vieillard en a éprouvé tant de surprise, et s'est tant de fois retourné qu'il a fini par s'embarrasser dans sa robe et choir sur le cul en s'exclamant : « *Qi ye Sheïtanha*[1]. » Retrouvé, aux étapes, ces meutes de curieux serrés autour de la voiture, et le flic qui déchiffre laborieusement sur notre portière cette inscription qui pourrait être subversive. Dès le second vers, le public enchaîne en chœur, l'exercice se transforme en récitation murmurante, les visages grêlés s'éclairent, et les verres de thé qu'il était, tout à l'heure, impossible d'obtenir surgissent comme par enchantement. Retrouvé aussi les

---

1.   Qui sont ces démons ?

heures de conduite prudente à travers des horizons si grands qu'ils bougent à peine, les yeux brûlés par la lumière, les siestes dans l'orbe des mouches, l'*abgousht* du soir — mouton, pois chiches, citrons cuits dans l'eau poivrée — et la nuit sur le bat-flanc des tchâikhanes. Bref, la vie voyageante à cinq tomans par jour. Jusqu'à cette attention inquiète aux bruits du moteur, que je commence à aimer.

ISPAHAN

Avec un ressort arrière brisé, traversé lentement le canton agricole qui entoure la ville. Le soleil se couchait derrière de hauts platanes solitaires dont l'ombre oblique s'étendait sur des villages de terre aux douces arêtes rongées. Dans les champs de blé coupé, les gerbes retenaient la lumière et brillaient comme du bronze. Des buffles, des ânes, des chevaux noirs, et des paysans aux chemises éclatantes travaillaient à finir les moissons. On voyait le bulbe léger des mosquées flotter sur la ville étendue. Assis sur le capot pour soulager la voiture malade, assommé de fatigue, je cherchais un mot pour m'approprier ces images, et je me répétais machinalement : *Carabas.*

Un peu plus tard

À Téhéran, des amis nous avaient dit : « Vous n'aurez qu'à descendre là, chez nos cousins, ils sont avertis » et donné une adresse.

Les Persans sont hospitaliers, c'est entendu, mais il est tard et nous tombons mal. C'est vendredi, soir des réunions familiales, et la maison est pleine d'enfants, de parents de province qui vont et viennent en pyjama, grignottent des abricots secs, jouent au jacquet, transportent des couvertures, des lampes, des moustiquaires. Trop épuisé pour dormir, je m'occupe en triant notre pharmacie sur la table de la salle à manger. Les hommes qui traversent la pièce saluent affablement ; certains s'installent et me regardent faire en silence. Un gros inconnu jovial m'a ainsi tout le temps tenu compagnie. Au bout d'un moment, il me demande s'il peut user du thermomètre, le met dans sa bouche et continue à m'observer. Il a trop mangé pour fêter la fin du Ramadan et craint d'avoir un peu de fièvre. Mais non : trente-sept-cinq. C'est tout ce que j'ai jamais su de lui.

À la radio résonne cette belle musique persane de tar, ancienne, semblable à celle d'un Segovia détaché de tout, semblable aussi à un peu de verre brisé qui dégringole avec indolence. Mais notre hôte vient éteindre le poste car, dit-il, cette musique empêche de penser à Dieu. C'est un commerçant du Bazar, courtois, fort pieux et béni dans ses affaires. Il me parle de la rigueur avec laquelle il élève ses garçons qui sont déjà presque invisibles à force de politesse. Moi, je l'écoute à peine. Notre présence ici me paraît soudain absurde. La fatigue de Téhéran a attendu cette maison accueillante pour ressortir et maintenant, elle est là, et me sépare de tout. C'est dormir une semaine qu'il nous faut.

Dans la cour de la Mosquée Royale — Masjid-é Shah — on mettrait aisément une centaine d'autobus et peut-être encore Notre-Dame. La place dont elle forme un des petits côtés fait cinq cents mètres sur près de deux cents. On y donnait autrefois de furieux tournois de polo, et ces cavaliers qui passaient au galop devant la tribune impériale, on les voyait plus petits qu'un O majuscule bien avant qu'ils n'atteignent le fond de la place. Sous le pont de trente arches qui franchit le Zayandé Rud, on aperçoit des fourmis occupées à haler en direction des piles des sortes de timbres-poste de couleurs ; ce sont des hommes qui lavent des tapis de dix mètres de côté.

Au XVIIᵉ, avec six cent mille habitants, Ispahan était capitale d'empire et l'une des villes les plus peuplées du monde. Elle n'en a

plus aujourd'hui que deux cent mille. Elle est devenue « province »,
elle s'est rétrécie, et ses immenses et gracieux monuments séfévides
flottent sur elle comme des vêtements devenus trop grands. Ils
s'effritent aussi et se détériorent, parce que Shah Abbas, en homme
pressé d'éblouir, n'a pas pris le temps de faire bâtir solidement. C'est
justement par cet abandon si humain au temps, qui est leur seule
imperfection, qu'ils nous deviennent accessibles et nous touchent.
« Défier la durée » : je suis bien certain que, depuis les Achéménides,
aucun architecte iranien n'est plus tombé dans cette niaiserie.

Cette mosquée royale par exemple : pas un orage qui n'en arrache
une volée d'irremplaçables carreaux de faïence. Quelques dizaines
sur plus d'un million, et tout est si vaste qu'il faudrait cinquante
ans de tempête pour qu'on s'avise de quelque chose. Au moindre
vent, ils tombent tout de même, de haut, rebondissent, se brisent
en poussière sans qu'on entende autre chose qu'un très léger bruit
de feuilles mortes. Peut-être est-ce leur couleur qui leur permet de
chuter ainsi en douceur. C'est ce fameux bleu ; j'y reviens. Ici, il est
coupé d'un peu de turquoise, de jaune et de noir qui le font vibrer
et lui donnent ce pouvoir de lévitation qu'on n'associe d'ordinaire
qu'à la sainteté. L'immense coupole qui en est couverte tire vers le
haut comme un ballon captif. Sous ce dôme et devant les palais de
la place, passent les Ispahani, hors d'échelle, affables, pas trop épris
de franchise, avec cet air qu'ont si souvent les habitants des villes
d'art, d'être jury dans un concours auquel l'étranger, quoi qu'il
fasse, ne comprendra jamais rien.

Ceci dit, Ispahan c'est exactement l'émerveillement qu'on nous
en promettait. Elle vaut à elle seule le voyage.

Hier soir, promenade le long du fleuve. Est-ce bien un fleuve ?
Même aux plus hautes eaux, il va se perdre dans les sables cent
kilomètres à peine à l'est de la ville. Il était presque tari : large delta
troué par les taches lumineuses d'une eau qui bouge à peine. Des
vieillards enturbannés le traversaient à dos d'âne dans un nuage
de mouches. Suivi pendant deux heures un chemin de poussière
chaude bordé par le coassement des grenouilles. Dans la trouée des

saules et des eucalyptus, on distinguait déjà la blancheur du désert
et les montagnes mauves du Zagros, d'une découpure très proven-
çale. Et dans la nature, exactement cette même intimité molle et
dangereuse qu'on trouve parfois, les nuits d'été, aux abords d'Arles
ou d'Avignon. Mais une Provence sans vin, ni vantardises ni voix
de femmes ; en somme, sans ces obstacles ou ce fracas qui d'ordinaire nous isole de la mort. Je ne m'étais pas plutôt dit cela que j'ai
commencé à la sentir partout, la mort : les regards qu'on croisait,
l'odeur sombre d'un troupeau de buffles, les chambres éclairées
béant sur la rivière, les hautes colonnes de moustiques. Elle gagnait
sur moi à toute allure. Ce voyage ? un gâchis… un échec. On
voyage, on est libre, on va vers l'Inde… et après ? J'avais beau me
répéter : Ispahan ; pas d'Ispahan qui tienne. Cette ville impalpable,
ce fleuve qui n'aboutit nulle part étaient d'ailleurs peu propres à
vous asseoir dans le sentiment du réel. Tout n'était plus qu'effon-
drement, refus, absence. À un tournant de la berge, le malaise est
devenu si fort qu'il a fallu faire demi-tour. Thierry non plus n'en
menait pas large — pris à partie lui aussi. Je ne lui avais pourtant
rien dit. Nous sommes rentrés au pas de course.

Curieux, comme tout d'un coup le monde s'abîme et se défile.
Peut-être le manque de sommeil ? ou l'effet des vaccins que
nous avions refaits la veille ? ou les Djinns qui — dit-on — vous
attaquent, le soir, lorsqu'on longe un cours d'eau sans prononcer
le nom d'Allah ? Moi, je crois plutôt ceci : des paysages qui *vous en
veulent* et qu'il faut quitter immédiatement sous peine de conséquences incalculables, il n'en existe pas beaucoup, mais il en existe.
Il y en a bien sur cette terre cinq ou six pour chacun de nous.

ROUTE DE CHIRAZ

Ce village ne figurait pas sur la carte. Il était
campé au bord d'une falaise dominant une rivière à sec. Plutôt
qu'un village : une sorte de puissante termitière crénelée dont les

murs craquaient et se délitaient dans la réverbération inimaginable du soleil de midi. Elle était abandonnée, à l'exception de la tchâikhane où une quinzaine de bergers *qasqâi*[1] gîtaient en attendant que leurs bêtes aient tondu les montagnes voisines. C'étaient de superbes brutes aux visages aigus, noirs de soleil, coiffés de ces mitres de feutre clair qui remontent aux Achéménides et sont la marque de leur tribu. Ils étaient assis en rang sur le bat-flanc, ou accroupis dans les coins, leur fusil en travers des genoux. Plusieurs tenaient dans la main gauche une quenouille de laine sombre et filaient en chantonnant. Un grommellement suivi d'un silence épais accueillit nos salutations. Ils ne pipaient plus mot et nous regardaient tantôt nous, tantôt la voiture arrêtée devant la porte. Une tournée de cigarettes détendit à peine l'atmosphère. Comme le patron ne semblait guère pressé de nous servir, on entama une partie de cartes pour se donner contenance, puis Thierry s'endormit et j'entrepris de soigner les écorchures que je m'étais faites en bricolant le moteur. Quand ils aperçurent la pharmacie, les Qasqâi s'approchèrent en murmurant « *davak* » (médecine) et il fallut panser un panari, une entorse, et quelques ulcères qu'ils avaient enduits de bouse ou d'huile de vidange. Quant aux bien portants, ils invoquaient avec force des bobos dérisoires pour avoir droit au traitement : un géant s'était — comme la Belle au Bois Dormant — blessé avec sa quenouille ; un autre souffrait d'une imperceptible épine au pied ; un troisième, encore plus patibulaire, d'angoisses et de vapeurs.

Vers trois heures on reprit la route. Devant la porte, quelques poules becquetaient le sol brûlant pour déterrer ces petits scorpions dont elles sont si friandes. Les Qasqâi nous accompagnèrent jusqu'à la voiture. Elle ne partit pas : la batterie était morte, pompée par le soleil. On engagea la troisième en poussant vers la descente qui commençait fort à propos au bout du village. Les

1.   Grande tribu transhumante d'Iraniens turquifiés dont les pâtures s'étendent au nord-ouest de Chiraz.

Qasqâi avaient mis la main à la pâte et il nous fallut un instant pour nous apercevoir que leurs yeux commençaient à briller et que s'ils poussaient un peu, ils retenaient plus encore. Certes, ils nous trouvaient sympathiques, mais notre bagage leur plaisait bien aussi, et les grosses pattes qui plongeaient maintenant vers nos affaires, nous avions du mal à les décrocher, en affectant de rire — un rire épinglé à la gueule — sachant que seule cette apparence de farce empêchait encore d'en venir aux coups. En même temps, nous poussions comme des forçats et, comme la pente était forte et la voiture chargée, elle prit bientôt assez de vitesse pour que nous sautions dedans et que quelques zigzags au ras des murs de terre fassent lâcher prise aux plus zélés de nos auxiliaires.

Au bas de la falaise, la voiture franchit sur l'élan le lit à sec de la rivière et s'arrêta, plus morte que devant. Pendant deux heures on travailla dans le moteur et sous la voiture ; vainement. Allez trouver un court-circuit sous ces croûtes de poussière grasse, quand la sueur vous dégouline dans les yeux ! Le prochain village à mériter ce nom était presque à cent kilomètres. Le soleil commençait à baisser et nous n'avions aucune envie de passer la nuit sous ce maudit château de terre cuite. Heureusement qu'à la fraîche, il y eut un peu de passage. Un vieux sous-officier, d'abord, venu à pied d'un poste de surveillance tout proche, qui se borna à constater qu'Allah était grand mais le moteur *sukhté* (brûlé) et s'assit sur une pierre. Puis une jeep qui montait vers Ispahan avec deux passagères voilées. Le chauffeur s'empara obligeamment de nos outils, refit les gestes que nous venions de faire, avec aussi peu de succès, puis, énervé par l'impatience de ses clientes qui s'étaient mises à brailler et à klaxonner, il cassa, en voulant la forcer, la tête du distributeur, s'excusa, nous planta là, et démarra dans un nuage de poussière.

Le soir tombait. Le militaire n'avait pas bougé de sa pierre, et nous commencions à nous inquiéter lorsqu'un petit camion envoyé par la fortune s'arrêta à notre hauteur. Il était repeint à neuf, il était vide, et son pont, juste assez large pour y charger la voiture. Il descendait comme nous sur Chiraz, conduit par trois espèces de Goupils. De tous les Iraniens, les gens de Chiraz ont réputation d'être les plus aimables, les plus heureux, et c'étaient des Chirazi de pure race : des roués paisibles, à l'esprit vif, ne s'étonnant de rien et modérément rapaces. Ils acceptèrent de nous transporter, nous et notre voiture, jusqu'à la ville d'Abadé. Le plus vieux des trois prit le volant, fit dévaler son camion jusqu'à la berge au risque de se rompre le cou, recula pour amener le pont au niveau de la route ; on mit la voiture dessus, nous dans la voiture, et ainsi installés, on repartit doucement vers le sud sous les premières poignées d'étoiles qui montaient des bords du désert.

La nuit était faite lorsqu'on atteignit Abadé où tout dormait déjà. C'était un bled ; impossible de réparer ici. Tout juste si on y trouva de quoi manger. Tout en émiettant ma galette dans le bol de lait aigre, j'observais nos camionneurs : le propriétaire, le mécanicien, le patron-chauffeur : la trinité habituelle des camions caboteurs. Ils venaient de réussir une affaire à Téhéran et parlaient sans cesse de la bombe qu'ils allaient faire à Chiraz. J'écoutais, avec cette impression de longue intimité et de *déjà vécu* qui naît parfois de la fatigue. Le patron, surtout, avait dans sa dégaine quelque chose qui m'était inexplicablement familier. Le repas terminé, ils nous proposèrent de continuer avec eux sur Chiraz qu'ils voulaient atteindre avant l'aube. Puisqu'ils voyageaient de toute façon à vide et que nous étions *saya* (voyageurs) ils nous transporteraient gratis. On passa une bonne heure à arrimer la voiture avec des cordes avant de remonter dans notre perchoir ; nous avions près de trois cents kilomètres à faire et la route promettait d'être mauvaise. Elle commençait par s'élever au-dessus de deux mille mètres, puis coupait par le milieu un désert bordé de montagnes noires et déchiquetées. On entendait à travers le bruit du moteur les clochettes d'invisibles chameaux. Le ciel d'altitude d'une pureté vertigineuse nous couvrait comme un bol. Quand les secousses ne nous obligeaient pas à surveiller notre arrimage, nous nous laissions balloter mollement, la tête au frais baignant dans les étoiles.

Aux deux tiers du parcours une lanterne balancée à bout de bras, et des troncs en travers de la piste nous obligèrent à stopper. J'entendis le patron parlementer avec un troupier, puis couper le moteur. Au-delà des troncs on distinguait le volume sombre d'un poste militaire et un camion, tous feux éteints. C'était un transporteur de sucre parti de Chiraz qui venait d'être attaqué à six kilomètres de là par une tribu de *Kaoli*[1] en migration vers le sud. Malgré une balle dans la mâchoire, le chauffeur avait pu passer, atteindre le poste, et maintenant les militaires arrêtaient le trafic jusqu'au lever du jour. Le froid pinçait. Passé la fin de la nuit avec l'équipage sur le bat-flanc de la bastide dans une odieuse odeur d'opium, entre le blessé assoupi et trois soldats fantomatiques, les lèvres noircies par la drogue, qui tiraient en rond sur le bambou. Comme le patron allait souffler la lampe, j'aperçus pour la première fois son visage éclairé en plein, et je compris ce qui m'avait intrigué : c'était le sosie de mon père ; mon père un peu vieilli, noirci, humilié, mais mon père tout de même. C'était si saisissant que je retrouvai aussitôt le timbre de sa voix, oublié depuis longtemps. (En une année j'en avais entendu tant d'autres.) Je l'entendis donc, et même mot pour mot, la dernière phrase qu'il m'avait adressée : une mise en garde embarrassée à propos de certaines femmes qui, que… dans les ports…

Bien peu de circonstance ici. J'étais pourtant content d'avoir récupéré cette voix : ces bagages-là ne prennent pas de place.

Départ à l'aube. La lune pâlissait. Un ruisseau gros comme le bras, bordé d'une traînée d'herbe sombre et moelleuse, passait devant la bastide et filait en serpentant jusqu'au fond du désert. Au sud, de hautes montagnes bleues fermaient l'horizon. À deux reprises, l'équipage fit halte et disparut, outils en main, sous le châssis. La seconde fois, nous allâmes voir ce qui clochait : le mécano entourait de fil de fer un ressort arrière brisé, le patron avait sorti la batterie et

---

1.   Les seuls véritables nomades de Perse, les Kaoli, sont autrefois venus de l'Est et appartiennent au même groupe que nos Tziganes.

pissait dedans à petits jets pour lui rendre une éphémère vigueur[1] ; le propriétaire ajoutait, l'air soucieux, un peu d'eau au liquide de frein. Des expédients auxquels on ne recourt qu'à toute extrémité. La peinture neuve nous avait trompés. Ce camion était hors d'usage, et c'est avec ce clou qu'ils se proposaient de passer la montagne.

Dans les premiers lacets du col, on rattrapa les agresseurs de la veille. Les bêtes de somme couvraient la route à perte de vue ; les troupeaux coupaient droit dans la pente. Cloches, abois, bêlements, voix gutturales résonnaient dans le demi-jour. Les femmes étaient sales, prestigieuses, couvertes de bijoux d'argent. Les plus jeunes, montées sur des petits chevaux, allaitaient des gamins empoussiérés ; les vieilles, roides comme des triques, carabine à l'épaule, filaient la quenouille au sommet d'un chameau, entre les ballots de tapis. Les hommes, à pied, criaient et brandissaient leur houlette pour faire avancer les troupeaux. On voyait des gosses endormis, jetés comme des paquets en travers des selles, et des coqs ébouriffés accrochés au bât des montures, entre les théières et les tambourins.

Contrairement aux tribus de langue turque — Bachtiâr et Qasqâi — qui sont intégrées à la vie de l'Iran, les Kaoli vivent en marge. Ils ont essaimé un peu partout dans le pays, mais la majorité d'entre eux descendent encore chaque année du Seistan vers la région de Bouchir et le nord-est de l'Irak. En route, ils paissent leurs maigres troupeaux, saignent les chevaux, disent l'avenir et rétament les chaudrons. Les sédentaires, qui ne les considèrent pas comme « croyants », les haïssent, les craignent et les accusent même de voler les enfants. Voleurs ou volés, ils étaient en tout cas en force, et leur troupe, assez nombreuse pour couvrir les deux versants du col.

C'est dans la première rampe de la descente qu'on entendit péter les freins du camion. (Voilà ce qu'on récolte à y mettre de l'eau.) Nous roulions déjà trop fort pour sauter et, sur notre perchoir, le vent de la vitesse nous coupait la figure. Quelques jurons s'élevèrent

---

1. On peut tirer ainsi quatre-vingts kilomètres d'une batterie expirante.

de la cabine, suivis aussitôt du hurlement du pignon de troisième qui lâchait, puis du claquement sec du frein à main qui en faisait autant. Le mécanicien bloqua le klaxon et bondit à la fenêtre en gueulant pour dégager la piste. Devant nous, deux groupes de Kaoli éclatèrent comme des grenades trop mûres. On traversa à toute allure, sans toucher personne, et le premier tournant fut pris de justesse. Une autre rampe à peu près libre et un second tournant dérobé par la montagne. Le camion accélérait toujours. Je me disais : derrière ce virage, c'est sûrement la plaine... je refuse que ce voyage s'achève ainsi. Ce n'était pas la plaine et, trente mètres devant nous, la route était noire de bétail, de femmes et d'enfants. Tourbillon de haillons, malédictions, carillon de cloches, galops de chameaux affolés, explosion de volaille, chutes, cris, couleurs qui se précipitaient vers les bas-côtés de la route. Pas assez vite. Le mécanicien nous adressa un geste d'impuissance et disparut de la portière. Persuadés d'y rester, on se serra la main en rabattant nos casques pour se protéger le visage, et le chauffeur, avec une adresse prodigieuse, emboutit son camion côté montagne. Choc suivi d'un silence où perçaient encore les sanglots d'une fille qui perdait ses nerfs...

Quand je repris mes esprits, la poussière était retombée. Très en avant de nous, les Kaoli regroupés poursuivaient la descente. Du sang sur nous, la vitre, le bagage. Blessures sans gravité, mais qui arrosaient bien. On chercha des yeux l'équipage : adossés à un rocher, la moitié du crâne à l'ombre, les trois compères de la cabine pelaient et salaient un petit concombre. Quelques dents brisées certes, et des cocards, mais puisqu'il était écrit qu'ils ne mourraient pas cette fois-là, autant valait se restaurer tout de suite. Ils croquaient lentement, le visage plissé de plaisir, et parlaient — pour changer — de la noce qu'ils allaient faire à Chiraz. Il n'était pas même question de l'accident.

Pendant quatre heures on vit défiler, têtes droites sous un soleil de feu, les nomades que nous avions dépassés dans la montée. Et quand la route fut enfin libre, les camionneurs s'étirèrent, estimèrent les dégâts et se mirent calmement à redresser leur ferraille.

À coups de moellons, à la masse de cantonnier, à la grosse alène —
pour les pneus éclatés — comme on raccommode une charrette.
J'en prendrais de la graine : en mécanique comme en toutes choses,
on a toujours trop de respect. À cinq heures le moteur tournait.
Traînant en guise de frein un roc d'une demi-tonne au moins, on
se laissa descendre vers la plaine.

CHIRAZ   *Le même soir*

Attablés entre les lauriers dans la cour de la taverne
Zend, nous regardions sans y croire nos chemises couvertes de sang
séché, le maïs et la bouteille qu'un gosse venait d'apporter, et nos
deux couteaux plantés dans la table. Téhéran nous paraissait déjà
à des années. Que serait-ce à Kaboul ! Nous n'avions encore fait
qu'un quart du trajet, mais nous tâchions de nous persuader que
c'était le plus dur. Je nous revoyais, à tombeau ouvert au sommet
de ce camion fou, et les Tziganes épouvantés volant de côté comme
des flocons de laine, ces dix secondes interminables où nous avions
cru y passer... et maintenant, cette ville exquise et silencieuse qui
sent le citron, qui parle le plus beau persan de Perse, où toute la
nuit on entend murmurer l'eau courante, et dont le vin est comme
un Chablis léger purifié par un long séjour sous terre. Les étoiles
filantes pleuvaient sur la cour, mais j'avais beau chercher, je ne trouvais rien à souhaiter sinon ce que j'avais. Quant à Thierry, il était
convaincu que ce cadeau du destin n'était là que pour en annoncer d'autres. Il se demandait déjà lesquels. C'était dans sa nature
de penser que d'invisibles rouages, de larges mécaniques célestes
travaillaient jour et nuit en sa faveur.

Le hammam était encore ouvert, et nos lits préparés sur la
terrasse. Mais la fatigue nous clouait sur nos chaises, et le plaisir aussi de mâchonner paisiblement dans le noir entre l'ombre
seigneuriale de la mort et la vie de seigneurs que l'été nous
avait faite.

Hôtel Zend

Vu dans la cour de l'auberge une famille de paysans assis en rond sur leurs paquets, qui entouraient et plaisantaient un vieillard étourdi de bonheur. Une femme lui passait en riant, et de force, une chemise propre par-dessus ses haillons. Des enfants le flattaient de la main, comme un cheval. Entre eux tous, ils faisaient circuler de bouche en bouche une cigarette. Chacun tirait modérément sa bouffée, les yeux fermés pour n'en rien perdre. Il se dégageait de ce manège une jubilation si intense qu'on était comme forcé de s'arrêter. Pas un visage vulgaire, et cette aptitude à saisir la moindre miette de bon temps. Ils m'expliquèrent gracieusement qu'on fêtait le grand-père qui sortait tout juste de prison. De prison ? Avec une tête pareille ? Que voulait-on encore lui voler, à celui-là, pour l'emprisonner de la sorte ?

Chiraz est pourtant une ville douce où l'art de vivre touche même la police ; mais pas de jour, dans ce pays, où l'on ne tombe sur un de ces spectacles révoltants d'injustice, et en même temps émouvants par leur qualité, par ce quelque chose de quintessentiel, de lentement distillé, de sagace qui est la Perse. Malgré la misère des uns et la turpitude des autres, c'est encore la nation du monde où l'esprit de finesse se manifeste avec le plus de constance, et aussi le plus de résignation. Pour quel motif un paysan privé de tout peut-il goûter une poésie traditionnelle qui n'a rien de rustique, repeindre immanquablement sa porte dans les tons les plus rares, ou tailler dans de vieux pneus des espadrilles (*ghivé*) d'une forme maigre, précise, racée qui suggère aussitôt que le pays a cinq mille ans.

Pour moi, rien n'est plus proche du ciel que certaines tchâikhanes du bord de la route dans la lumière de braise de leurs tapis usés.

De cette cour, on peut apercevoir au bas de quelques marches une cave sombre, fraîche, et sillonnée de cafards où des ménagères en tchador à fleurettes s'accroupissent pour préparer leur rata.

Glapissements, querelles, odeurs fortes : c'est la chambre des femmes. Mais moi j'ai mieux : sur la terrasse où j'ai tiré mon lit, donne une chambre occupée par une famille de Bahrein qui va au pèlerinage de Meched avec une jeune servante tzigane : ce que j'ai vu de plus beau depuis longtemps. Elle porte un mouchoir vert sur la tête, un caraco rouge qui couvre ses bras et ses seins, et des pantalons flottants de la même soie verte que le mouchoir, serrés aux chevilles par deux anneaux d'argent. La nuit, elle vient silencieusement boire à l'outre de cuir laissée au frais devant la porte. Je n'ai jamais vu personne se mouvoir avec cette légèreté ! Quand elle a bu, elle reste assise sur ses talons à regarder le ciel. Elle me croit endormi. J'entrouvre un œil, je ne bronche pas, je la regarde : les pieds nus, le jet sombre et divergent des cuisses, la ligne du cou tendu et les pommettes qui brillent dans le clair de lune. C'est parce qu'elle se croit seule qu'elle est si émouvante et libre d'attitude. Au moindre geste elle s'enfuirait. Je fais le mort, j'étanche, moi aussi, ma soif en faisant provision de grâce. C'est bien nécessaire ici où tout ce qui est jeune et désirable se voile, se dérobe ou se tait.

Quant aux filles de joie qui parfois vous lancent un mot ou même une phrase entière, toutes ne sont pas vilaines, mais on connaît ces voix d'ogresses que le métier finit par leur donner.

TAKHT-E DJAMSHID (PERSÉPOLIS)

Les meilleures cartes d'Iran sont encore inexactes. Elles signalent des bourgades qui se réduisent à une bastide abandonnée, des points d'eau à sec depuis longtemps, des pistes effacées par le sable. Ainsi, celle qui, par Saïdabad, relie directement Chiraz à Kerman, n'existe simplement plus. Il nous faudra donc remonter la route d'Ispahan jusqu'au poste de Djusak, et de là, bifurquer vers l'est.

Ce qui reste de la ville royale occupe une terrasse rectangulaire adossée à la montagne et donnant à l'ouest sur la plaine de Marv-Dasht. À l'époque (VIe-Ve av. J.-C.) où le Roi des Rois venait inspecter les travaux de la future capitale dynastique, cette plaine était encore couverte de moissons. Puis le système d'irrigation a décliné avec le site, et ce qu'on voit surtout aujourd'hui du haut des ruines, c'est de l'aride, du sec, ou le panache poudreux d'un camion, ou encore ces trombes de poussière toutes droites dans le ciel et qui, au début de l'été, se promènent paresseusement par deux ou par quatre entre le mur de soutènement de l'esplanade et les montagnes violettes qui bordent l'occident de la plaine. Quant à la ville, elle n'était pas achevée lorsque les Grecs y mirent le feu. À l'exception de la volée monumentale qui mène à la terrasse, des murs d'aplomb d'un escalier couverts de bas-reliefs, et des deux immenses salles hypostyles dont il est difficile aujourd'hui de se figurer l'aspect, c'est un chantier de pierres énormes, mis à sac voici vingt-quatre siècles. À côté de colonnes brisées par la chaleur de l'incendie, on trouve ces têtes de taureaux colossales qui attendent encore leurs oreilles — elles devaient être sculptées séparément, puis rapportées. Ce voisinage de l'ébauché et du démoli donne aux ruines une sorte d'amertume ambiguë : le malheur d'être détruit avant d'avoir véritablement vécu[1].

Les voyageurs de passage peuvent occuper ici une chambre aménagée dans les appartements de la reine Sémiramis, épouse de Xerxès. Elle contient deux lits de fer, un joli tapis qasqâi et une baignoire Second Empire à motifs noirs et jaunes. Le gérant des ruines — un personnage subalterne — vous y installe sans entrain, à cause du petit travail que votre présence lui donne, mais aussi parce qu'il n'aime guère les Occidentaux, les Grecs

---

1. Les Achéménides s'en servirent surtout comme nécropole, et résidaient plus volontiers à Suse.

en particulier. Il considère les conquêtes d'Alexandre comme un
rezzou de bergers alcooliques, juste bons à détruire et à sacca-
ger, et la bataille d'Arbèles, comme des Champs Catalauniques
qui auraient mal tourné. Il faut s'y faire. C'est du nationalisme
chagrin, mais si ancien qu'il en devient respectable. Et puis, nous
ne sommes guère plus objectifs, et d'un parti pris plus récent :
Alexandre, colon raisonnable apportant Aristote aux barbares ;
cette manie encore si répandue de vouloir que les Gréco-Romains
aient inventé le monde ; ce mépris — dans l'enseignement
secondaire — des choses de l'Orient (un peu d'Égypte seulement,
Louqsor, les Pyramides, pour apprendre aux gamins à dessiner les
ombres). Les Gréco-Romains eux-mêmes — voir Hérodote, ou la
Cyropédie — n'étaient pas si chauvins et respectaient fort cet Iran
auquel ils devaient tant de choses : l'astrologie, le cheval, la poste,
quantité de dieux, plusieurs belles manières, et sans doute aussi le
carpe diem dans lequel les Iraniens sont passés maîtres.

Tout de même, ce gérant est encore plus mal informé que moi.
Il refuse absolument d'admettre qu'il y ait eu des Grecs au VIe siècle
à la cour de Darius Ier.

— Non monsieur, non… ils n'ont existé que bien plus tard. Ils
ont tout abîmé.

Tant de siècles et la surveillance de ruines si vantées ont dû lui
tourner la tête. Comme il n'aime pas qu'on s'y promène en son
absence, il nous met longuement en garde contre les porcs-épics
qui nichent et font l'amour dans les canalisations du roi Xerxès. Il
prétend qu'ils lancent leurs piquants comme des flèches et m'en
fait la démonstration avec sa plume réservoir. D'ailleurs, il a les
lèvres sombres et l'œil fébrile du fumeur qu'on dérange au mauvais
moment. Il bredouille, s'excuse, me laisse au milieu d'une phrase
et, traînant sa jolie petite fille par la main, va retrouver ses pipes,
ses chronologies chimériques et ses porcs-épics archers.

Levés à l'aube. Le bagage était fait et nous, pleins d'entrain. Chacun avait secrètement envie de conduire, de faire des kilomètres vers l'Inde, les arbres, l'eau, d'autres visages. Thierry prit le volant, tira le démarreur et se releva pantelant de déception.

Lorsqu'un camionneur appelé en consultation relève la tête et murmure : *automat sukhté,* cela ne signifie pas nécessairement que le rupteur soit brûlé. Mais cela voulait assurément dire que, quelque part sous la voiture, ou dans la voiture, dans un recoin inaccessible, dans un bobinage invisible, un fil — un entre vingt — s'était dégarni de son isolant, ou qu'un petit contact de platine avait fondu au cœur d'un appareil bien fermé, tel qu'on n'en ouvre jamais dans nos garages d'Europe, et que tous nos projets étaient remis, notre itinéraire différé — et pour combien de temps ?

Cela voulait dire : défaire tout le bagage, sortir la batterie, travailler sous un soleil terrible puisqu'il n'y a ici aucun moyen de se mettre à l'ombre, chercher des courts-circuits dissimulés par le cambouis, manier dans un éblouissement total des vis grosses comme des rognures d'ongle, qui vous échappent, qui tombent dans le sable brûlant ou dans des touffes de menthe, et qu'on cherche interminablement à quatre pattes parce qu'on n'en trouve de pareilles qu'à Chiraz où nous ne pouvons pas retourner avec nos djavass périmés.

Cela voulait dire : pousser la voiture jusqu'au village sous la terrasse, arrêter un premier camion et le retenir avec mille séductions jusqu'à ce qu'il en arrive un second, et se brancher sur leurs batteries réunies pour tenter de démarrer le moteur, puisque nous marchons sur douze volts et ces camions sur six ; se faire remorquer vainement en essayant d'embrayer, à travers toute la plaine, jusqu'au bas-relief du « Triomphe de Shâpur » où l'on remarque à peine l'empereur Valérien pliant le genou devant son vainqueur sassanide, tant on a l'estomac noué par ces mystères magnétiques.

Cela voulait dire : bricoler sans rendre les armes parmi les tôles chauffées à blanc jusqu'à l'heure où, dans la lumière de l'acétylène, autour de la voiture en pièces, les vieux renards de la mécanique que vous êtes allés quérir à la tchâikhane voisine essaient l'un après l'autre les trucs de dépannage de cette région où la panne peut être mortelle, et se penchent en hochant la tête sur le distributeur, la bobine, le démarreur, la dynamo, comme des aruspices sur des foies de mauvais augure — riche folklore — et diagnostiquent finalement une imperceptible odeur de roussi, un point noir sur une vis plati-née... peut-être, peut-être, mais rien n'est moins sûr...

Ce qui voulait dire : dépêcher un camionneur inconnu vers Chiraz avec de l'argent, la batterie, les pièces suspectes, attendre des heures et retrouver à son retour ces alternatives d'espoir et de désespoir parce que manifestement c'est ailleurs que ça cloche ; monter, démonter, gratter, chercher au fond de sa cervelle torride l'idée qu'on n'a pas encore eue et qui, que...

Ainsi de six heures du matin et pendant trente heures d'affilée jusqu'au soir du lendemain. Soudain, l'Iran nous paraissait bien sournois sous son poids de soleil. Je mesurais la patience de cuir qu'il faudrait déployer pour faire prolonger nos permis. Thierry désespérait d'être à temps à son rendez-vous de Ceylan et, quand un œuf qu'il avait dérobé la veille à une des poules du surveillant, et oublié depuis, se brisa dans sa poche, je crus qu'il allait fondre en larmes.

Le soleil rougissait lorsqu'un de nos auxiliaires qui s'était endormi un instant dans le sable s'étira avec un demi-sourire, arracha les connections du tableau de bord, en fit une sorte de tresse et remit le moteur en marche. On ferait donc le désert de Kerman avec cette pelote de fils en vrac, en roulant de nuit pour rattraper notre retard.

Les mécaniques, le progrès : bon ! Mais on mesure mal sa dépen-dance, et quand il vous lâche, on est moins bien partagé que ceux qui croyaient à la Dame Blanche, au Moine Bourru, ou devaient compter, pour leurs récoltes, sur les Génies les plus rétifs. Au moins pouvaient-ils les morigéner, comme les Hittites ; leur décocher des flèches en visant le ciel, comme les Massagètes, ou punir leur fainéantise en retirant pour un temps de leurs autels les aliments rituels. Mais comment s'en prendre à l'électricité ?

Nous n'avions encore jamais trouvé d'alcool dans une tchâikhane, mais ce soir-là, une bouteille de vin nous attendait à celle du village. Un camion de passage l'avait remise au patron expressément pour nous. Un autre chauffeur avait laissé à notre intention un bloc de glace et une corde de remorque. Dans ce milieu mouvant, les nouvelles circulent vite, et tous les routiers qui montaient de Chiraz étaient déjà au courant de nos ennuis. On s'est repris en buvant lentement sur le tapis rouge et blanc qui couvrait le bat-flanc. Concombres, oignons, ce vin sombre, et l'amitié, bien précieuse dans de pareilles traverses. Dehors le vent s'est mis à souffler en tempête pendant qu'on s'enfonçait dans la partie de jacquet que nous poursuivions depuis Tabriz.

Remonter dormir dans ces ruines nous payait de bien des tracas. La nuit surtout elles étaient belles : lune safran, ciel troublé de poussière, nuages de velours gris. Les chouettes perchaient sur les colonnes tronquées, sur la mitre des sphinx qui gardent le portique ; les grillons chantaient dans le noir des murailles. Du Poussin funèbre. On n'en voulait pas trop à Alexandre : la ville en disait plus long ainsi ; sa destruction nous la rendait plus proche. La pierre n'est pas de notre règne ; elle a d'autres interlocuteurs et un autre cycle que nous. On peut, en la travaillant, lui faire parler notre langage, pour un temps seulement. Puis elle retourne au sien qui signifie : rupture, abandon, indifférence, oubli.

TCHÂIKHANE DE SURMAK

Il n'y a pourtant que cette bicoque, le poste des
gendarmes qui lui fait face et, à perte de vue, la lune sur le sable
saumon, mais on dirait que toute la camionnerie d'Iran relâche
devant la porte.

Visages consumés, bouclettes grises sous le bonnet de laine des
surplus américains, casquette noire des Azéri, quelquefois même le
turban kurde ou baloutch. Maigres génies aux mains de pianistes —
malgré la manivelle et le cambouis — qui passent la porte comme
des aveugles, encore engourdis par le bruit du moteur, par les
énormes paysages nocturnes, et vite vite vont rejoindre la maré-
chaussée autour du brasero où tiédissent les pipes d'opium. Dans
la nuit bientôt glaciale, les mastodontes — ces vingt ou ces vingt-
cinq tonnes qui abattent à quinze à l'heure d'interminables étapes
— élèvent un noir rempart autour de la maison de terre. Dedans,
une fois accoutumés à la lumière violente du carbure, ces nomades
vannés se saluent, se reconnaissent, s'interrogent. Où va-t-on
comme ça ? Gestes discrets des doigts, réponses murmurées : on
va du golfe Persique au Khorassan, on va chercher des noisettes
à Erzerum d'Anatolie, on va *inch'Allah* descendre sur le détroit
d'Ormuz par la maudite route de Bender Abbas. Contre le mur,
au-dessus du samovar, on peut voir des images épinglées : la mort
de l'imam Rezza, l'Impératrice en trois couleurs, et de vieilles poules
aux seins pâles tirées des magazines italiens d'avant-guerre. Les
mots se font rares ; l'opium grésille et multiplie l'espace autour des
corps décharnés. La viande du lendemain, suspendue au plafond,
se balance à l'abri des mouches, enveloppée d'un torchon à fleurs.

Parfois, il arrive qu'une Cadillac impérieuse stoppe au milieu
des camions et mette à coups de klaxon la tchâikhane sens dessus
dessous. C'est un gouverneur qui rejoint son poste, ou c'est la
course hâtive vers l'hôpital d'un arbab qui finit sa vie. Dans
l'agitation, dans une confusion de couvertures multicolores, on
débarque un vieux moribond crochu dont les bras pendent vers

le sol, alourdis par les bagues et la montre d'or fin. Des épouses en tchador l'entourent d'inutiles coups d'éventail pendant que le chauffeur et son aide engloutissent, impassibles, une portion de riz aux cerises.

Parfois aussi, par la porte entrouverte, on aperçoit dans la lueur des étoiles un flic armé d'une longue lardoire, qui — comme aux beaux jours de l'octroi — sonde à grands coups absurdes le chargement d'un camion. « Il cherche Dieu… » soupire un des fumeurs, et un mince sourire fait le tour du bat-flanc.

Mais Surmak, c'est encore la grand-route. On la quitte ici pour bifurquer vers l'est où, à mesure qu'on avance, la vie se fait plus maigre, les camions plus rares, les vivants plus dispersés et le soleil plus chaud.

ROUTE DE YEZD   *10-12 juillet*

En quittant Surmak, on traverse d'abord des étendues rouges et noires semées de taches de sel. Au bout de cent kilomètres, c'est le sel qui l'emporte, et malheur à qui n'a pas de quoi protéger ses yeux. Nous avons roulé de quatre à sept heures du soir sur cette excellente piste de terre sans rencontrer âme qui vive. À cause de la sécheresse de l'air, le regard porte à des distances incroyables : cette construction, là-bas, sous un arbre isolé, combien de kilomètres ? Thierry dit quatorze ; moi, dix-sept. On parie, on roule et le soir tombe avant que personne gagne : elle est à quarante-huit kilomètres en ligne droite. On aperçoit aussi de hautes montagnes qui sont à plusieurs jours de voyage. On distingue parfaitement la limite de la neige — dans cette fournaise ! — et du roc[1]. Comme la courbure de la terre dérobe leur socle, seuls les sommets apparaissent : des doigts, des dents,

---

1.   Certaines de ces montagnes, au sud-est de Yezd, dépassent largement quatre mille mètres.

des baïonnettes, des mamelles : archipel immensément dispersé qui flotte sur un coussin de brume aux confins du désert. À mesure qu'on avance, d'autres de ces silhouettes saugrenues surgissent d'un horizon vaste comme la mer, et vous font signe.

Abaghou

Une large et rocambolesque architecture de terre jaune, de hauts murs friables, de minarets carrés hérissés de longues perches, de venelles profondes. Il n'y a que des gens assurés, hautains et même un peu précieux pour bâtir ainsi. Abaghou : dix-huit mille habitants, disent les anciennes géographies. La ville a dû compter sous les Kadjar. Et puis ?…

Au fait, ce labyrinthe écroulé, déserté, silencieux est-il encore une ville ? D'où qu'on se trouve, on entend grincer la même meule à grain au fond de la même maison ; où qu'on aille, on retombe sur le même ânier en veston noir, pieds nus, qui semble avoir perdu sa langue. Au bout d'une heure de recherche, nous y avons tout de même trouvé quatre œufs que nous avons gobé face à une mosquée à demi éboulée, sommée d'une vertigineuse cage de bois dans laquelle le muezzin venait de s'installer. On le voyait s'agiter, petit et lointain entre les barreaux comme la victime promise au sacrificateur, comme une cigale véhémente ; puis il s'est mis à gueuler et psalmodier d'une voix chaude de nègre, sur cette ville où régnait un silence de Grande Peste, et ne donnait pas tant l'impression de prière que de récriminations furieuses et doléances terribles.

Mal dormi à côté de la voiture, et repartis à l'aube.

... ??

Nous nous étions beaucoup interrogés sur ce gâteau de terre dressé loin devant nous en bordure de la piste : la forme à peu près d'un cornet à dés renversé, ou d'un œuf posé sur la base. Mais c'est une enceinte carrée, aveugle, dont le sommet crénelé s'élève à trente mètres au-dessus du désert de sel. Silence absolu et soleil vertical. Un ruisseau qui traverse la piste y pénètre en passant sous une porte à peine assez large pour un âne bâté. On l'a poussée, et derrière, il y avait un mouton écorché suspendu à une voûte, des cris d'enfants, des ruelles bordées de plusieurs étages de maisons, une grande pièce d'eau turquoise entourée de noyers, de maïs, de petits champs qui montaient en gradins jusqu'au niveau des murailles. Bref, toute une ville à vivre sur ce filet d'eau. En levant la tête, on voyait d'étroites volées d'escaliers monter en zigzag jusqu'à la ligne des créneaux, et le soleil comme du fond d'un puits. Les quelques vivants de cette place forte sont revenus avant nous de leur surprise, et le plus hardi nous a offert le thé chez lui. Une centaine d'habitants s'accrochent encore à cet endroit qui s'appelle Fakhrabad, et subsistent grâce aux petits troupeaux qu'ils ont dans les montagnes, à deux journées de marche. Parfois un camion d'épicerie venu de Yezd s'arrête devant la porte ; parfois aussi une semaine entière s'écoule sans qu'on voie rien passer sous les murailles.

Ici, le vent même n'entre pas. Les feuilles mortes de plusieurs années tapissent les toits, les terrasses, les escaliers acrobatiques, et craquent sous le pied.

Yezd

À Yezd, la plupart des produits arrivent déjà de l'ouest par camion, la vie est chère et les Yezdi, qui passent pour les plus grands couards[1], les meilleurs jardiniers et les plus fins commerçants d'Iran, s'entendent à la rendre plus chère encore. Mais début juillet, la chaleur, la soif et les mouches : on les a pour rien.

Dans le désert de Yezd, le casque et les lunettes fumées ne suffisent plus ; il faudrait encore s'emmitoufler comme le font les bédouins. Mais nous roulons, la chemise ouverte, les bras nus, et dans la journée le soleil et le vent nous tirent en douce plusieurs litres d'eau. Le soir, on croit rétablir l'équilibre avec une vingtaine de verres de thé léger qu'on transpire aussitôt, puis on se jette sur le lit bouillant avec quelque espoir de dormir. Mais, dans le sommeil, la sécheresse travaille et couve comme un feu de brousse ; tout l'organisme brame, s'affole, et on se retrouve debout, le souffle court, le nez bourré de foin, les doigts en parchemin, tâtonnant dans le noir à la recherche d'un peu d'humide, d'un fond d'eau saumâtre, ou de vieilles épluchures de melon où plonger son visage. Trois ou quatre fois par nuit cette panique vous jette sur vos pieds, et quand enfin on va pouvoir dormir : c'est l'aube, les mouches bourdonnent et, dans la cour de l'auberge, des vieillards en pyjama jacassent d'une voix stridente en fumant leur première cigarette. Puis le soleil se lève et recommence à pomper...

Il fait trop chaud aussi pour garder ses cheveux. À la sortie de la ville, dans un faubourg écroulé et fumeux, nous nous sommes fait raser la tête par un barbier qui travaille à l'ombre d'un platane. Pendant qu'il me manie le menton, je regarde les « tours du silence » dans lesquelles les Zoroastriens, qui sont nombreux

---

1.   Un régiment d'infanterie de Yezd qui revenait, sous Nadir Shah, de la conquête de l'Inde avec armes et bagages, demanda une escorte pour traverser le Baloutchistan insoumis (cf. Sykes, *The Glory of the Shia*).

dans la ville, exposaient autrefois leurs morts[1]. Je regarde aussi ce platane : retenez-le bien ! si vous allez vers l'est vous n'en verrez plus de longtemps.

ROUTE DE KERMAN

Depuis deux heures, nous apercevons cette tchâikhane, posée comme un objet absurde au centre du désert gris fer. Quand le vent de sable la cache nous ralentissons pour ne pas la manquer, puis la vue se dégage, et on la retrouve qui navigue à des lieues devant nous. Mais, si lentement qu'on roule, on l'a rattrapée tout de même vers onze heures du matin : une coupole de terre sèche d'un galbe parfait dont l'intérieur noirci de fumée reçoit un peu de lumière par un trou percé au sommet.

En Perse où l'on s'autorise pourtant bien des choses, il est interdit de péter, fût-ce en plein désert. Quand Thierry qui somnole sur le bat-flanc, à demi gâteux de fatigue, enfreint cet usage, la patronne se retourne comme une vipère et le menace de l'index. C'est une vieille coquine osseuse et sale qui va et vient dans sa cambuse, deux énormes matous sur les talons, et chantonne d'une voix rauque en attisant le samovar. Le thé servi, elle s'étend sur le dos et se met à ronfler. Quant à son homme, il dort contre la porte sous un drap constellé de mouches, confit dans l'odeur de l'opium.

Lorsque les yeux sont faits à cette demi-nuit, on voit qu'une source sort de terre au centre de la pièce, alimente un petit bassin rond, et disparaît, deux pas plus loin, dans les profondeurs du sol. Quelques poissons incolores, montés par cette veine d'eau souterraine, dérivent paresseusement dans le bassin, ou tètent l'écorce d'une pastèque qu'on y a mise à rafraîchir. Un sac de lait caillé s'égoutte au-dessus de l'eau avec une lenteur engourdissante. Midi

---

1. Pour ne pas souiller la terre ni le feu, ils exposent leurs morts que les charognards dévorent.

a dû passer. Dehors, c'est toujours le vent de sable, et le soleil tape comme un tambour. Il faut attendre : nous ne pouvons pas rouler avant cinq heures sans risque de faire éclater nos pneus. De temps en temps, un des poissons saute pour gober une mouche avec un miraculeux « plop » lacustre qui nous renvoie loin en arrière dans nos souvenirs.

POSTE MILITAIRE DE KHAM   *Sept heures du soir*

Fortin trapu aux arêtes rongées que la tempête vient battre comme un récif. Une femme apparaît sur le seuil et nous fait signe d'arrêter et d'entrer. Elle porte des anneaux d'or aux oreilles, les étroits pantalons noirs de l'est iranien, et tient à la main une marmite de cuivre que les rafales de sable font chanter comme un gong. Nous nous sommes réfugiés dans l'enceinte, malades de soif et de vent. À l'abri des hauts murs de terre nous avons trouvé un amandier, un pêcher, un carré de légumes et trois soldats chenus, assis en tailleur, qui apprenaient à écrire dans un abécédaire à lettres grosses comme la main. Vieux écoliers touchés par le trachome, qui peinent d'autant plus dur sur les syllabes que le chef de poste a profité de notre présence pour leur infliger une dictée : « Bagdad… Shé-hé-ra-zade… » une belle histoire sans doute, mais, comme il a forcé la cadence, le résultat n'est pas fameux. En deux lignes, le plus âgé a fait six fautes… mais des fautes, on en fera toujours de ce côté-ci de la vie. Rires, confusion, hospitalité charmante. Ils ont déroulé pour nous un petit tapis bleu lavande et préparé le thé. La grande femme, qui est la compagne de ces messieurs, berce un nourrisson qu'ils cajolent ou chatouillent avec un brin d'herbe pour le faire sourire, puis chacun se fait fièrement photographier avec l'enfant sur le bras. Une compagnie entière de perdrix aveuglées par le sable vient de s'abattre comme grêle sur le jardin, et pépie entre les légumes.

Anar   *Onze heures du soir*

Les phares n'éclairent plus à dix mètres et des tourbillons de poussière obscurcissent les étoiles. Nous roulons très lentement, jusqu'à ce qu'un mur aveugle qui longe la piste sur deux cents mètres nous révèle la bourgade que nous attendions. La poterne est minuscule et, comme à Fakhrabad, tout le village repose derrière ce vantail bardé de fer. Je frappe avec le poing. Silence. Puis, longuement, avec une pierre ramassée dans le fossé. On entend alors un bruit de pas qui approchent, décroissent, reviennent, et une voix enrouée « Qi yé ?... » On s'explique. Fracas interminable des verrous qu'on tarabuste, et la porte s'entrouvre sur un paysan mal rasé qui tient une lanterne d'une main et un gourdin de l'autre. Il affirme qu'ici on ne peut ni manger ni dormir. Il nous indique de la main une lumière qui flotte dans la nuit à deux farsakh de là, et referme aussitôt le battant sur le sommeil et la sécurité.

Petite tchâikhane où nous sommes restés allongés quelques heures dans le noir sans pouvoir fermer l'œil. Il n'y avait qu'un camion, venu de l'est, arrêté devant la bicoque, et sur le bat-flanc, un chauffeur barbu au turban rose, aux yeux liquides, qui paraissait ici encore plus étranger que nous et soliloquait dans un patois incompréhensible. Nous avons cru saisir qu'il venait de Quetta et avait fait notre route à l'envers. Nous n'en avons rien tiré de plus. C'est la première fois que le monde de l'Inde nous fait signe.

Départ avant le jour.

Rafsinjan   *Six heures du matin*

La ville nous paraissait d'autant plus matinale que nous n'avions pas dormi du tout. Entre deux tas de pistaches, le rasoir ébréché du barbier nous réveilla à moitié. Le hammam fit le reste. C'était une masure d'une fraîcheur délicieuse, construite

autour d'une citerne d'eau verte et croupie. Étendus sur le dallage
humide, on s'abandonnait au baigneur qui nous travaillait le corps
au savon de sable, tirait de sa lavette gonflée comme vessie de gros
paquets de mousse, et pétrissait nos jointures avec ses pieds et ses
mains. En entrouvrant les paupières, on voyait par en dessous son
visage maigre et affairé et, sous le linge qui lui ceignait la taille,
carillonner joyeusement une paire de testicules dorés par le soleil
qui faisait déjà briller les flaques. Des cancrelats à demi noyés nous
passaient en trombe sur la figure. Avec des grognements de plaisir,
on sentait la fatigue lâcher prise, la nuit nous quitter, et revenir la
vie ineffable.

                    KERMAN

            Lorsqu'on a enfin atteint Kerman, on s'aperçoit que
le plus dur reste à faire : six cents kilomètres de fournaise et de
montagnes désertes jusqu'à la frontière, et une fois autant à travers
le désert baloutch pour gagner Quetta. Sur les deux cents premiers
kilomètres, jusqu'à l'ancienne forteresse de Bam, la piste est encore
fréquentée. Au-delà, elle s'ensable, le trafic tarit, la vie s'épuise et le
pays s'étire comme s'il n'avait plus l'énergie d'en finir. Mieux vaut
ne rien dire du soleil ! Quant aux abris et aux rencontres : à peu près
la densité d'une pincée de riz éparpillée par la tempête.
    Voici cent cinquante ans, Kerman était célèbre pour ses châles et
pour ses aveugles — le premier empereur Kadjar avait fait crever les
yeux à vingt mille habitants. Elle l'est aujourd'hui pour ses jardins
et ses tapis à ramages roses et bleus. Les deux jours que nous y
passâmes, c'était au frais dans la fosse du *Point IV,* sous la voiture, les
outils à la main. Pas malheureux d'y être ; après tant de désert : un
peu d'ombre, un petit espace clos, c'est tout ce à quoi on aspire. Le
second jour — un vendredi — nous avions même de la compagnie.
La ville entière avait appris que deux *firanghi* (étrangers) passaient le
jour du Seigneur à travailler sur leur moteur, et nombre de camion-

neurs endimanchés venaient faire salon dans le garage : Arméniens,
Zoroastriens, musulmans ; souliers vernis, turbans neufs, cols
durs, tuniques blanches ou bretelles. Ceux auxquels venait une
idée retournaient soigneusement leurs manchettes propres avant
d'empoigner la clef anglaise ou le tournevis ; certains allaient même
chercher leurs propres outils ; d'autres disparaissaient pour revenir
chargés de gâteaux et de vodka. C'était fort gai, il ne manquait que
la musique.

Nous n'aurons guère vu Kerman de jour, juste assez pour lui
trouver cet air démoli, saccagé — comme si Tamerlan venait d'y
passer — que l'implacable lumière de midi donne à toutes les
villes de l'Est iranien. Mais la nuit, oui. Une fois lavés et rafraî-
chis, nous nous promenions, accompagnés par quelques jeunes
cyclistes qui nous dépassaient, revenaient, faisaient du sur place
pour nous lancer interminablement la même phrase en anglais.
Et la nuit, Kerman devenait belle ; son côté brûlant, déchu, brisé,
faisait place à la douceur du plus grand ciel du monde, à celle
de quelques feuillages, de bruits d'eau, de coupoles qui s'enflent
contre le gris lumineux de l'espace. À la sortie de la ville, notre
escorte nous lâchait. Trois arbres immenses, un mur de boue
séchée, puis un plateau sableux plus vaste que la mer. Étendus
dans le désert encore tiède, nous fumions sans mot dire, en nous
demandant si nous en verrions jamais la fin. Ongles cassés, furtifs
éclairs d'allumettes, trajectoires gracieuses et fatiguées des mégots
qui fusaient dans le sable, des étoiles, des étoiles, des étoiles assez
claires pour dessiner les montagnes qui barraient l'horizon vers
l'est... et peu à peu, la paix.

DÉPART DE KERMAN   *17 juillet*

Au bout de deux jours et demi, trouvé la panne et réparé. Ceux qui nous avaient aidés — certains pendant une nuit entière — ne voulaient pas d'argent ; ils auraient voulu un peu de musique, mais l'accordéon était plein de sable. Au coucher du soleil, ils s'entassèrent tous dans une guimbarde bourrée de victuailles, pour nous accompagner jusqu'au col qui domine la ville. Il y avait là un ruisseau large d'une coudée à peine que, je ne sais par quelle superstition, ils craignaient de franchir. Ils s'assirent donc sur la rive occidentale, les pieds dans l'eau claire ; nous, sur l'autre, et on resta là à festoyer, longtemps, en regardant la pleine lune monter sur un paysage sans limite. Puis les Arméniens nous serrèrent la main, les autres nous embrassèrent à la mode musulmane ; ils remontèrent dans leur voiture en gueulant des chansons et disparurent vers Kerman.

Repartis vers l'est, la voiture lourdement lestée d'eau potable, d'essence, de melons, d'une bouteille de cognac — il en faut pour ces traversées — et de plusieurs flacons de ce vin de Kerman d'un rouge sang séché et fort à réveiller les morts[1]. La piste était bonne et s'élevait en pente douce. La lune brillait assez pour qu'on coupe les phares et ménage ainsi la batterie. Grand plaisir à ronger à quinze à l'heure, tous feux éteints, ces énormes vallonnements solitaires et couleur de corail.

La même nuit

Après cent kilomètres environ, atteint une tchâikhane tenue par trois fillettes mortes de sommeil, qui nous servirent le thé sans pratiquement enlever les poings de leurs

---

1.   Quinze degrés au moins. Dans les jardins qui entourent la ville, les vignes sont plantées dans des fosses profondes de plusieurs mètres de façon qu'on puisse mieux les irriguer.

yeux. Les deux chauffeurs qui fumaient sur le bat-flanc ne parais-saient guère plus alertes. (Les quelques fantômes qu'on rencontra cette nuit-là semblaient n'avoir pas dormi depuis cent ans.) Quant à nous...

Comment dormir aussi, dans ce brouillard d'opium ? On en consomme beaucoup dans l'Est iranien ; les routiers surtout, dont la vie est exténuante. Quand on parle d'opium à un Persan, il se récrie. On insiste ; il explique alors que ce sont les Anglais qui l'ont implanté dans le pays, ont encouragé la vente... etc... Il faut dire qu'ici, la grêle ne tombe pas sur les rizières, ni l'autobus dans le ravin, sans qu'on accuse aussitôt l'Angleterre. Il y a peut-être du vrai dans cette histoire ; les Anglais ont bien fait une guerre à la Chine pour l'opium. Toujours est-il que l'habitude est prise et que, sur la route de Surmak à Bam, nous l'avons retrouvée au moins dans une tchâikhane sur deux. J'aime la fumée ; j'aurais eu cent fois l'occasion d'essayer. Mais cette odeur ! autant celle du haschisch est agréable et liturgique, autant celle-ci... odeur de chocolat carbonisé, de roussi, de panne électrique, qui suggère aussitôt le désespoir, les poumons en papier de soie, les entrailles en velours violet, le marché de dupe, et qui n'a même pas l'avantage d'éloi-gner les mouches.

L'opiomane assure qu'après deux ou trois pipes il pense plus vite, mieux, ordonne plus harmonieusement ses images. Mais il les garde le plus souvent pour lui et le voisin n'en profite guère. Par contre — tout se paie — ses gestes sont gauches, engourdis, et avec quelle lenteur insupportable il renverse par mégarde son bol de thé sur vos genoux ! Mais il faudrait fumer soi-même pour comprendre l'opiomane et son rythme, et même la curiosité n'a jamais pu m'y amener. C'est dire qu'on ne s'attarda guère.

À deux heures, aperçu les phares d'un camion que nous croisâmes à quatre. À cinq, les palmeraies et les formidables assises crénelées de Bam s'élevèrent contre la bande verte de l'aube. Les chameaux en file, les premiers troupeaux de chèvres passaient en fumant dans les ruelles profondes. D'énormes murs de terre, des poternes à chicanes protégeaient toutes les maisons. Une sorte d'impérieuse Afrique, avec la dimension supplémentaire que confèrent mille ans d'histoire écrite.

Pendant des siècles, Bam a servi d'avant-poste et de citadelle, face aux incursions baloutchs et au péril afghan. Elle abritait en permanence un général, une garnison, et lançait parfois vers l'est une expédition punitive dont le départ s'accompagnait, dit-on, d'un torrent de larmes, tant les soldats craignaient de n'en pas revenir. Aujourd'hui que le Baloutchistan est tranquille, ces chagrins ont disparu avec le général, et Bam, c'est surtout une mosaïque de jardins entourés de fortes enceintes qui servent de propriété de plaisance aux arbabs du Kerman.

BAM. DANS UN JARDIN   *18 juillet*

> L'Éternel sifflera les mouches qui sont
> à l'extrémité des canaux d'Égypte.
>   *L'Ecclésiaste*

Il a dû les siffler d'ici. Je dirai une fois ce qu'il faut penser des mouches d'Asie. On a de l'ombre, un bruit de fontaine, des tapis moelleux, l'épuisement : tout est réuni, on va pouvoir dormir. Mais qu'une seule mouche survienne et il faut remettre ce projet. Moi, en tout cas, il faut que j'y renonce et lorsqu'on a quatre ou cinq nuits de retard, il n'existe pas de frustration plus cuisante. (Thierry, lui, dormait comme une souche et le spectacle de ce sommeil me remplissait d'une véritable haine.) On n'a plus alors d'autre ressource que de travailler dans l'espoir de s'épuiser complètement : nettoyer les vis platinées, les bougies, et graisser les ressorts. Refaire le bagage, remplir le bidon d'eau potable, mettre un manche à notre pelle. Marchander quelques vivres au bazar, en remarquant que les femmes en oripeaux noirs et bleus, qui flânent lorsqu'elles marchent à l'ombre, bondissent en traversant les zones de soleil pour ne pas se brûler les pieds, ce qui donne à la rue un rythme absurdement brisé.

Passé chez un camionneur pour mettre la batterie en charge. Il n'y en a qu'un ici, un Grec, unique armateur de ce port de sable, qui parfois lance ses camions dans la houle du soleil, vers Zahidan. Il ne l'a plus fait depuis deux semaines à cause d'une dune qui couvre la piste au-delà du poste de Shurgaz, mais il m'assure qu'on peut passer quand même. Il ne sait rien de la jeep du *Point IV* qui était censée faire la route ces jours-ci. Nous étions pourtant partis devant tout exprès pour l'avoir « en râteau ».

À l'est de Bam, la piste traverse une dépression de sable jaune où le tombeau d'un chef mongol s'élève comme un doigt solitaire. Comme nous arrivions à sa hauteur, un groupe de nomades qui longeaient la piste nous arrêtèrent pour nous remettre un morceau de journal déchiré. C'était un billet du chauffeur du *Point IV*. La jeep avait déjà passé et nous attendrait au poste de Faragh aussi longtemps que possible. « Possible » voulait dire : environ 10 heures du soir, parce qu'il devait franchir la dune de Shurgaz avant l'aube, au moment où la rosée et le froid donnent un peu de consistance au sable. On pressa l'allure. Vers neuf heures du soir, à trente kilomètres de Faragh, le pignon de troisième — la vitesse de croisière — se rompit. Il fallait rouler à dix en seconde, profiter de la moindre pente pour pousser le moteur, engager la prise en dessous du régime et prier qu'elle y remonte. Nous n'avancions pas. Lorsqu'à onze heures nous atteignîmes Faragh, la jeep venait de partir.

Faragh, un endroit où l'on vous attend ! vous imaginez un village. C'était la bastide isolée du télégraphe, *un* tamaris frémissant, et *une* lampe au carbure sous laquelle trois nomades silencieux entouraient un gendarme endormi. On le réveilla pour qu'il télégraphie au poste de Shurgaz d'arrêter la jeep et de nous la renvoyer. Si la commission était faite, elle serait là vers deux heures du matin. Il n'était toujours pas question de dormir. On patienta sans rien voir venir, en buvant du cognac, en maudissant le télégraphe. (Cette attente somnambulique, le vertige du désert, le geste lent d'un des nomades écrasant un scorpion avec sa babouche…)

Au début du siècle, sous les derniers Kadjar, le télégraphe qu'on venait d'installer bourdonnait pour transmettre à la Cour, du fond des provinces, des rapports qui commençaient à peu près par : « Roi des Rois, Pivot du Monde, Pasteur Sérénissime… » et ce n'est qu'ensuite qu'on en venait aux histoires de révolte, de famine ou de gros sous. Toute cette pompe ! et maintenant, ce modeste message de détresse dont nous dépendions tant, et qu'il n'était pas foutu de faire passer.

À deux heures, toujours rien ; mais l'alcool nous ayant donné du courage, on repartit vers Shurgaz avec cette voiture moribonde. Si la jeep avait fait demi-tour, nous ne risquions pas de la manquer : il n'y a pas tant de monde dans cette partie de la planète.

Plus tard

Conduit jusqu'à l'aube pour tâcher de trancher ce nœud qui m'empêchait de dormir. Le désert avait pris une maléfique couleur de cendre. La lune éclairait l'horizon et l'espèce de cairn gigantesque qui, sur cette étape, sert de repère aux camionneurs lorsque le vent de sable a effacé la piste. C'est l'extrémité méridionale du désert du Lout où, bon an mal an, pour un axe cassé, pour une batterie séchée par le soleil, une demi-douzaine de chauffeurs laissent leur peau. Le Lout est, de plus, mal famé : Loth — dont il tire son nom — y vit sa femme transformée en statue de sel ; quantité de Génies et de goules y rôdent, et les Persans y placent une des demeures du Diable. Si l'enfer c'est l'anti-monde dans ce silence dangereux que seul trouble le bourdonnement des mouches, ils ont raison.

Depuis mille kilomètres qu'on nous en menaçait — à Téhéran déjà on nous avait mis en garde — la dune de Shurgaz n'était pas si mauvaise. La piste était perdue sur trois cents mètres environ, et dans le détournement, la carcasse noircie d'un camion naufragé indiquait au moins où il ne fallait pas se risquer. Le ciel verdissait déjà. On dégonfla entièrement les pneus pour augmenter la surface portante, et trois enfants — d'où tombaient-ils ? — qui dormaient autour de cette épave, nous aidèrent à pousser. En une heure nous avions passé.

Cinq-sept heures du matin

Il y avait là un ultime poste militaire.

Je respecte les soldats qui parviennent à vivre dans cette géhenne : deux solitudes, deux chameaux de selle, deux gamelles, un sac de fèves ou de farine et deux revolvers. Deux étuis plutôt, car bien souvent les armes n'y sont plus. C'est dangereux, un homme armé pareillement livré à lui-même : il pourrait prendre trop de soleil et se mettre à tirer à tort et à travers ou, qui sait, se tirer dessus. Et ça éveille la convoitise, une arme. Si les rôdeurs vous assommaient pour vous la dérober ? Non, mieux vaut prendre les devants et vendre son pistolet, peut-être à ceux-là mêmes qu'on avait mission de surveiller. Ainsi personne ne vous redoute, on peut dormir tranquille. Avec l'argent, on achète un peu de nourriture, ou d'opium pour passer le temps en attendant d'être muté. C'est le meilleur moyen de durer, et si ingrate que soit la vie, cette perspective a toujours de l'attrait.

Nous, nous voulions les interroger sur l'état de la piste. Thierry sortit de la voiture et se dirigea vers le poste. Je quittai le volant pour

le suivre, au deuxième pas, tombai, la figure dans le sable — il ne brûlait pas encore — et m'endormis. De retour, Thierry me traîna par les bras jusqu'à la portière et me hissa sur le siège du passager sans parvenir à me réveiller. Le soleil s'en chargea bientôt. À sept heures, il montait déjà comme un poing dressé et les tôles commençaient à chauffer. J'avais souvent pensé au soleil, jamais comme à un tueur. Quand je me repris, j'entendis Thierry marmotter pour lui-même : « Foutons le camp... foutons le camp d'ici... » Il me dit aussi que, selon les gendarmes, il y avait encore du sable à passer avant Nosratabad.

10 heures du matin

Pour trente mètres de sable presque liquide : décharger le bagage de façon à alléger la voiture ; pelleter et égaliser ; ramasser des brindilles et des cailloux pour paver la piste, puis couvrir cette armature avec tous les vêtements qu'on possède ; dégonfler les pneus, embrayer et pousser en hurlant pour amener l'air aux poumons ; regonfler les pneus et refaire le bagage.

On finirait par voir tout noir avec ce soleil. On s'apercevait tout de même que nous avions les bras, le visage, la poitrine couverts d'épaisses croûtes de sel.

Midi

Nous faisions semblant de ne pas l'avoir vue, mais c'est bien une montagne, et la piste la franchit avec une pente impossible. Petit col de Gaoulakh dont je n'ai trouvé le nom que deux ans plus tard sur une vieille carte allemande. Pas si imposant, certes : un chaos de rocs noirs et fumants, trois squelettes de tamaris que les lichens couvraient de barbes mélancoliques, et quelques lacets sauvages. Pas très haut non plus, mais si exactement placé à

l'endroit où la vie renonce, où le courage n'en peut plus, où l'eau
s'enfuit du corps comme d'un pot cassé. Et cette saison, et cette
heure ! Il fallut le gravir quatre fois pour coltiner le bagage jusqu'au
sommet. Puis on empoigna avec des chiffons la voiture dont on ne
pouvait plus toucher les tôles. Première, embrayer, sauter, pousser... jusqu'à ce que tout s'obscurcisse. Au haut du col, les pistons
cognaient avec un mauvais bruit et les larmes nous giclaient des
yeux. J'installai Thierry qui sanglotait, à l'ombre sous la voiture. Il
était temps d'arriver quelque part.

Deux heures plus tard, les dormeurs de la tchâikhane de
Nosratabad crurent rêver en entendant un moteur à cette heure
interdite. Au sud du Lout, en juillet, personne qui circule après le
lever du soleil.

TCHÂIKHANE DE NOSRATABAD   *14-16 heures*

Échoué sur le bat-flanc, trop vibrant d'épuisement
pour que le sommeil vienne, on regarde la jarre d'eau potable qui
sue à grosses gouttes. Elle est placée sur une sorte d'autel, et entourée de ronces, comme un dieu. On voit aussi les tuniques blanches
des buveurs de thé dégorger dans la pénombre par ondes succes-
sives la charge de lumière reçue dans la journée. On s'aperçoit que
ce maudit petit col vous a fait changer de monde et que les visages
ne ressemblent plus à ceux qu'on connaissait : avec leurs turbans
blancs, leurs cheveux noirs taillés en frange, leurs faciès calcinés
de Valets de cartes et leur air de bûche retirée du feu, ce sont déjà
les Baloutchs.

Du temps passe... on perd le fil et lorsqu'on le retrouve c'est pour
voir le patron poursuivre à longues foulées menaçantes un poulet
auquel il veut trancher la gorge, et ses mains palpiter comme des
flammèches derrière l'oiseau terrifié.

Ensuite on s'intéresse au grain du tapis sous ses épaules, ou à ce
petit muscle qui se contracte dans votre joue comme un animal

pris au piège. Puis, à mesure que les nerfs se détendent et que le soleil descend, vous vient cette fatigue comblée, cette envie d'adorer, d'engager son sort, qui vous prend tout d'un coup et libère, à une profondeur que d'ordinaire on néglige, un surcroît de vie violente qu'on ne sait comment employer. S'il était encore question de remuer un membre, on danserait. Bientôt le cœur — cette pompe à émotions — s'apaise ; on le sent taper plus largement, fidèle sous les côtes, gros muscle qu'on a fortifié.

Plus tard

Roulé de six heures à minuit à travers des montagnes couleur d'anthracite pour atteindre Zahidan : maigres eucalyptus, lune de comédie et, au centre d'un carrefour de sable, un gendarme qui n'en revenait pas de voir surgir à pareille heure et à ce bout du monde cette voiture sans lumière d'où dépassaient le manche d'une guitare et le col d'une bouteille, conduite par deux spectres qui paraissaient sortir de la saumure.

ZAHIDAN   *soir du 20 juillet*

L'unique mécanicien de la ville était une sorte d'ermite majestueux qui passait sa journée assis en tailleur au coin du Bazar où il vendait aussi quelques légumes. Depuis un moment, il examinait notre pignon brisé qui brillait comme une gemme au-dessus de sa robe immaculée. Je regardais ce visage de Christ bien nourri, ces orteils bruns, propres et gonflés comme ceux d'un bébé. Il paraissait inconcevable que ce saint pût s'occuper de mécanique. Il nous rendit finalement la pièce : *Quetta doros miché* (c'est à Quetta qu'on répare ça). La petite compagnie de la *North Western Railway* qui, une fois la semaine, fait Quetta-Zahidan avec trois wagons d'eau potable, demandait pour charger la voiture mille fabuleuses roupies d'argent dont nous n'avions pas la première. On ferait donc, en seconde vitesse, les sept cents kilomètres du désert baloutch. Nous avions travaillé toute la journée, couchés sur le dos, pour sortir le moteur et démonter la boîte. On remonterait le lendemain. En attendant, nous pouvions rendre les armes.

Retour à l'auberge *Chalchidis*. Encore un Grec. Dans une lumière très douce, le bistroquet et sa famille — une grosse mère à chignon blanc et deux fillettes — dînaient sous le noyer de la cour en épluchant des pistaches. Ils parlaient grec ; les *phi,* les *psi,* les *thêta* bourdonnaient autour de la table, s'enroulaient dans l'air tiède, coupés d'*omega* plus vantards qui allaient résonner contre le fût bleu ciel qui contient l'eau potable. Un rameau d'olivier séché était accroché sur la porte, et quelques tables de bois usé longeaient les murs blancs. Une servante baloutch, couleur de cendre, lavait un chaudron près du puits. Tout cela suspendu, léger, équilibré : un morceau de Thessalie, cette cour, sous son pan de ciel qui tournait à la nuit. *Une pastèque, des œufs, un pied de mouton, de la bière et du thé.* La cuiller tournait dans le verre, brassant la fatigue avec les souvenirs. J'oubliais délibérément les menaces de la piste de Quetta. Je cédais aux sirènes. Petit débit d'alcool perdu dans une province d'Asie, alimenté par camions ou trirèmes, qui ressemblait sans doute à celui qu'autrefois Jason avait dû tenir en Crimée.

DOUANE DE MIRJAWÉ   *21 juillet, soir*

Le bâtiment de la douane entoure une esplanade de sable où quelques soldats dépoitraillés et un douanier aux moustaches tremblantes tentaient de nous faire prendre patience en attendant leur supérieur. Aucun d'eux n'osait aller quérir ce satrape sur les activités duquel on cessa bientôt de s'interroger : une servante chargée de bouteilles venait de traverser la cour ; un visage de femme hagard, échevelé, était apparu aux carreaux d'une salle éclairée au pétrole, et maintenant, d'invraisemblables gémissements de plaisir commençaient à monter dans la nuit.

Ah, cette douane ! ces clameurs sauvages comme les cris d'un dormeur embarqué dans un mauvais rêve. Il n'y a pas de femmes ici. Je pensais aux heures de camion que celle-ci avait dû faire, et la poussière, et les mouches, pour son salaire et pour la bombance de ce vieil homme seul et pourri qui ne devait à aucun prix être troublée. Quels destins étranges s'accomplissent sous le soleil !

Plus tard, l'officier nous rejoignit, se torchant la bouche d'une main, se rajustant de l'autre. On signa un registre noir, grand comme une pierre tombale, quelques lignes en dessous d'Aurel Stein qui avait passé par là vingt ans plus tôt. Nous bûmes les thés que le vieux nous offrait avec grâce. Lorsque je m'enquis de la piste, il répondit sereinement qu'elle était effacée sur six kilomètres et qu'il doutait qu'on pût passer. Nous ne pouvions pas davantage retourner, une fois la sortie enregistrée, et le premier poste pakistanais était cent kilomètres à l'est. Nous n'aurions rien demandé que le capitaine ne nous aurait pas même avertis. Il était encore tout à ses folies. Il fallut bien des palabres pour obtenir que les soldats nous accompagnent et nous aident à pousser.

… On se retrouva seuls sous les milliards d'étoiles devant l'étendue du désert baloutch. Nous n'en pouvions plus. C'était le bout de la nuit. Nous détestions l'Iran presque autant qu'en d'autres circonstances nous avions pu l'aimer. L'Iran, ce vieillard malade qui a tant créé, aimé tant de choses, tant péché par orgueil, tant rusé, tant souffert. Vieux patricien aux mains ivoirines, tantôt capable d'un charme ensorcelant à ses moments lucides, tantôt offert à la mort dans la torpeur de souvenirs qui s'effacent, et tombé aujourd'hui au pouvoir de créanciers plus robustes et moins raffinés que lui. On n'a pas à être sévère avec ce qui décline. On n'en veut pas aux vieux malades d'être vieux et malades, mais, le moment venu, avec quel soulagement on s'en éloigne.

DÉSERT BALOUTCH

La nuit était bleue, le désert noir parfaitement silencieux, et nous, assis au bord de la piste, lorsqu'un camion venu d'Iran s'arrêta à notre hauteur. Salutations, causette. Un des hommes qui voyageaient sur les sacs dégringola à notre rencontre, serrant contre lui une valise de fibre. Il l'ouvrit et nous tendit à chacun un paquet de cigarettes *Ghorband,* minces, une pâle inscription persane près du bout, un goût fin, un peu âpre avec un petit bouquet distingué de deuil, d'usure et d'oubli, comme la Perse.

À deux jours de la frontière nous y repensions tendrement ; on la voyait, la Perse, comme un large espace nocturne avec des bleus très doux, compatissants. Déjà, nous lui rendions justice.

AUTOUR DU *SAKI BAR*

L'écriteau rencontré à l'aube annonçait « Ici route asphaltée ». On se croyait tiré d'affaire mais, au-delà de Nouchky un col tout en rampes de poussière profonde, qu'il fallut conquérir mètre par mètre avec des cales, nous obligea à nous doper. À midi, nous passions la barrière de Quetta. Des peupliers blancs, des carrés de melons entourés d'épines remplaçaient le désert. La piste était devenue route puis avenue sous la ramure mouvante d'immenses eucalyptus. Autour de nous, la ville disposait largement le peu dont elle est faite : des pans d'ombre fraîche, des attelages de buffles gris, quelques portails de style victorien flanqués de guérites et de canons de bronze, et des ruelles sableuses où des vieillards enturbannés, de grande prestance, flottaient sur de beaux vélos graissés et silencieux. Une ville éparse, légère comme un songe, pleine de répit, d'impondérable pacotille et de fruits aqueux. Notre arrivée aussi fut légère. À nous deux, nous ne pesions plus cent kilos. On se pinçait pour ne pas s'endormir ; à mesure que la drogue nous lâchait, une sorte de nuit s'étendait au cœur de la journée.

Blanchi à la chaux, biscornu comme un gâteau de mariée, construit autour d'un mûrier centenaire, le petit hôtel *Station View* faisait tout à fait notre affaire. Le patron, aussi foncé qu'une icône et coiffé d'astrakan, siégeait à l'entrée de sa courette derrière une caisse enregistreuse en laiton repoussé dont la frêle sonnerie nous réveillait avant le chant du coq. La chambre minuscule ouvrait sur une de ces *salles d'eau* rudimentaires — un robinet, un trou dans le sol humide — propres à l'Inde d'autrefois, où l'on s'asperge à pleins

baquets, en face d'une chaise percée monumentale dont les accou-
doirs polis luisent doucement.

Il y avait aussi un toit terrasse où, le soir de l'arrivée, nous nous
sommes attablés pour noyer le désert. Nous avions bien gagné la
ville où cette nuit nos lits étaient faits. Les whiskies descendaient
sur nous en vagues compatissantes et les maléfices du Lout nous

semblaient conjurés. On entendait les mûres dégringoler dans la
cour où deux clients, assis en tailleurs sur leur lit, échangeaient de
moustiquaire à moustiquaire des propos rares et circonspects. Un
bonheur fourbu nous faisait taire. Partout craquaient des ramures.
Le monde était rempli d'arbres. Entre nos verres, une poignée de
lettres *care of Quetta's Postmaster* attendait notre bon plaisir.

— Tu pourras garder la table — dit Thierry — je peindrai dans la chambre de bain.

Mais je n'étais pas pressé d'écrire ; pour quelques jours « être arrivé à Quetta » me tiendrait lieu d'occupation.

À cause d'un saint très fameux descendu de Kaboul, l'hôtel était sens dessus dessous. Les galeries et les chambres bourdonnaient de dévots. Sitôt le *breakfast* terminé, la salle à manger se transformait en oratoire où le mollah, assis entre une pile d'illustrés anglais et les confituriers hâtivement desservis, recevait les croyants. Une queue de fidèles endimanchés attendaient des heures d'affilée pour lui baiser les mains, se faire bénir, guérir, conseiller, ou poser une de ces « colles » théologiques si chères aux musulmans. On entendait des rires, des claquements de briquets, la récitation continuelle des *sourates,* le « plop » affolant des bouteilles d'eau gazeuse (même ballonnés de thé nous avions encore soif). Après le désert, ces rumeurs sociables me donnaient le tournis. Il faudrait rentrer prudemment dans la vie citadine.

Face à l'entrée du *Station View* un mendiant en belle santé était étendu à l'ombre d'un platane sur un journal déplié qu'il changeait chaque matin. Le sommeil à plein temps est une opération délicate ; malgré une longue carrière de dormeur, notre voisin cherchait encore cette position idéale que bien peu trouvent de leur vivant. Au gré de la température ou des mouches, il essayait des variantes évoquant tour à tour le sein maternel, le saut en hauteur, le pogrom ou l'amour. Réveillé, c'était un homme courtois, sans cet air rongé et prophétique qu'ont si souvent les mendiants iraniens. Il y a peu de misère ici, et beaucoup de cette frugalité qui rend la vie plus fine et plus légère que cendre.

À droite de la porte, devant l'échoppe d'un fruitier, un garçon entièrement nu était attaché par le pied à un anneau scellé dans le mur. Il chantonnait en tirant sur sa longe, traçait des figures dans la poussière, rongeait des épis de maïs ou fumait les cigarettes que le boutiquier venait lui planter, tout allumées, dans la bouche. « Mais non, il n'est pas puni, il est fou, me dit l'hôtelier, quand on le libère il s'enfuit et il a faim ; on l'installe un jour ici, l'autre là, pour ne pas le perdre. C'est raisonnable, non ? »

La fatigue du Lout nous tenait encore bien. On s'endormait partout. Chez le barbier, appuyés au guichet de la poste, au trot des droshky jaunes qui remplacent ici les taxis ; dans les fauteuils cannelés du petit cinéma *Cristal,* bercés par l'éventail des voisins, on s'assoupissait, un plateau de thé sur les genoux, pendant qu'Elizabeth Taylor qu'un projecteur insuffisant rendait plus sombre et plus parfaite découvrait l'amour. Puis la nuit se passait à chercher le sommeil ; le drap tiré sur les yeux, l'horrible chant du moteur en seconde nous remplissait les oreilles et nous traversions du désert jusqu'au matin.

Moulus, bâillant sous un soleil déjà fort, nous allions tâter la ville à petits pas.

Le 31 mai 1935 un tremblement de terre l'avait entièrement rasée, tuant le tiers des habitants. Mais les arbres avaient tenu bon, et ici, l'eau et l'ombre suffisent à faire un lieu. Les Quettans avaient reconstruit le reste en gens qu'on n'y reprendra plus. Ni fondations, ni moellons. Des murs de torchis bourré de paille, de gracieux agencements de bois, de nattes, de bidons, de tapis aux couleurs passées. Dans le quartier baloutch : des échoppes si frêles et exiguës qu'un homme robuste les aurait emportées sur son dos. Même Djinah Road, la rue « moderne », l'échine de la ville, flottait avec ses bâtiments sans étage et ses façades de bois vernis. C'était un décor de « western » monté pendant la nuit. Seuls les grands arbres, les citrouilles inclinées sur le fumier des courettes, et la porte de bronze de la *Grindlay's Bank* avaient un peu de permanence et de sérieux. Une profusion admirable d'écriteaux, d'enseignes, d'injonctions hors de propos, de réclames... *Cornflakes... be happy... Smoke Capstan... Keep left... Dead slow...* étoffait cet urbanisme frugal. Malgré cette rhétorique barbouillée d'aniline, la ville ne pesait rien. Aucune glu. Un fort vent l'aurait emportée. Elle tirait un grand charme de sa fragilité.

Quetta : altitude 1 800 mètres, 80 000 âmes, 20 000 chameaux.

Huit cents kilomètres à l'ouest, au bout du train, la Perse dort dans un manteau de sable. C'est l'autre versant du monde et rien, sinon la contrebande, ne la rappelle ici.

Au nord de la ville, une petite route militaire traverse la zone des cultures, s'engage dans une plaine aride puis s'élève jusqu'au col de Kodjak et aux massifs de la frontière afghane où les tribus voisines de Quetta ont leurs pâturages d'été. Malgré l'excellente piste qui conduit de la frontière à Kandahar, le trafic est pratiquement inexistant et la petite douane de Chaman est une fournaise où rien ne passe, sauf le temps.

Vers le nord-est, un embranchement de la voie ferrée gagne Fort-Sandeman au pied des Monts du Waziristan. Les clans pathans qui les habitent — Massouds et Waziri — sont les plus coriaces de toute la frontière, tellement agressifs, experts en rapines et prompts à rompre leur parole, que les voisins sont unanimes à leur refuser la qualité de musulmans et qu'il fallut quatorze expéditions punitives pour les convaincre qu'ils ne tenaient plus le bon bout.

Enfin, vers le sud, la ligne principale, doublée d'une mauvaise route, descend sur la plaine de l'Indus et Karachi par la Passe de Bolan qui, la transhumance venue, s'engorge d'immenses troupeaux de chameaux transis déferlant vers la tiédeur et l'herbe d'automne.

Voilà les points cardinaux. Ils sont lointains. Ils situent, mais ne pèsent pas sur la ville qui vit pour elle entre sa gare pareille à un jouet Second Empire, son canal ensablé et vibrant de moustiques et les cantonnements de la garnison où l'appel des *bag-pipes* précède le matin.

Après dix heures de travail entre les camions démantelés du *Ramzan Garage*, nous avions fini de reposer notre moteur. Le soir tombait. Le gosse de la tchâikhane voisine furetait entre les crics pour récupérer les verres sales. Lorsqu'il avait fini, les mécanos s'emparaient de lui et se l'envoyaient comme une balle avec de grandes bourrades amicales, puis ils coiffaient la comique calotte brodée des Baloutchs et quittaient la cour en traînant les babouches, dans un nuage de poussière rouge. Les cheveux collés de cambouis, nous émergions de sous le châssis et le gardien de nuit nous tendait un chiffon trempé de pétrole pour décrasser nos visages et nos mains. (Ne pas l'essayer maintenant, ce moteur ; demain il tournerait mieux, à chaque jour sa part de chance.)

Dans sa cage vitrée, Ramzan Sahib classait des factures en chantonnant d'une voix forcée. C'était un géant noir comme la poix, avec une tignasse léonine, des paumes roses, un masque régulier et superbe. Un as de la mécanique aussi, qui découpait le *gun metal* comme du nougat, et un homme de ressources. Son *Khyber Pass Mecanical Shop* — un hangar fait d'estagnons, une petite cour, un lift — méritait ce nom seigneurial : Ramzan et son équipe réparaient n'importe quoi et régnaient sans conteste dans un rayon de quatre cents kilomètres. D'Afghanistan, de Fort-Sandeman, de Sibi, on lui envoyait des voitures qui employaient leurs dernières forces à passer les cols pour venir ressusciter chez lui.

Ici, où l'on use les machines jusqu'à la ruine sans souci de les revendre, les garagistes ignorent ce répertoire de mimiques consternées ou méprisantes qui, chez nous, font honte au propriétaire d'un « clou » et l'obligent à acheter du neuf. Ce sont des artisans, pas des vendeurs. Une culasse éclatée, un arbre à cames en miettes, un carter rempli d'une sorte de farine d'acier ; il en faudrait plus pour les troubler. Les parties saines : phares, portes qui ferment, châssis solide, les impressionnent davantage ; quant aux autres, eh bien, précisément ils sont là pour les réparer. Les tacots les plus rebutants, ils les démontent, les renforcent avec des pièces arrachées aux camions, les transforment en blindés increvables. C'est

un travail d'improvisation admirable, jamais pareil. Parfois, ils signent à coups de tournevis un rapiéçage particulièrement réussi. On ne s'ennuie pas, on gagne bien ; en soudant, en ajustant, on fait dorer des toasts sur le charbon de forge, on grignote des pistaches dont les coques recrachées couvrent l'établi, et la théière bouillante n'est jamais bien loin. La plupart de ces mécanos sont d'anciens camionneurs qui ont vu du pays ; leurs lieux, leurs souvenirs, leurs amours sont distribués sur une vaste province. Cela vous fait des gens éclairés et portés sur le rire. Impossible de travailler avec eux sans s'en faire des amis.

Rendus, le cœur au large dans des carcasses vidées par le Lout, nous remisions nos outils et allions nous installer dans une des tchâikhanes du quartier réservé. Assis devant l'échoppe, une tasse crémeuse sur les genoux, nous regardions ces trois ruelles s'animer après la prière du soir. Il y avait de doux pavés ronds à demi recouverts de sable, des boutiques de la taille d'une armoire qui vendaient du sucre brun, du savon, une poignée d'abricots posés sur du papier d'argent, des horoscopes et de petits cigares. Quelques fines silhouettes prenaient le frais devant leur maison, toutes droites dans leurs saris rouges et or. Il y avait aussi des portes bleues percées d'un guichet grillagé où de jeunes visages enca-drés de mèches noires attendaient le client. Un colloque discret s'engageait à travers ce judas, puis le battant s'entrouvrait sur le soupirant qui, s'il était en humeur de largesses, faisait venir un plateau de thé et un musicien. Le luth ronflait derrière les portes closes et les étoiles montaient sur ce quartier rustique où de grands pendards paisibles, venus du désert pour leurs emplettes, déambu-laient mains dans le dos, une églantine dans le bonnet, humant l'odeur du soir et infléchissant leur course au gré des appels venus des seuils obscurs.

Ici, pas un éclat, pas un signe de hâte ; on cherchait le loisir plutôt que le plaisir. Je pensais aux néons, au pavé gras, aux noceurs couleur brique, à ce qu'une certaine Europe appelle « la bombe ». N'est pas canaille qui veut. Les Baloutchs ont trop d'espace autour

d'eux, trop de race ; tout ce qui les concerne — même l'amour au
comptant — évoque un certain degré de finesse et de dépouille-
ment.

La mécanique donne soif ; en thés, en jus de mangues, en citrons
pressés nous dépensions nos dernières roupies. Dans des fragments
de *Paris-Match* vieux d'une année nous nous informions du monde
et demandions par plis scellés cinq ou six visas pour des contrées,
toutes neigeuses et montagnardes. Quetta n'était qu'un carrefour,
nous choisirions ensuite. On engloutissait la sueur au front des
portions de curry incendiaire, on s'accordait précipitamment toutes
sortes de gâteries par besoin de s'étoffer avant les routes d'automne,
de refaire un peu d'ombre portée, d'entendre son propre pas dans
le sable. La santé est comme la richesse, il faut l'avoir dépensée
pour l'apercevoir.

STATION VIEW

Assis devant l'hôtel, je voyais passer des vendeurs
de crêpes, leur poêle sur l'épaule, des marchands de flûtes les joues
gonflées de gammes stridentes, et aussi des chameliers qui plantaient là leurs bêtes, à grandes foulées, pour aller, d'un air avide,
s'acheter *une* cigarette. Les Baloutchs continuaient à faire mon
bonheur.

Selon l'une des étymologies proposées[1] *Ba-loutch* signifie la
malchance, que l'on compte ainsi conjurer. Pareillement, les
Tibétains donnent aux enfants en bas âge des noms comme :
Teigneux, Déjection, Amertume, pour en éloigner les esprits
jusqu'au moment du sevrage. Il y a beaucoup d'optimisme et de
courage dans cette manière de jouer au plus fin avec le malheur. On
réserve à Dieu la belle omniscience, et on prête assez peu de péné-

---

1.   Par Balsan dans *Recherches au Baloutchistan persan.*

tration aux démons pour espérer les tromper par une simple anti-
phrase. Cette méthode a très bien réussi aux Baloutchs ; je connais
peu de peuples qui soient plus éloignés de suggérer le guignon.

Le Baloutch est plutôt sûr de lui. Son aisance morale éclate dans
ce sourire qui flotte à hauteur de barbe et dans le drapé de hardes
toujours propres. Il est très hospitalier et rarement importun. Par
exemple, ils ne se mettent pas à cinquante pour ricaner bêtement
autour d'un étranger qui change sa roue ; au contraire, ils offrent du
thé et des prunes puis vont chercher un interprète et vous harassent
de questions pertinentes.

Pas follement épris de travail, ils se livrent volontiers à la contrebande sur les confins persans, et tirent des fusées vertes pour attirer les merveilleuses patrouilles du *Chagaï Frontier Corps* pendant
que les sacs changent de main sous l'œil de Dieu à l'autre bout du
désert.

Ici, à l'heure de la prière du soir, les pelouses sont jonchées de
formes prosternées à côté de leurs paquets : des dévotions vigoureuses et n'excluant pas la galéjade. Les Baloutchs sont bons musulmans sunnites, sans trace de fanatisme. Un chrétien sera aussi
bien reçu qu'un coreligionnaire, avec en plus une nuance d'intérêt, et des questions, car ils sont curieux comme des belettes. La
bigoterie, le ton de nez, les attitudes, voilà qui n'est pas leur fort.
Nomades, *sardars* gradués d'Oxford, ou rapetasseurs de babouches,
ils vivent sans empois, largement ouverts au comique. Le lieutenant Pottinger de la Compagnie anglaise des Indes qui, à l'époque
de Bonaparte, parcourait le pays sous un déguisement que les
Baloutchs ne manquaient pas de percer à jour, sauva sa vie dans
quelques occasions difficiles en mettant les rieurs de son côté. Cette
gaieté est une vertu cardinale. Plusieurs fois à Quetta, j'ai vu des
vieillards d'une grande noblesse tomber de leur vélo *Raleigh,* terras-
sés par le rire, parce qu'une plaisanterie lancée d'une boutique les
avait atteints au cœur.

Le pignon de troisième vitesse meulé au *Khyber Pass Garage* se rompit aux essais. Ramzan retournait dans ses mains ce morceau d'acier mutilé qui nous retenait dans la ville. Il ne comprenait pas ; il l'avait pourtant taillé dans une plaque de blindage « empruntée » aux stocks de la garnison. Il s'offrait à le refaire en surveillant lui-même la trempe, mais c'était perdre une semaine et risquer une nouvelle rupture. On téléphona à Karachi pour commander la pièce ; serrés dans une cabine au plancher souillé de bétel, nous entendîmes une voix nasale articuler à huit cents kilomètres de là un prix qui mettait fin à nos vacances. Il faudrait quitter l'hôtel ; nous n'avions pas encore récupéré et cette fois, la pauvreté me faisait peur.

Noirs de cambouis, tête basse, nous revenions de la poste quand deux journalistes en quête de copie nous coupèrent le chemin. Cigarettes sous les tamaris où nous exposons nos ennuis. « Allez donc au *Lourde's Hotel,* le patron y loge pour rien les voyageurs venus de Perse ; il vient d'ouvrir, c'est sa façon de faire réclame. Vous y serez très bien servis. » Et rendus volubiles par le plaisir d'obliger, ils énumèrent toutes sortes de plats. Ils disaient vrai : son gros corps sanglé dans un « fil à fil » superbe, son visage acajou couvert de gouttelettes, le directeur nous indiqua l'heure des repas et nous ouvrit une chambre ombrée d'eucalyptus. Une heure plus tard, nous avions emménagé. Thierry tendait une toile sur son châssis ; je déroulai devant la table le tapis reçu un soir en Perse — des semis orange et citron ronflant sur un fond ardoise — et retournai chez Ramzan, ma machine à écrire sous le bras, pour souder quelques majuscules. Le soir même, nous vendions nos services — guitare, accordéon, javas et valses musettes — au patron du seul bar de la ville, et la vie prit un tour différent.

Je me souviendrai longtemps du *Saki Bar* et de Terence son patron qui nous employa pendant trois semaines. Depuis que nous avons eu vent de sa disparition, je m'attends

constamment à le voir ressurgir avec ses pantalons de flanelle
distendus, ses yeux patients, ses lorgnons de fer et ce hâle cuivré
des invertis qui ménage à l'endroit des pommettes deux zones de
couperose bien irriguées où affleurent les émotions. C'était un
homme distrait, bienveillant, avec dans l'allure quelque chose
de lumineux et de brisé. Bien qu'il fût fort réservé sur ce point, il
paraissait souffrir d'un penchant auquel, dans cette ville, ils étaient
pourtant nombreux à céder — une petite chanson pathane que
Saadik le cuisinier fredonnait en tisonnant son feu l'attestait avec
fraîcheur :

> ... Un jeune homme traverse la rivière
> son visage est comme une fleur
> son derrière est comme une pêche
> Ah ! que ne sais-je nager...

Terence mijotait lui-même une excellente cuisine : des soupes au
poivron, des steaks sur charbon de bois et des soufflés au chocolat
qu'il faisait monter avec une pelle rougie au feu. Là, il fignolait,
avait des trucs et des trouvailles, dispensait avec une sobre passion
épices et herbettes. Ses menus tenaient du Mage et de la Tzigane
amoureuse, et c'est dans ces préparations que sa nature femelle se
trahissait le plus, ainsi qu'une nostalgie très forte de la qualité —
faire parfaitement ce qu'il faisait — qui donnait parfois à ses avatars
l'allure d'une libération et d'une conquête.

Saki, c'est le Ganymède de la poésie persane, l'échanson du
Paradis, l'introducteur à des délices qu'une enseigne de bois suspendue au-dessus de l'entrée exprimait fort bien : un flacon de vin à
long col, un narghilé, un luth et une grappe de raisins — chaque
grain brillant comme une fenêtre bien lavée — peints en tons
sourds et exquis. Derrière ce panneau, commençait le domaine
surprenant du *Saki Bar* où Terence gouvernait ses noirs et langoureux marmitons.

C'était une salle étroite et fraîche, doublée d'une cour terrasse
blanchie à la chaux où, le soir venu, les rêveurs de la ville s'atta-

blaient dans l'odeur des lauriers et où, de neuf heures à minuit, sous la trompeuse étiquette de *Continental artists* nous grattions bravement nos instruments.

Terence avait tenté de transformer sa courette en tonnelle à la française ; deux arbres en pot, une piste de danse couverte d'un parasol mangé aux mites, des fauteuils de rotin, un piano aux bougeoirs tourmentés et, aux murs, quatre couvertures de la *Vie parisienne* avec des femmes toutes en œillades, en gorges exquises, en bouclettes. Mais l'éloignement, l'ancienneté de ses souvenirs avaient rendu cette ébauche de guinguette linéaire, comme abstraite, et ces blondes images gondolées de soleil ne suffisaient pas à conjurer tant d'aridité et de blancheur. Terence ressentait son échec ; le mur nu qui bordait la cour le tarabustait et lui donnait soif. Le premier soir il nous proposa d'y faire une fresque couvrant toute la surface : des poissons, des bancs de sardines, des vaguelettes, de l'humide, du bleu. Mais comment donc ! Regagné l'hôtel à l'aube en cherchant à nous remémorer l'allure des derniers poissons que nous avions aperçus ; c'étaient les silures incolores et moustachus montés du centre de la terre le long d'une veine d'eau pure dans la tchâikhane d'Abaghou. Mais le lendemain, écailles et dauphins s'étaient dissipés comme un songe. Terence avait reçu des visites après notre départ. Il paraissait soucieux ; il avait oublié sa fresque et formé un nouveau projet : quitter Quetta.

Terence avait connu d'autres temps puisque presque tous ses clients — chefs baloutchs ou pathans, libéraux afghans en exil, commerçants du Pendjab, officiers écossais au service du Pakistan — semblaient l'avoir connu ailleurs et l'appelaient « Colonel ». Cousus bout à bout, les récits qu'il nous faisait en attendant l'aube permettaient d'imaginer ceci : il avait grandi dans le sud de la Perse où son père était consul britannique, pris ses galons en Angleterre dans un Régiment de la Garde, et dépensé sa part d'héritage dans le Paris des ballets russes et des coupés

sport *Delage*. Passé quelques années en Abyssinie d'où l'arrivée
des Italiens l'avait délogé. Après des tribulations sur lesquelles il
gardait le silence, il se retrouvait colonel à Peshawar et « agent
politique » d'un district pathan, c'est-à-dire responsable de cent
kilomètres de montagnes presque inaccessibles et truffées de fusils
enclins à partir tout seuls. L'indépendance de l'Inde et les troubles
de la *Partition* l'avaient surpris sur ces confins explosifs et salubres
dont il aurait pu dessiner la carte en dormant. La petite guerre du
Cachemire lui avait permis d'employer quelque temps encore ses
compétences... Et maintenant : cordon-bleu, patron de bar dans
une impasse sableuse entre la boutique d'un photographe franco-
indien et celle d'un Sikh marchand de vélos, soupirant d'aise après
le départ du dernier client et repoussant le moment d'aller dormir
comme s'il craignait de manquer pendant son sommeil un rendez-
vous auquel il serait venu de très loin.

Quand nous demandâmes à Terence comment
se recrutaient les filles si belles du quartier réservé, il marmotta
quelques mots embarrassés sur les souteneurs pathans qui venaient
boire au *Saki,* puis, croyant que nous voulions mettre la conversation sur les femmes et craignant de paraître s'y dérober, il sauta
trente ans en arrière et nous raconta l'histoire d'une certaine dame
Fitt's qui tenait alors, dans North Audley Street (Londres), une
maison de rendez-vous select et d'accès difficile, que les cadets de
son régiment célébraient d'une voix embuée de respect. Un soir de
mai, Terence très heureux et très gris se trouve cingler vers l'adresse
indiquée. Le quartier est cossu, la porte austère, qu'une gouver-
nante entrouvre pour demander qui il est et ce qu'il désire. Au
prix d'un grand effort, il retrouve une contenance, tend sa carte
et celle de son « parrain ». Après l'avoir fait attendre sous de belles
gravures patriciennes, on l'introduit chez Madame Fitt's. C'est une
douce et vieille personne en liseuse de dentelle, assise très droite
dans un lit à colonnes. Terence est intimidé ; voilà qu'on l'interroge

sur sa famille, son régiment, les collèges qu'il a fréquentés puis, du même ton égal et lointain, sur ses préférences... une Annamite ? une Alsacienne ?... maternelle ? ou lubrique ? Madame Fitt's lui laisse aussi entendre qu'elle attend son argent. Elle n'a pas formulé de montant — s'il est homme du monde il doit savoir comment se rétribuent les faveurs d'une maison si distinguée. Il ne sait pas. À tout hasard il rédige un chèque de dix livres et le tend d'un air incertain.

— C'est parfait, mon jeune ami, mais veuillez plutôt l'écrire en guinées.

« En *guinées* ! voyez-vous ça » nous répétait Terence qui n'en était pas encore revenu. Pour moi qui ne connaissais pas l'Angleterre, cette passion de *standing* dans un commerce si terre à terre, ce goût des nuances sociales étendu jusqu'à la monnaie me paraissaient aussi singuliers que le sacrifice d'un coq à la pleine lune, ou la giration des derviches tourneurs. Sous la loupe du soleil baloutch, nous découvrions l'Angleterre à Quetta comme les Gallo-Romains la Grèce à Marseille : image grossie et simplifiée d'une mentalité qui, hors de son contexte de briques et de brouillards, était plus déconcertante que tout ce que nous avions rencontré jusqu'ici. Si le Turkestan nous ennuyait, nous aurions toujours la ressource d'aller vivre à Plymouth.

De cette origine, Terence avait conservé les vertus les plus aisément transportables : l'humour, la discrétion, une grande possession de soi. Il s'était dépouillé du reste pour suivre sa propre voie et atteindre après je ne sais quels revers ce qu'il appelait sa vocation de « clown-restaurateur », vivant au jour le jour, travaillant sans filet et obligé de compter, comme tous ses concurrents, avec les caprices d'une administration corrompue. Cette situation donnait du poids à ses opinions et ses goûts. On ne peut aimer vraiment que les choses dont on dépend ; pour trois semaines nous dépendions du *Saki Bar* et nous l'aimions. Terence dépendait de l'Asie avec laquelle il s'était « compromis », et rêvait de s'en arracher, mais il l'aimait et avait payé assez cher pour prendre au dessin d'un tapis ou à la poésie persane ce plaisir âpre et profond que ne connaîtront jamais ceux qui n'ont pas « d'ennuis à craindre ».

Bien trop légers pour réussir dans le grand commerce, les Baloutchs avaient abandonné les boutiques de Djinah Road à quelques négociants du Pendjab, fessus, épris de considération et coiffés d'astrakan, qui punaisaient l'image de la reine Elizabeth au-dessus du comptoir et montaient avec emphase dans de petites autos *Standard,* hautes sur roues. Ceux qui fréquentaient le *Saki* nous offraient à boire en assurant qu'à Peshawar ou à Lahore, nous n'aurions pas d'autre maison que la leur, et nous suppliaient, en attendant, de visiter leur magasin.

À y regarder de près, ces boutiques de Djinah Road offraient un spectacle navrant. Plus trace d'artisanat. Portée par une vague majestueuse, l'écume de la camelote occidentale avait atteint et souillé le commerce local ; peignes patibulaires, Jésus en Celluloïd, stylos-billes, musiques à bouche, jouets de fer-blanc plus légers que paille. Minables échantillons qui faisaient honte d'être Européen. Sans compter l'usage atroce de la tierce majeure — preuve du peu de cas que les Anglicans font de la beauté — qui, sortie de l'harmonium de la chapelle militaire, avait ici contaminé jusqu'aux musiciens ambulants ; et sans parler des vertigineuses grandes bicyclettes, payées au prix fort, sur lesquelles les Baloutchs naviguaient en équilibre instable dans de grands embarras de robes. Mais c'est ainsi qu'on crée un marché.

Je me consolais en pensant qu'à cet égard au moins, l'Inde s'était bien vengée en nous refilant tout son rebut : « baume tonique des Brahmanes », gourous de pacotille, fakirs en toc et Yoga dernier choix. Mais c'était un rendu pour un prêté.

Terence qui nous voulait du bien et cherchait à placer nos talents nous fit rencontrer Braganza, patron du *Gran Stanley Café*. Riche de plusieurs dents en or, d'un dothi éblouissant et d'une badine, Braganza, chrétien et goanais, appartenait à une de ces familles d'ascendance portugaise qui ont, en quelques générations, avec un sentiment de panique et de frustration, passé du bistre clair à l'acajou. Il tenait en face du *Saki* un sombre tea-room d'une quarantaine de tables où la clientèle pathane venait, les orteils en bataille, boire de la « gazeuse », et nous offrait cent vingt-cinq roupies pour décorer deux parois de son établissement : un sujet exotique — français par exemple — et qui pousse à la consommation. Pour ne pas troubler le service, il nous abandonnerait sa salle entre minuit et sept heures du matin. Braganza nous fit visiter les lieux ; en passant par l'arrière-cuisine il ouvrit le garde-manger sur quelques beignets visités par les mouches... « beaucoup d'huile, c'est fortifiant, vous vous servirez ».

Le même soir, Thierry fit deux projets ; pour le mur de droite : une guinguette à lampions où des aristocrates servaient le champagne à quelques évaporées, pour celui de gauche : un bar espagnol où hidalgos et gitanes se consumaient en *habaneras* lascifs. Résolument figuratif. À peu près ce qui vient à l'esprit d'un noceur fatigué lorsqu'il crie « Montmartre » ou « Olé ». Deux larges surfaces en couleurs plates — une grosse caisse et la croupe d'une jument — me permettraient de me rendre utile. Braganza se déclara séduit. Il y eut donc, après notre travail chez Terence, plusieurs nuitées dans ce bistrot torride, à brasser les couleurs en fumant de petits cigares pour combattre le relent de curry qui montait des nappes tachées. Pendant que je touillais la colle sur la flamme du « primus », Thierry dressait face à face ces incarnations du tango et de la valse anglaise, que les couleurs vénéneuses du droguiste local et la lumière du néon rendaient agréablement sataniques. On s'interrompait, ruisselant de sueur, pour faire infuser de grosses brindilles de thé noir. Les soliloques du cuisinier baloutch qui rêvait étendu sur sa natte montaient derrière le comptoir. La nuit tournait avec une merveilleuse lenteur. Nous commencions à nous sentir décantés par les veilles, usés et puissamment heureux ; derrière les roupies de Braganza j'apercevais le départ, Kandahar et l'automne. Nous dormirions en Afghanistan.

Retours somnambuliques. Les eucalyptus répandaient leur odeur en vagues sur les ruelles moirées de sable fin. Devant les boutiques fermées des chevrettes noires tiraient sur leurs attaches. Nous longions le canal à sec, passions la *Grindlay's Bank* où le veilleur de nuit pathan, la carabine sur les genoux, dormait sous sa longue moustache comme sous un parapluie fermé. En arrivant au pont, nous abandonnions les beignets soustraits au garde-manger à un mendiant qu'on retrouvait chaque aube à la même place, couché en rond comme un chien. Seuls un regard goulu et une paire de mains agiles distinguaient ce paquet de haillons d'une charogne. Trop misérable pour s'étonner de rien ; ces maigres étrangers qui surgissaient au point du jour, barbouillés de peinture, avec des pâtisseries dans un bout de journal ne lui arrachaient pas une syllabe. Il tendait la main et refermait la main, muet comme une carpe. Lorsqu'il avait fini de mastiquer et de déglutir, il posait sa tête sur le seul objet qu'il possédât : un petit coussin sale avec brodé dessus en gothique et au point de croix « *Sweet Dreams* ».

À pas légers nous filions sous les grands arbres dans le chant des premiers moustiques. Le soleil rouge montait dans un ciel gris. Nous n'étions pas étendus sur nos lits, que les *bag-pipes* des casernes éclataient sur cette douce poussière en accents stridents et rédempteurs. Comme si Jéricho était à reprendre. Ces fanfares si septentrionales et victoriennes sonnaient pourtant très bien ici.

En plus de l'humour, un certain goût de l'Ancien Testament avait dû attacher ces puritains à ces sables.

La voiture, qui nous coûtait si cher, avait perdu ses plaques dans le désert d'Iran ; son tritptyque était périmé, juridi-

quement elle n'existait plus. Dans une petite villa voisine de la
gare, nous allâmes prier le superintendant des douanes d'arranger
cette affaire. C'était un homme noir et porcin, les oreilles remplies
de longs poils soyeux. Sous un ventilateur qui brassait l'air bouillant, il luttait contre une terrible envie de dormir, et ses paumes
transpirantes laissaient des lunes sur son buvard. En deux coups
de tampon il mit un terme à nos ennuis, non sans nous faire
remarquer qu'ici c'était plus simple qu'en Perse, et fit l'éloge des
fresques du *Gran Stanley Café*. Finalement, d'une voix de gamin
coupable, il demanda à Thierry quelques nus pour sa « collection »
et nous invita à goûter pour le lendemain.

Il n'y a pas de sot métier, à dix roupies la pièce il y aurait là
de quoi acheter quatre pneus neufs. Levés au point du jour, on
se mit au travail, copiant sur des *Vie parisienne* empruntées à
Terence. Les numéros ouverts couvraient le plancher. L'année
1920 : des yeux cernés de khôl, des bouches en orchidée dans de
petites faces prognathes et trop poudrées, des robes sans taille,
à franges, des épaules frileuses et des chevilles cambrées. Dieu !
quelle douce engeance. J'avais mal jugé cette époque. Ici, où les
femmes passaient murées dans leur voile blanc, nuages montés
sur des babouches cloutées, ce déploiement de grâce nous laissait
tout saisis. Mais il ne s'agissait pas de nous. Pour gagner du temps,
je gribouillai moi aussi quelques feuilles, sans parvenir à dépasser
la caricature ou le graffiti. Savoir dessiner un corps devrait être
aussi naturel que s'exprimer avec précision dans sa langue. Au lieu
de me bourrer la tête avec Ulpien et Beccaria, j'aurais été mieux
avisé d'apprendre à tenir un crayon. C'est un manque sérieux, une
infirmité mortifiante, que de ne pouvoir représenter ce que l'on
aime. En une demi-heure, Thierry fit trois ondines qui se déhan-
chaient sans modestie ; je coloriais à mesure : cheveux paille et
yeux pervenche pour mettre l'exotisme de notre côté. À cause de
l'heure matinale et de la mélancolie heureuse qui montait de ces
vieux journaux, le résultat était plus élégiaque que polisson. Le
superintendant y trouverait-il son compte ? Je doutais qu'il y eût

là de quoi émouvoir cette montagne, mais nous n'avions pas l'âge de faire mieux, la pornographie est une besogne de vieux.

Sur le seuil d'un salon obscur décoré de plumes de paon, le superintendant nous serra interminablement la main. Il paraissait embarrassé par sa commande de la veille et, pour nous prouver qu'il n'était pas le libertin que nous pouvions penser, insista pour nous présenter ses enfants : trois fillettes cagneuses et noires en robes à volants qu'on interrogea sur leur école pendant qu'elles pouffaient en regardant leurs pieds nus. Devant une table chargée de pralines, de dragées, de gâteaux poisseux, nous poussions une conversation languissante. Puis notre hôte chassa sa descendance et examina nos créatures en soupirant à fendre l'âme. Les mains sur les genoux et la bouche pleine, nous nous gardions de troubler sa contemplation ; trente roupies feraient bien notre affaire.

— En avez-vous d'autres ? plus…

— Non.

— Aucun autre ?

Il reprit les dessins et les ayant gravés dans sa rétine, nous les rendit couverts de doigts gras.

— C'est trop… artistique, vous savez, moi… mais servez-vous quand même, ajouta-t-il en remplissant nos assiettes.

Par mortification nous sommes rentrés à pied, ce grand portefeuille sous le bras. Une heure au moins sous un soleil de plomb, les poches pleines de sucreries. Voilà, pensais-je, à quoi mènent les études. Thierry ruminait : « Ne pas vendre mes toiles… passe encore, mais ça ! » On chargea donc Saadik, le barman du *Saki*, d'écouler discrètement cette camelote aux bookmakers pathans qui venaient boire des petits verres dans sa cuisine. Au lieu de quoi, pendant trois jours, il harassa tous nos amis en leur feuilletant ces dessins sous le nez. Aux indifférents, aux timorés, il précisait : *Nice lady to f… Sir* et, désignant Thierry du pouce, *he did, Sir.*

Les Anglais avaient beaucoup vécu ici. Au XIXe siècle, ils avaient acheté d'un potentat local ce qui n'était alors qu'une bourgade de torchis, amené à grand-peine la voie ferrée de Karachi, planté des arbres par centaines, asphalté quelques rues et cantonné sur place dix mille troupiers avec fanfare, chapelle et chevaux de polo, pour garder les cols du Sud afghan et les montagnes pathanes. Cette installation fut l'œuvre de négociateurs de premier ordre, comme Pottinger et Sandeman, qui s'entendirent sans peine avec les Baloutchs et, loin de toucher à leur sobre bonheur, le garantirent en renforçant la structure tribale et en distribuant aux Sardars des diplômes de bons et loyaux services au seing de la lointaine Victoria. Si les Baloutchs, excellents cavaliers et capables de tirer l'alouette à balle avec leurs vieilles pétoires, ne se sont pas rebellés, c'est qu'ils y trouvaient leur compte en vendant leurs poulains, leurs fruits et leur bétail à ces régiments venus tout exprès de l'autre bout du monde pour rosser leurs turbulents voisins pathans. L'amour commun des chevaux, du cocasse et des arrangements raisonnables avaient réussi à transformer cette « protection » en une des seules idylles de l'histoire coloniale. À l'ombre des eucalyptus, entre le sable, les lettres d'Angleterre et le réveil enroué des *bag-pipes*, beaucoup de Tom et de John avaient découvert ici une nouvelle forme de bonheur. Ils étaient repartis avec la fin de l'Inde britannique, et parfois, cette ville si légère paraissait grosse de toutes les nostalgies qui convergeaient vers elle.

Ceux d'entre eux qui étaient restés au service des Pakistanais venaient tous les soirs au *Saki* : quelques majors, deux colonels grisonnants, en smoking blanc, l'œil bleu mouillé de whisky, qui s'émerveillaient courtoisement du soufflé au chocolat, plaçaient par-dessus tout *Sombre Dimanche* ou *Les Feuilles mortes* et nous chantonnaient avec des voix plus minces que du verre de vieilles ballades highland pour étoffer notre répertoire. Ils parlaient tous un peu l'urdu, aimaient leur régiment et préféraient l'Est à l'Angleterre. Mais l'Est avait changé. Dans une république vieille de sept ans à peine, leurs anciens administrés étaient aujourd'hui leurs employeurs. De suzerains ils étaient devenus associés. Ce passage est toujours difficile. Des habitudes discriminatoires, fondées en tradition, deviennent du jour au lendemain inacceptables ; on est obligé d'improviser de nouveaux rapports à l'élaboration desquels le bon vouloir ne suffit pas. Il faut, pour faire le pont, de l'imagination et des *outsiders* comme Terence. La cour du *Saki* était la source d'un folklore auquel il donnait le ton. Il suffisait qu'il traînât entre les tables, le verre à la main, avec son allure si libre et fourbue, pour que cette petite compagnie de buveurs disparates se sentît accordée. À tout propos, il abandonnait ses sauces et venait inspecter sa cour comme on relève une nasse, faire la partie d'échecs d'un maquignon local qui le tuyautait sur les courses, ou saluer un de ces anciens irréguliers pathans qu'il n'avait vu qu'à la jumelle du temps de son mandat et qu'il retrouvait, paisiblement assis derrière une citronnade.

Malgré la loi en vigueur, Terence servait de l'alcool aux musulmans, sans jamais les « faire boire » et avec un doigté auquel sa clientèle se remettait entièrement. Quand un verre de thé remplaçait le troisième whisky commandé, loin de protester, ils se sentaient reconnaissants d'être l'objet d'un diagnostic aussi nuancé, et d'un contrôle d'autant plus nécessaire que les patrouilles de nuit ramassaient inexorablement les Croyants à l'haleine suspecte. Parfois, des gens aussi considérables que le chef de gare ou le maître de poste, qui avaient trompé sa surveillance et un peu forcé la note, restaient dans un coin de la cour, bien après la fermeture, à mâcher des grains de café avant de se risquer avec une fermeté composée dans les ruelles désertes.

Ici où l'invention décorative se réduit aux résilles de sucre sur les tourtes des confiseurs, aux chromographies de Jinnah et aux chats lustrés et raides peints sur coussins de velours, les personnages apparus en deux nuits sur les murs du *Gran Stanley Café* avaient attiré les curieux. Braganza qui faisait recette en voulait davantage. Il dégarnit le mur du fond de ses bouteilles et nous demanda pour trente roupies d'atolls, de cocotiers, de Tahitiennes au bain. Le sujet convenait d'autant mieux qu'il nous restait beaucoup de bleu. Ce fut l'affaire d'une seule nuit : ciel céruléen, flots outremer où des sirènes couleur tabac tordaient leur chevelure, avec dans un coin, pour finir les pots, un paquebot versicolore. C'était aussi rassurant et frais que les bons sauvages emplumés des boîtes de havanes. Le mendiant du canal eut droit une dernière fois à sa portion de beignets ; Braganza retrouva avec plaisir la mer dont il avait l'ennui et suggéra du bout de sa badine d'étoffer les baigneuses qui manquaient d'embonpoint pour le goût local. En trois coups de pinceau, Thierry transforma ses postérieurs en véritables cibles et retourna rasséréné à la toile d'Iran — un pan de désert maigre sous des nuages obliques — qu'il venait de mettre en train.

Le soir, en sortant du *Ramzan Garage,* j'allais passer un moment chez Tellier, le photographe, pour apprendre à développer. Tellier, dont la boutique flanquait le *Saki,* s'était fixé ici avant le tremblement de terre, et avait appris son métier seul. Pour la clientèle britannique de cette ville de garnison, il s'était spécialisé en « flou », en « fonds perdus », en « fondus » d'un moiré distingué que la chaleur terrifiante de sa chambre noire faisait réussir parfaitement. C'est dans les portraits d'épouses d'officiers qu'il avait donné sa pleine mesure ; des femmes blondes aux traits effacés, à la coiffure précise et qui portaient leurs perles. Une goutte de gomme arabique assurait aux yeux un brillant romantique puis, au blanc de zinc et au petit pinceau, Tellier fourbissait les colliers qui prenaient un éclat magique et neigeux. La nuit, dans sa vitrine obscure, on les voyait luire sous des visages à peine perceptibles, comme de minces croissants de lune.

L'indépendance et le départ des Anglais avaient bouleversé sa technique ; une clientèle foncée avait remplacé les aspirants roses et comme surexposés d'autrefois ; il tirait à présent en noir contre fond clair, sur papier doux. Les jeunes fils de famille qui — faute de petite amie — épinglaient au-dessus de leur lit plusieurs exemplaires langoureux de leur propre portrait, tournaient autour de sa devanture en refaisant leur raie.

Le papier à tirer qu'il recevait de Karachi lui faisant des misères, il me demanda de lui en commander en Suisse qu'il me rembourserait. J'en commandai. Ci : cinquante roupies. Par la suite je me trouvai en plusieurs occasions où cet argent eût fait merveille. J'écrivis donc : *please mister Tellier...* ou : *s'il vous plaît mon cher Tellier* — il était natif de Pont-Saint-Esprit. Tellier faisait le mort et j'en fus réduit à le maudire dans maintes gargotes entre Kaboul et Colombo. Sans doute n'avait-il rien reçu ; l'enveloppe « ouvrir dans le noir » était passée par les mains de notre lubrique ami l'officier des douanes qui, soupçonnant l'envoi d'être cochon, l'avait probablement ouvert dans le secret de son bureau, pour voir ces feuilles si vierges et si pures tourner sous ses yeux à un gris accusateur et glacé.

Les trois boys du *Saki* appartenaient à cette fraction volage de l'humanité, qui chantonne en roulant des yeux mobiles, circule pieds nus et transporte sa fortune dans un mouchoir. Quinze jours leur suffisaient pour s'aimer, se bouder, se retrouver. Fugues, brouilles, ferveurs, langueurs, ruptures ; même Saadik le barman, pourtant jobard et terre à terre, ne mangeait plus de la semaine lorsqu'il avait été « posé ». Ces soirs de crise, Terence débordé ne quittait ses fourneaux que pour prendre le frais à la terrasse, le visage trempé de sueur, égaré... « Jouez-moi vite ce petit truc... vous savez bien », et c'était un air serbe :

> ... J'avais une fleur rouge dans la poitrine
> et cette fleur regardait le monde...

ou un air persan, mais toujours une chose déchirante, et une ou deux fois même nous le vîmes pleurer.

Parce que ce travail, ces hauts et ces bas, cette ville si légère et lointaine, ces fournisseurs filous, c'était trop pour un homme de son âge. Il avait l'impression de s'enliser, de gaspiller ici son talent. Parfois, en allant jusqu'à la gare voir si nos pièces étaient enfin arrivées, nous l'apercevions, tournant en plein soleil dans sa courette en morigénant les boys d'une voix forcée, voûté, les poings plantés au fond de poches que les rapiéçages de Saadik avaient allongées jusqu'aux genoux. À croire qu'il allait charger quelqu'un à coups de tête ; mais non, c'était un peu de solitude qui sortait, et l'Asie, si bonne pour le cœur et si mauvaise pour les nerfs.

Terence nous interrogeait souvent sur la France où il rêvait d'ouvrir un jour une auberge un peu secrète, perdue dans les feuillages, avec lambris de chêne, discothèque et location de chevaux. Nous avions conseillé la Haute-Provence où la terre est pour rien, puis la Savoie — plus passante — dont Terence avait retrouvé dans son gourbi une excellente carte Michelin. Le dernier client reconduit jusqu'au portail, les instruments posés contre le mur, nous piquions du nez sur ces rives, ces toits rouges, ces cornes de bois familières, célébrant d'élégance des frondaisons, la mélancolie austère des crépis, un certain hédonisme voilé — très « Terence » — en forçant un peu, pour l'encourager, mais aussi parce que les noms de Thoiry, de Nernier ou d'Yvoire nous rappelaient les lilas, les tables de fer des cafés où nous avions culotté ce voyage avant de l'entreprendre.

Plusieurs nuits de suite, en attendant l'aube sous des ramures d'étoiles, nous avons eu ce morceau de province, tout dans les verts les plus frais, déplié entre notre trois verres. Terence s'informait, annotait avec soin cette Carte du Tendre qui l'aidait à rêver précisément, à se créer des points de fuite loin des habitudes ou des créanciers qui l'attachaient ici. On la retrouvait le lendemain, oubliée sur le bar, avec des zones hachurées en rouge, des croix barrant les villages, et même, sur certaines fermes isolées — ceux qui les habitent connaissent-ils leur chance ? — des points d'exclamation.

Dans une niche sous l'escalier de fer qui reliait le bar au toit terrasse, Terence entreposait les objets qui l'avaient suivi dans ses tribulations ; la photographie d'une meute de setters devant une façade à clochetons, quelques volumes de Tennyson, Proust dans une reliure de toile verte, trois années de la *Vie parisienne* et quarante kilos de vieux enregistrements *His master's voice* : Alfred Cortot, l'*Orphée* de Gluck, la *Flûte enchantée*. Parfois il s'éloignait pour mettre un disque, et disparaissait dans ce bric-à-brac. Derrière la musique, on l'entendait remuer des objets, défaire des piles en soliloquant, relire de vieilles lettres et on ne le voyait plus de l'après-midi ; il montait jusqu'à l'appentis qui lui servait de chambre pour rester seul avec ses souvenirs et le sommeil l'y surprenait. Un jour qu'un Pathan véhément le demandait au bar, je le trouvai dans son gourbi, endormi sur un lit de camp boiteux, tout recroquevillé, avec une expression attentive comme s'il suivait au galop un itinéraire intérieur. De grosses jumelles d'artillerie étaient posées à côté de lui. Je me demandais ce qu'il pouvait bien observer de sa terrasse et descendis sur la pointe des pieds dire à cet impérieux client de repasser dans la soirée.

Aux heures creuses, en rédigeant ses fiches de pari mutuel, Terence branchait le haut-parleur de la cour pour se passer ses *arie* favoris. C'étaient d'admirables gravures d'avant-guerre, bien travaillées par le sable et le soleil, qui réservaient quelques surprises. Les violons, les bois, une prestigieuse voix de femme s'élevaient à travers une sorte de mitraille, puis brusquement, l'aiguille dérapait vers le centre avec un cri terrible et la phrase tranchée net, énigmatique comme ces bribes d'oracles qu'on retourne en tout sens, s'envolait au-dessus du *Saki*. Terence tressaillait comme si on l'avait tiré à bout portant et nous regardait pour nous prendre à témoin : cette façon qu'ont les choses de s'user et de vieillir dans notre dos l'affectait énormément.

Dans une autre pile destinée au bar, on trouvait des chansons sentimentales américaines — Doris Day, Lena Horne — veloutées, chromées, que je ne pouvais entendre sans céder aussitôt à un rêve de pognon. J'imaginais des jeunes femmes au visage parfait derrière

des percolateurs rutilants, des chemises empesées, de l'argent pour
séduire ces sirènes. Vendre au mètre, comme du ruban, cette liberté
encore si mal assurée. Cela ne durait pas. C'était la fatigue. Il fallait
dormir un peu.

En m'attendant devant la poste, Thierry bavarde
avec le balayeur qui ramasse les premières feuilles tombées. Puis il
va faire le tour du bâtiment et retombe sur son interlocuteur qui, ne
l'ayant pas reconnu, lui crie : « Le copain qui te cherche est parti par
là. » Quand j'arrivai, il tournait depuis un bon moment à sa propre
poursuite. C'était naturel ; tout tournait : peu à peu, la fatigue et
l'absence de sommeil introduisaient dans notre vie les mécanismes
giratoires du rêve. Et pas moyen de dormir avec cette lumière écla-
tante et les mouches ; on parle intarissablement d'un lit à l'autre,
on transpire, on veille et une épaisseur se perd, on finit par vivre de
profil. La moindre émotion, un sourire, un reflet sur une joue, un
bout de chanson vous transpercent. La fièvre aussi tournait. Tous
les quatre, cinq jours : une faiblesse, des grelottements qui m'obligeaient à m'extraire de sous la voiture avec le sentiment d'avoir le
corps couvert de feuilles et d'eau sale. Rien de sérieux, mais assez
pour distraire.

Le travail au garage, chez Terence, et la nuit dans les
pots de peinture… Nous retournions au *Lourde's Hotel,* harassés et
muets, sans la mine qu'on aime voir à ceux qu'on a obligés. Metta,
le patron, en était pour ses frais : nous n'ajoutions aucun lustre à sa
clientèle. Il craignait de nous voir établis chez lui pour toujours et
répondait d'un air absent à nos saluts matinaux. Mieux valait s'installer jusqu'au départ sur le toit du *Saki* où Saadik et les marmitons
passaient leurs nuits sur une litière de vieux journaux.

En préparant le bagage, je m'aperçus que tout mon travail de
l'hiver avait disparu, balayé par le boy. (Une grosse enveloppe que

j'avais posée par terre pour libérer la table.) Il était midi, le soleil coulait entre les arbres, tout reposait. J'allai fouiller d'une main tremblante la poubelle de la cuisine, traversai l'office où soupirs et ronflements montaient de partout et retrouvai le groom endormi sous une nappe souillée. Il se souvenait, il avait cru... Les poings sur les yeux il me conduisit jusqu'à l'enclos des ordures au bord de la grand-route. Il était vide ; le camion de voirie et ses servants squelettiques, masqués de feutre noir, étaient passés à l'aube dans un panache de poussière pour disparaître avec mon manuscrit. Personne à l'hôtel ne savait où. Il faudrait monter sur le prochain camion, repérer la place et chercher. En attendant, tuer ce temps irréversible que j'aurais tant voulu remonter pour reprendre mon bien. Je commençai par vomir, puis j'allai travailler sur notre moteur. En déchiquetant les boulons grippés, je voyais le « cinq tonnes » danser sur une piste inégale, semant mes feuilles dans la poussière avec les immondices et les troncs de choux. Je recomposais la première page, les paragraphes, les lignes frappées plus pâles quand les doigts s'étaient engourdis, Tabriz, l'ombre des peupliers sur la terre gelée, la silhouette transie des filous en casquettes qui venaient boire au bistrot arménien l'argent de leurs mauvais coups. Tout cet hiver étouffé, obscur, irrattrapable, écrit à la lumière du pétrole ou sur les tables du Bazar où les perdrix de combat dormaient dans leur cage, par quelqu'un que je n'étais plus.

Ce soir-là, au *Saki,* Thierry eut tout le travail. Le bon Terence nous apportait verre sur verre. Il comprenait ; il n'y avait pratiquement rien qu'il ne pût comprendre. Mais je me retenais de boire par peur de manquer le camion du lendemain et de voir mes maigres chances ensevelies sous un nouveau chargement d'ordures. Je passai la nuit dans un fauteuil sur la galerie, semant des mégots autour de moi sans qu'aucun rêve prémonitoire m'indiquât l'emplacement de ma liasse. À cinq heures, le ciel se tendit de vert pomme, le feuillage des eucalyptus étincela comme du mercure puis le soleil noya tout dans son flot écœurant. Le patron nous apporta deux pelles. Il était au courant, il avait même une anecdote : un de ses amis avait perdu un manuscrit dans les massacres de la *Partition* — « il a passé des années à recomposer, à se rappeler, à récrire... et croyez-moi, ce n'était pas fameux ».

Le ventre gonflé de thé bouillant, la pelle sur les genoux, nous nous assîmes au bord de la route pour y attendre les voireux. J'essayais de lire un Proust dérobé à Terence, mais les malheurs d'Albertine ne passaient pas et d'ailleurs la route offrait, ce jour-là, bien d'autres distractions. C'était l'anniversaire de l'indépendance nationale ; une foule endimanchée coulait vers la place de fête : barbus radieux transportés sur le cadre de vélos multicolores, sourires dévorants, turbans à aigrette, petits braillards barbouillés de sucre autour d'un montreur d'ours, et des paysans hilares qui faisaient coucher leurs buffles entre les canons du siège de Kaboul. Une vraie matinée de liesse. On nous bombardait de saluts stupéfaits mais cordiaux. Le camion ne vint pas ; la voirie avait rejoint la fête. Un gendarme à cheval nous indiqua la décharge : une dizaine de kilomètres sur la piste de Pichin, et l'odeur, impossible à manquer.

À midi nous étions à pied d'œuvre, au cœur d'un cirque de montagnes chauves dans une plaine d'ordures noirâtres, semée de tessons étincelants. D'énormes bouffées délétères, régulières comme le souffle d'un dormeur, montaient en vibrant vers le soleil et brouillaient l'horizon. Une troupe d'ânes pelés trottaient, piochaient de la tête ou se roulaient dans ces vallonnements infects avec des braiments déchirants. Tout seul au centre de cette pestilence, un vieux entièrement nu tamisait du mâchefer. On l'interrogea sur le camion de la veille, sans beaucoup de résultats car il était muet. À chacune de nos questions, il plongeait dans sa bouche un index terreux et haussait les épaules. Ce sont les vautours et les aigles bruns qui nous ont conduits au plus frais. Ils étaient là une bonne centaine, perchés autour de leur dernière provende, digérant, fientant et rotant. On leur lança des scories, des ossements, des boîtes rouillées. Ils esquivaient avec des entrechats ridicules puis, ne comprenant rien à cette querelle, repliaient leurs ailes et tendaient vers nous leur cou de viande gâtée. Nous chargeâmes en gueulant, en brandissant nos pelles. Ils s'enlevèrent tous dans un claquement de linge sale et, posés un peu plus loin, nous regardèrent travailler.

Vues de près, ces ordures exprimaient curieusement la disette ; des prélèvements successifs — domestiques, chiffonniers, mendiants infirmes, chiens, corbeaux — les avaient complètement écrémées. Timbres-poste, mégots, chewing-gums, bouts de bois avaient fait des heureux bien avant le passage du camion. Seul l'innommable et l'informe étaient parvenus jusqu'ici, réduits, après l'ultime nettoyage des vautours, à une pâtée cendreuse, acide et morte, pleine d'arêtes traîtresses sur lesquelles la pelle butait. Torse nu, un bâillon sur la bouche, le nez sur les culots d'ampoules, les écorces de melon curées jusqu'à la fibre, les morceaux de journal rougis de bétel et les tampons menstruels à demi calcinés, nous retenions notre souffle et cherchions une piste. On retrouvait dans ces détritus comme une image affaiblie de la structure de la ville. La pauvreté ne produit pas les mêmes déchets que l'aisance ; chaque niveau a son fumier, et de légers indices témoignaient jusqu'ici de ces inégalités transitoires. À chaque pelletée nous changions de quartier ; après les billets roses du cinéma *Kristal,* de vieux morceaux de film entremêlés de crevettes signalèrent la boutique de Tellier et le *Saki Bar.* Quelques mètres plus loin, Thierry explorait le filon plus cossu du *Club Chiltan* — journaux étrangers, enveloppes avion, paquets de « Camel » rongés par la fermentation — et sondait prudemment en direction de notre hôtel. La chaleur, l'odeur meurtrière et surtout les vautours empêchaient d'être à son affaire ; sitôt qu'on s'interrompait pour souffler appuyés sur les pelles, ils trottaient vers nous, trompés par cette immobilité prometteuse, avec des cris d'une douceur écœurante jusqu'à ce qu'une motte bien dirigée les informe de leur erreur. D'autres planaient lentement au-dessus de nos têtes, projetant sur notre tranchée une ombre de la taille d'un veau que nous préférions ne pas perdre de vue. On comprenait sans peine leur impatience ; à voir ce que nous retournions, ils n'étaient pas gâtés. Au milieu de l'après-midi, Thierry poussa un hurlement et tous les charognards s'envolèrent à la fois. Il brandissait l'enveloppe, souillée, bouillante, mais vide. En une heure de travail frénétique on retrouva encore quatre fragments déchirés de la première page, puis les pelles entamèrent un agrégat noir et misérable. On s'éloignait du *Lourde's Hotel*. Inutile de chercher plus loin ; cinquante grandes feuilles d'un papier solide représentaient un capital qui n'avait pas sa place ici.

Rendus, traînant les outils, nous avons rejoint la voiture avec cette enveloppe brenneuse et quatre lambeaux de papier comme brunis au feu. Sur le dernier on pouvait lire... « neige de novembre qui clôt les bouches et qui nous endort ». Ici tout mitonnait, le volant brûlait les paumes, nos visages et nos bras étaient couverts du sel de la transpiration. Et la mémoire un rien enténébrée : épaisseur du froid, Tabriz, cœur de l'hiver ? ! ?... j'avais dû rêver tout cela.

Vers six heures, la prière du soir suspendit la fête. La ville reposait dans une lumière fruitée. Le long du canal, les flâneurs grommelaient leurs oraisons, prosternés entre leurs vélos renversés.

Terence comptait sur la soirée pour refaire sa caisse. Il tendait fébrilement en travers de la terrasse des guirlandes d'ampoules et de petits drapeaux. Une ardoise accrochée à la porte annonçait : *Course au Trésor avec prix*, le *Merry Maker's Band* — trois musiciens pathans prêtés par Braganza — et nous présentait sans modestie comme *Genuine artists from Paris*.

On ouvrit le feu avec l'hymne pakistanais : une succession de tierces candides que nous venions d'apprendre tout exprès. Il y avait du monde et des têtes nouvelles ; une tablée d'exilés afghans et une vieille Arménienne un peu saoule en robe pailletée, qui dansait seule à grands pas incertains, la tête dans l'épaule d'un cavalier imaginaire pendant que les passants de la ruelle voisine se pressaient au portail pour jouir du spectacle. On était en famille. Lorsque nous faiblissions, le *Merry Maker's Band* nous soutenait avec de jolis effets de batterie et prenait la relève. Inlassablement, on nous redemandait *Le Temps des cerises* :

... cerises d'amour
aux robes vermeilles
tombant sur la mousse
en gouttes de sang...

Terence traduisait pour ses voisins ; en remplaçant « cerises » par
« grenades », c'était presque de l'Omar Khayam. Cette claire tristesse enchantait les Baloutchs. Saadik venait constamment remplir
nos verres en nous désignant des vieillards proprets qui s'inclinaient à leur table la main sur le cœur. Un peu de vent se levait ;
l'Arménienne s'était rassise en écrasant ses larmes d'une paume
douteuse. Le *Saki* n'était plus que soupirs d'aise, barbes soignées,
turbans neufs et pieds au frais.

Sans l'odeur j'aurais pu oublier la journée. Mais malgré le savon,
la douche, une chemise propre, je puais l'ordure. À chaque respiration, je revoyais cette plaine fumante et noire libérer par bouffées ses dernières molécules instables pour rejoindre enfin l'iner-
tie élémentaire et le repos ; cette matière au bout de ses peines,
au terme de ses réincarnations, dont cent ans d'ondée et de soleil
n'auraient plus tiré un brin d'herbe. Les vautours qui picoraient
ce néant ne manquaient pas de nerf ; la succulence de la charogne
avait depuis longtemps déserté leur mémoire. La couleur, le goût,
la forme même, fruits d'associations délicieuses, mais fugaces,
n'étaient pas souvent au menu. Négligeant ces efflorescences
passagères, perchés en pleine permanence, en pleine torpeur, ils
digéraient la dure affirmation de Démocrite : *ni le doux ni l'amer
n'existent, mais seulement les atomes et le vide entre les atomes.*

Pour ne pas indisposer les dieux dont il attendait
beaucoup, Terence avait parfois une bouffée de réalisme ; faire front,
être un peu maquignon, saisir l'occasion, etc. Il organisait alors
une fête, ou déplaçait le *Saki Bar in corpore* — soit l'*orchestre,* deux
boys, quelques caisses de soda et un baquet de glace — jusqu'au

champ de courses distant de six miles, pour le *Gran Derby* domi-
nical. Pathétiques expéditions ; on s'entassait tous dans un droshky jaune, la guitare entre les jambes, un paquet de steaks à griller
emballés dans de vieilles *Karachi Tribune* sur les genoux. Les boys
serrés l'un contre l'autre se chipotaient tendrement, le cocher faisait
résonner son timbre de laiton, aussi pur et mélancolique que celui
d'une épicerie de province, et cahin-caha, par des sentiers de terre
souple bordés de peupliers, nous cheminions vers l'hippodrome.

Près du pesage, sous une couronne d'eucalyptus nous installions
notre buvette. Dans l'ombre où luisait la robe des chevaux, les *horse-
people* de Quetta tenaient leurs assises : gros propriétaires pakistanais
au visage grêlé de variole, qui avaient échangé le turban pour la
bombe de chasse, et le chapelet à grains d'ambre pour la lorgnette.
Ultimes marchandages dans un anglais nasal autour des casaques
rayées des jockeys. Plus loin, l'essaim des parieurs tournoyait autour
du « mutuel », pendant que nous déchargions nos bouteilles au
cœur de cette miniature moghole retouchée par Dufy. Le spectacle
était beau et les courses truquées. Parfois, le meilleur cheval ayant
distraitement dépassé le « gagnant », son jockey le freinait si brutalement que les tribunes éclataient de rire. Cela ne diminuait en rien
l'intérêt des paris ; on misait sur les propriétaires. Il y fallait bien
autant de finesse et de pénétration.

Entre les courses nous jouions aussi fort que possible ; arpèges
indigents, basses clairsemées, couvertes par les cris des enfants, les
hennissements, les *bag-pipes* du Régiment baloutch qui, derrière une
haie de mûriers, se préparaient pour la Revue.

Je n'ai pas souvenir que les *Continental artists* aient déplacé les
foules. Le boy se massait les chevilles en chantonnant. Terence reli-
sait *Le Côté de Guermantes* dans une édition tachée de gin, feignant
poliment de découvrir les tangos que nous lui avions serinés cent
fois, ou frappait la mesure dans ses paumes, l'air transporté, dans
l'espoir d'accrocher le client. En vain. Nous faisions d'autant
moins recette qu'à l'heure de la pépie, le Régiment baloutch ne
cessait de défiler. Personne n'aurait délibérément manqué ce spec-

tacle ; derrière un chef de clique écossais couleur carotte, s'avan-
çaient deux rangées de tambours vêtus de peaux de tigre, suivis
par quarante cornemusiers noirs comme l'ébène, en kilt et grandes
capes au tartan du colonel Robertson, fondateur du régiment.
Enfin venait la troupe : poignards et buffleteries incomparables,
turbans verts à aigrette d'argent. Elle défilait avec une gaieté frin-
gante. Un gros rire fendait les visages. Nulle part cet air de circonstance, pompeux et buté des défilés de chez nous. Pendant la pause
j'examinais les inscriptions qui couvraient leurs tambours : *Delhi,
Abyssinie, Afghanistan, Chine 1900, Ypres 1914, Messine, Birmanie,
Égypte, Neuve-Chapelle, Kilimanjaro, Perse, Les Ardennes,* et quantité
d'autres lieux mal famés où le soutien des cornemuses n'avait pas
dû être de trop. Tonifiante musique : tendue, incisive, ironique,
sans nul douteux parfum d'holocauste. Les officiers britanniques
que le Pakistan avait conservés à sa solde précédaient avec un air
de bonheur ce régiment à la belle ordonnance duquel ils consa-
craient tous leurs instants de sobriété. Dans un poudroiement de
soleil passaient les meilleurs clients du *Saki Bar.*
    ... Lucioles. Odeur des feuilles. Petit coup de fraîcheur. La nuit
tombait. Les derniers pur-sang, enveloppés de housses persanes,
avaient repris le chemin de Quetta. Noirs de sommeil, les doigts à
vif, nous jouions tout doucement comme un coureur qui marche
encore cent mètres avant de s'arrêter. Terence comptait en soupirant ses bouteilles invendues. Il se reprochait déjà cette incursion
dans le réel ; il ne valait vraiment pas qu'on se dérange. Comment
s'y était-il laissé reprendre ? Autour du champ de courses une
douce campagne quadrillée de sentiers s'étendait jusqu'au désert.
Des haies de cactus la coupaient, et de gros arbres en parasol où
dormaient les perruches vertes.
    Retour à l'arrière de la carriole, un baquet de verres sales serré
contre mon cœur. Le cheval qui dormait debout nous arrêtait de
temps en temps. Un panache de vapeur nacrée montait au-dessus de
la gare, où le petit convoi de la *North Western Railway* bourré de thé
de contrebande et d'eau potable se préparait à partir vers Zahidan.

— Terence, vous qui êtes anglais…

— Anglais ? *I'd rather shoot myself*… Je suis gallois, pas négociant, *and a very vicious man at that* — ajoutait-il placidement.

Effectivement. Il comptait par exemple assez d'amis dans la capitale pour faire boucler ses créanciers, mais préférait employer ces relations à obtenir en priorité de Karachi des paniers de crevettes fraîches dont finalement il jetait la moitié. Servir des « scampi » au milieu de tout ce sable au son d'un accordéon musette, voilà qui lui paraissait digne de lui. C'était sa manière de réussir, pendant que sous sa gestion sans âpreté, le *Saki* déclinait comme une civilisation trop fine pour durer. Les amis de Terence, au moins, payaient leurs verres, mais les amis d'amis s'en allaient sans régler. Puis venaient les flics et les bookmakers qu'il fallait ménager… puis leurs amis ; tout au bout de la chaîne apparaissaient les maquereaux pathans et des inconnus au turban mal noué qui buvaient debout dans un coin.

Je me souviens d'une nuit. Il était deux heures. Le dernier consommateur, parti depuis longtemps. Nous dévorions sur le bar un morceau de viande que Terence venait de nous griller, lorsqu'un quidam franchit la porte à grandes foulées, passe à nous toucher sans saluer personne et disparaît dans la cuisine obscure qui redevint absolument silencieuse. Grand comme il l'était, et sous ce plafond bas, il devait se tenir voûté dans le noir, parfaitement immobile. Terence n'avait pas même interrompu sa lecture. J'étais mal à mon aise.

— Mais qui est ce bonhomme ?

— Comment diable puis-je le savoir ! il n'a même pas dit bonsoir, répondit Terence avec une pointe d'irritation. Il paraissait plus amusé qu'inquiet. On entendit alors un léger tintement de marmite, puis un bruit de mastication, et son visage se détendit dans un sourire.

D'autres ombres faméliques et furtives viendraient derrière celle de ce soir, et bientôt l'accent d'Oxford et les dîneurs en smoking blanc ne seraient plus ici qu'un souvenir. Une attraction fidèle et quotidienne tirait le *Saki* vers le bas ; le goût des métamorphoses, des surprises et la douceur qui naît de certains abandons poussaient Terence à l'y suivre.

L'avant-veille de notre départ le *Saki* n'eut pas un client. Nous montions nous coucher lorsque deux coups timides retentirent au vantail. C'était un musicien *koutchi*[1], son minuscule harmonium sous le bras. Un de ces baladins qui rôdent dans tout le subcontinent indien, un singe gris sur l'épaule, saignent les chevaux, prononcent des charmes, vivent d'aubaines, de larcins ou de chansons, évitent les temples et les mosquées et professent que l'homme est né pour *errer, mourir, pourrir, être oublié*. Braganza même n'en aurait pas voulu ; mais Terence le fit entrer et lui offrit un verre. Il s'accroupit au centre de la cour pour actionner son instrument. La main gauche manœuvrait un soufflet placé sur le côté pendant que la droite, une large patte noire de soleil, se promenait sur un mignon clavier de deux octaves. La musique équivoque, allusive, tremblante couvrait à peine le halètement du soufflet ; phrases en suspens, lambeaux de mélodie cousus à rien ou — lorsque les gros doigts accrochaient deux notes pour une — suivis en seconde comme par une ombre fidèle. Puis il se mit à chanter, les yeux baissés, d'une voix rauque qui passait comme un fil de laine rouge entre les notes nasales de l'harmonium. Sortes de soupirs chantés qui rappelaient de façon saisissante les chansons *sevda* de Bosnie. Nous retrouvions l'odeur des piments rouges, les tables sous les platanes de Mostar ou de Sarajevo, et les Tziganes de l'orchestre dans leurs complets limés, tirant sur leurs instruments comme s'il fallait de toute urgence délivrer le monde d'un poids intolérable. C'était la même tristesse fuyante et folle, l'inconstance, le grain d'ellébore.

Dans la ville de Quetta — dit une légende persane — Bahram Gôr, le Sassanide, recruta pour égayer sa Cour dix mille jongleurs

---

1.   Nom afghan des tribus de souche tzigane restées dans leur aire originelle.

et musiciens tziganes qui, ayant touché leurs gages, le trompèrent et disparurent vers l'ouest pour s'établir en Occident, dans ces campagnes des Balkans où l'an passé, à la saison des cigognes, nous avions vidé tant de verres avec leurs descendants.

Après une journée harassante au garage, ce retour de souvenirs, c'était le Paradis. Le voyage, comme une spirale, montait en repassant sur lui-même. Il faisait signe, nous n'avions qu'à le suivre. Terence, très sensible au bonheur, décachetait sa dernière fiasque d'Orvieto. Le bouchon sautait, augmentant de vingt-trois roupies le passif du *Saki.* Peu lui importait. Il avait dépassé l'efficience, le genre *on ne m'a pas.* Demi-solde coincé dans ce bar en déroute, chargé des confidences de toute une ville, de dettes et de vieux disques de Mozart, il voyageait plus loin et librement que nous. L'Asie engage ceux qu'elle aime à sacrifier leur carrière à leur destin. Ceci fait, le cœur bat plus au large, et il y a bien des choses dont le sens s'éclaire. Pendant que le vin tiédissait dans nos verres et que Terence regardait cheminer les étoiles, immobile et attentif comme un oiseau de nuit, un vers de Hafiz me revenait en mémoire :

> ... Si le mystique ignore encore le secret de ce Monde
> je me demande de qui le cabaretier peut bien l'avoir appris...

AFGHANISTAN

La route de Kaboul

— La passe de Kodjak ? ça n'est pas pour vous, ça !
C'est très facile. Impraticable avec votre voiture. La piste est excellente. La piste est défoncée. Prenez le détournement, à droite. Ne passez à aucun prix par la droite !

Voilà quelques-unes des opinions que nous avions pu recueillir à Quetta sur le col qui relie la ville à la frontière afghane. Toujours pareil ici : les Européens qui ont fait une route en exagèrent à plaisir les difficultés ; quant aux Baloutchs, ils ne fourniront jamais de ces renseignements qui dépriment ; contrarier n'est pas dans leur nature. Le mieux c'est encore d'y aller voir soi-même en s'attendant au pire.

La passe de Kodjak est soigneusement entretenue par l'armée et grimpe dur à travers des pierriers fumants. Au bas de la seconde rampe le moteur s'étouffa. Il n'y a vraiment que les voyages à pied ! Cette voiture, nous l'aurions bien donnée... mais à qui ? pas une âme à trente kilomètres à la ronde. On nettoya, sans trop y croire, le distributeur et les bougies, on régla l'avance. Le soleil était au zénith. Nous n'avions plus de cigarettes, en outre, la fièvre me rendait si maladroit que j'engageai la main gauche dans le ventilateur qui m'entailla quatre doigts jusqu'à l'os et m'envoya dinguer sur la route, le souffle coupé par la douleur. Thierry m'enveloppa la main dans des serviettes pour arrêter l'hémorragie, et c'est la seule occasion du voyage où la morphine que nous emportions trouva

à s'employer. Elle fit merveille : pousser, tirer, poser des cales avec
cette main hors d'usage m'apparut comme une plaisanterie. À cinq
heures nous étions en haut. Un vent frais nous balayait la figure.
Du sommet, on aperçoit la tache lépreuse de la ville de Chaman et
le plateau afghan qui s'étend vers le nord à perte de vue dans une
brume de lumière.

LASKUR-DONG, FRONTIÈRE AFGHANE

Visiter l'Afghanistan est encore un privilège. Il n'y
a pas si longtemps, c'était un exploit. Faute de pouvoir tenir solidement le pays, l'armée anglaise des Indes en bloquait hermétiquement les accès par l'est et par le sud. Pour leur part, les Afghans
s'étaient engagés à interdire leur territoire à tout Européen. Ils ont
presque tenu parole et s'en sont fort bien trouvés. De 1800 à 1922,
c'est à peine si une douzaine de risque-tout (déserteurs des régiments du Bengale, illuminés, agents du Tsar ou espions de la Reine
déguisés en pèlerins) sont parvenus à forcer la consigne et à parcou-
rir le pays. Les savants étaient moins heureux. Faute de pouvoir
franchir le Khyber Pass, l'indianiste Darmesteter, spécialiste du
folklore pathan, en fut réduit à chercher ses informateurs dans les
prisons d'Attok ou de Peshawar. L'archéologue Aurel Stein attendit
vingt et un ans son visa pour Kaboul, et le reçut juste à temps pour
aller y mourir.

Il suffit aujourd'hui d'un peu de tact et de patience, mais
lorsqu'on se présente, la nuit tombée, au village frontière de
Laskur-Dong sur la route Quetta-Kandahar, muni de ce précieux
visa, personne à qui le montrer. Ni bureau, ni barrière, ni contrôle
d'aucune sorte, mais la travée blanche de la piste entre les maisons
de terre, et le pays ouvert comme un moulin. Ces trois soldats qui
boivent à la tchâikhane dans un nuage de phalènes n'ont rien à
faire avec la douane. Quant au douanier, il s'est, paraît-il, retiré chez
lui pour la prière du soir.

Thierry partit à sa recherche. Je restai dans la voiture, trop abruti pour faire un pas. Attente interminable. Le village était noir et chaud comme un four. Je m'occupai un moment en observant un camion vertigineusement chargé de vannerie qui manœuvrait sur la place, guidé par une voix d'enfant, puis je piquai un somme, la tête entre les genoux. Quand la fièvre me redressait, j'apercevais, collé contre la vitre, le visage camus d'un soldat plein d'une stupeur bienveillante, et me rendormais de plus belle...

Le bruit de la portière me réveilla en sursaut : un vieillard me poussait une lanterne sous le nez en m'exhortant dans un persan véhément. Il portait un turban blanc, une robe blanche, une barbe soignée et, suspendu au cou, un cachet d'argent gros comme le poing. Il me fallut un instant pour comprendre que c'était le douanier. Il s'était dérangé tout exprès pour nous souhaiter bonne route et me fournir l'adresse d'un médecin à Kandahar. Son costume, sa prestance, le tour accueillant qu'il donnait à ses fonctions me rendaient ce vieux si sympathique que je lui signalai bêtement — pour lui éviter des ennuis — que nos visas étaient expirés depuis six semaines. Il l'avait déjà remarqué sans en être autrement ému. En Asie on ne tient pas l'horaire, et puis, pourquoi nous refuser en août ce passage qu'on nous accordait pour juin ? En deux mois, l'homme change si peu.

KANDAHAR   *3 heures du matin*

Kandahar cette nuit-là, ses rues de terre muettes et fraîches, ses éventaires à l'abandon, ses platanes, ses mûriers tordus dont le feuillage faisait dans l'ombre une ombre plus chaude, nous les avons plutôt rêvés que vus. La ville ne poussait pas un soupir. Seulement ici et là, le frémissement du *djou* ou le ricanement d'une corneille réveillée par nos phares.

Moi, c'était surtout dormir qui m'intéressait. Pendant que nous rôdions à dix à l'heure en quête de l'hôtel, et que les étoiles s'éteignaient une à une, le mot « Kandahar » prenait successivement la forme d'un oreiller, d'un édredon, d'un lit profond comme la mer où il s'agirait de s'installer, pour cent ans par exemple.

HÔTEL DE KANDAHAR

C'est l'arrivée du médecin qui me réveilla. Italo-grec, je crois. Tiens ! je me l'étais figuré tout autrement. C'est un grand Roméo fiévreux en short et en sandales, avec un de ces beaux masques impérieux qui sont si gênants lorsque l'expression ne parvient pas à les remplir. On devine un filet de vie intérieure bien en deçà de ce visage pompeux, comme une humble courette derrière une porte à fronton. Il en semble lui-même encombré et manque de naturel. Il arpente la chambre, hautain et incertain, s'empare d'une chaise avec force, s'assied à califourchon et me lance un : « Alors ! » merveilleusement timbré. Je m'explique avec l'économie qu'impose la fatigue, mais cette placidité ne fait pas l'affaire du docteur. L'absence d'emphase le déconcerte. Il a réussi son entrée dans un certain ton viril, providentiel, qu'il ne sait comment soutenir si nous n'enchaînons pas. Il s'en tire en m'examinant rudement : la main ? dans deux semaines il n'y paraîtra plus. La fièvre ? une simple malaria *vivax,* une plaisanterie qui se guérit très bien, pas de quoi faire le malin. On peut avoir pire ; lui-même, plus d'une fois… Lorsqu'il s'aperçoit que je regarde la curieuse cicatrice qu'il porte à la base du cou, il s'interrompt, sourit, dit laconiquement : « trop de violon » comme un grognard montrant sa manche vide aurait dit : « Austerlitz », puis me fixe avec une intensité bien superflue, comme s'il conservait l'espoir secret d'être provoqué, blessé en un point sensible et ignoré de nous, et de sortir avec autant d'éclat qu'il est entré. Moi je viens de dormir trente heures, je ne songe à insulter personne. Bien loin de l'outrager, nous lui faisons fête, compliment de son français, offrande de cigares baloutchs tandis qu'il chantonne, l'air absent, battant la mesure sur sa chaise.

Ce qui le gêne dans ce rôle qu'il s'impose encore, c'est de ne pas savoir au juste à qui il a affaire. Je sens qu'il cherche à nous « classer » pour pouvoir nous parler le langage qu'il jugera être le nôtre. Je vois ses yeux fureter dans la chambre, interroger notre bagage, s'attarder sur les nippes jetées au pied du lit, et redoute que son ton ne devienne brusquement gros, peloteur, familier. Certains éléments — le chevalet de Thierry, l'enregistreur — le déroutent encore et l'empêchent de choisir un parti. Pourtant le temps presse, voilà déjà dix minutes qu'il est entré. Une sorte de panique le prend ; il renonce, et soudain le masque de Colleone fait place à un visage de dimensions plus modestes où percent le soulagement, la solitude, la jeunesse. Un autre personnage apparaît : compétent, vulnérable, affamé de compagnie, qui parle de nous prêter des livres, d'en venir bavarder ici, de me soigner pour rien. Du coup, tout lui semble facile : il ne tourmente plus sa cigarette dont la fumée monte bien droite dans le soleil levant. Il me prend du sang et prépare les plaques sans cesser de monologuer. Aimons-nous Wilde ? il le traduit justement en italien à ses moments perdus. Et Corelli ? il y a ce fameux *Concerto de Noël* dont la douceur lui vient souvent en aide. C'est qu'il est *artiste,* nous l'avait-il dit ? il a ici une quantité de disques auxquels il se consacre avec une passion si exclusive que sa jeune épouse a renoncé à le rejoindre ici. C'est mieux ainsi ; les femmes n'entendent rien aux extrêmes. Il passe donc ses nuits seul, au sommet de son hôpital, à rédiger dans des flots d'harmonie un roman afghan, une grande fresque psychologique dont l'intrigue lui paraît si ingénieuse qu'il hésite encore à nous la confier. Depuis des années il y travaille, c'est son tourment. L'œuvre une fois achevée, il se tuera...

— Plaît-il ?

Il se... parfaitement. Il n'a pas plutôt lâché le mot qu'il le regrette. Mais trop tard ; il a pu voir passer comme l'ombre d'un sourire qui le replonge irrémédiablement dans son cabotinage. La mâchoire avance, les traits se bloquent. À propos de Mozart, le revoilà tout drapé et pédant, fredonnant cavalièrement des thèmes, nous jetant au visage des numéros de *Koechel* qui ne nous disent rien, nous « collant » sur des détails d'orchestration infimes. Un véritable examen. Nous sommes d'aimables gribouilles qui folâtrons en Asie. Bon. Il ne faudrait tout de même pas oublier qu'il a poussé, lui, le goût de l'Art et du violon jusqu'à s'entailler la chair du cou. Et pas un violon ordinaire s'il vous plaît ! un des cinq *Amati* d'Italie, qui ne voyageait qu'entre deux carabiniers.

Mais l'heure passe, il n'a que trop traîné ici et son travail l'appelle. Quelques montagnes à trancher, sans doute. Il nous lance un regard perforateur, traverse la chambre l'air d'enjamber un cadavre à chaque pas et nous quitte sur un bref sourire.

— Espérons pour toi qu'il n'écrit pas trop vite, dit Thierry en refermant la porte.

Bon médecin avec ça, et refusant absolument d'entendre parler d'honoraires. Il revint plusieurs matins de suite. En coup de vent toujours, fébrile, tenant toute la chambre avec son magnétisme hors de propos, son air de pur-sang harcelé par les taons, et courant avec une énergie qui forçait le respect derrière le personnage énigmatique et nietzschéen qu'il était si soucieux d'incarner. Trop de solitude, sans doute. J'aurais voulu le voir devant sa glace. En attendant, je l'observais du fond de mon lit avec une sorte d'envie. Tout compte fait, ce narcissisme anxieux valait mieux que l'apathie à laquelle la fatigue m'avait réduit.

La fièvre allait et venait.

Le soir, des faiblesses d'ivrogne aux jambes, j'allais m'installer en bordure de la Grand-Place. La vapeur des samovars, la fumée des narghilés montaient dans le ciel calme où une pointe de jaune annonçait l'automne. La ville fraîche et sonore débordait de figues et de raisins comme un panier. Elle sentait le thé vert et le suint de mouton. Les guêpes folles de sucre rayaient la pénombre des tchâikhanes au-dessus des crânes rasés, des turbans, des calottes d'astrakan, des visages emportés et tranchants. De temps en temps, un troupeau de chèvres ou un fiacre couleur jonquille traversaient la place dans un nuage de poussière. Un peu la Perse orientale, avec en plus, cet allant opiniâtre des peuples montagnards, et en moins, la lassitude que les Persans éprouvent de leur trop long passé, cette espèce d'érosion morale qui, là-bas, freine l'ambition, émousse les élans et finit par user Dieu lui-même.

La nuit tombait en ramenant la fièvre. Les voix, les boutiques, les silhouettes et les lumières se mettaient alors à virer comme l'aile d'un moulin, emportant bientôt la table à laquelle je m'accrochais, les oreilles bourdonnantes, une flaque de sueur sous chaque coude, et trop fragile pour opposer aux impressions la résistance qui leur permet de marquer la mémoire. Je revois tout de même très précisément le petit monument au centre de la place et, tout autour, la foule blanche des flâneurs passant et repassant avec une allégresse contenue devant six canons « pris aux Anglais ».

La malaria n'est pas plus dangereuse qu'une mauvaise grippe ; le premier médecin venu vous le confirmera. Tout de même, elle profite de l'idée qu'on s'en faisait. Elle rend trembleur, faible, et désireux que les choses vous soient extrêmement facilitées. On ne songe qu'à dormir, et le lit est bon. Mais voilà, il y a les mouches !

J'aurai longtemps vécu sans savoir grand-chose de la haine. Aujourd'hui j'ai la haine des mouches. Y penser seulement me met les larmes aux yeux. Une vie entièrement consacrée à leur nuire m'apparaîtrait comme un très beau destin. Aux mouches d'Asie s'entend, car, qui n'a pas quitté l'Europe n'a pas voix au chapitre. La mouche d'Europe s'en tient aux vitres, au sirop, à l'ombre des corridors. Parfois même elle s'égare sur une fleur. Elle n'est plus que l'ombre d'elle-même, exorcisée, autant dire innocente. Celle d'Asie, gâtée par l'abondance de ce qui meurt et l'abandon de ce qui vit, est d'une impudence sinistre. Endurante, acharnée, escarbille d'un affreux matériau, elle se lève matines et le monde est à elle. Le jour venu, plus de sommeil possible. Au moindre instant de repos, elle vous prend pour un cheval crevé, elle attaque ses morceaux favo-

L'USAGE DU MONDE

ris : commissures des lèvres, conjonctives, tympan. Vous trouve-t-elle endormi ? elle s'aventure, s'affole et va finir par exploser d'une manière bien à elle dans les muqueuses les plus sensibles des naseaux, vous jetant sur vos pieds au bord de la nausée. Mais s'il y a plaie, ulcère, boutonnière de chair mal fermée, peut-être pourrez-vous tout de même vous assoupir un peu, car elle ira là, au plus pressé, et il faut voir quelle immobilité grisée remplace son odieuse agitation. On peut alors l'observer à son aise : aucune allure évidemment, mal carénée, et mieux vaut passer sous silence son vol rompu, erratique, absurde, bien fait pour tourmenter les nerfs — le moustique, dont on se passerait volontiers, est un artiste en comparaison.

Cafards, rats, corbeaux, vautours de quinze kilos qui n'auraient pas le cran de tuer une caille ; il existe ainsi un entre-monde charognard, tout dans les gris, les bruns mâchés, besogneux aux couleurs minables, aux livrées subalternes, toujours prêts à aider au passage. Ces domestiques ont pourtant leurs points faibles — le rat craint la lumière, le cafard est timoré, le vautour ne tiendrait pas dans le creux de la main — et c'est sans peine que la mouche en remontre à cette piétaille. Rien ne l'arrête, et je suis persuadé qu'en passant l'Éther au tamis on y trouverait encore quelques mouches.

Partout où la vie cède, reflue, la voilà qui s'affaire en orbes mesquines, prêchant le Moins — finissons-en... renonçons à ces palpitations dérisoires, laissons faire le gros soleil — avec son dévouement d'infirmière et ses maudites toilettes de pattes.

L'homme est trop exigeant : il rêve d'une mort élue, achevée, personnelle, profil complémentaire du profil de sa vie. Il y travaille et parfois il l'obtient. La mouche d'Asie n'entre pas dans ces distinctions-là. Pour cette salope, mort ou vivant c'est bien pareil et il suffit de voir le sommeil des enfants du Bazar (sommeil de massacrés sous les essaims noirs et tranquilles) pour comprendre qu'elle confond tout à plaisir, en parfaite servante de l'informe.

Les anciens, qui y voyaient clair, l'ont toujours considérée comme engendrée par le Malin. Elle en a tous les attributs : la trompeuse insignifiance, l'ubiquité, la prolifération foudroyante, et plus de fidélité qu'un dogue (beaucoup vous auront lâché qu'elle sera encore là).

Les mouches avaient leurs dieux : *Baal-Zeboub* (Belzébuth) en Syrie, *Melkart* en Phénicie, *Zeus Apomyios d'Élide*, auxquels on sacrifiait, en les priant bien fort d'aller paître plus loin leurs infects troupeaux. Le Moyen Âge les croyait nées de la crotte, ressuscitées de la cendre, et les voyait sortir de la bouche du pécheur. Du haut de sa chaire, saint Bernard de Clairvaux les foudroyait par grappes avant de célébrer l'office. Luther lui-même assure, dans une de ses lettres, que le Diable lui envoie ses mouches qui « conchient son papier ».

Aux grandes époques de l'Empire chinois, on a légiféré contre les mouches, et je suis bien certain que tous les États vigoureux se sont, d'une manière et de l'autre, occupés de cet ennemi. On se moque à bon droit — et aussi parce que c'est la mode — de l'hygiène maladive des Américains. N'empêche que, le jour où avec une escadrille lestée de bombes DDT ils ont occis d'un seul coup les mouches de la ville d'Athènes, leurs avions naviguaient exactement dans le sillage de saint Georges.

Route de Mukur

L'Afghanistan n'a pas de chemin de fer, mais quelques routes de terre battue dont l'usage est de médire. Je n'y souscrirai pas. Celle qui monte de Kandahar à Kaboul est semée de crottin frais, de marques de sabots et de ces empreintes de chameaux qui font dans la poussière de larges trèfles à quatre feuilles. Elle chemine entre d'amples versants étendus sous un ciel d'altitude. L'air de septembre est transparent, la vue porte loin, et ce qui domine c'est un vif brun montagnard tranché çà et là par un vol de perdrix, un bouquet de peupliers dont chaque feuille se dessine, les fumées d'un village. Aux endroits où l'eau le permet, des arbres rabougris bordent la route ; on roule alors sur un tapis

de nèfles, de petites poires jaunies qu'on écrase, qui sentent, et dont l'odeur véhémente suffit pour transformer ces solitudes en campagne.

Solitudes ? pas absolument. On y sent l'homme après la nature, mais une heure ne passe pas sans qu'on croise un de ces hauts camions verni comme un jouet en bleu pervenche, en vert pistache, qui brille dans tout ce brun. Un paysan sur son âne, une faucille chaude de soleil sous le bras. Un porc-épic. Ou une troupe de romanichels *koutchi* installés sous un saule avec leurs ours, leurs perruches, deux singes vêtus de gilets rouges cousus de grelots, tandis que les femmes — de grandes garces vociférantes — s'affairent autour d'un feu qui prend mal. On s'arrête, on s'amuse d'eux autant qu'ils s'amusent de vous, on repart.

Il y a entre ces rencontres exactement l'espacement qui convient, et la route n'est pas si mauvaise qu'on n'y puisse rouler sans souci à trente kilomètres-heure. Et puis, rien ne presse et c'est exquis d'y traînasser de bon matin, le toit ouvert, le coude à la fenêtre, parlant peu et s'imprégnant de cette sauvagerie rustique.

À ce train-là, il se peut bien, le soir venu, qu'on n'ait fait qu'un seul petit col. Mais on n'a que lui en tête. C'est devenu une sorte de propriété. Au dîner on en reparle. On s'endort dessus, on en rêve. En pleine nuit, la caravane dépassée à la montée rejoint l'étape, débâte dans un remue-ménage de lanternes et de voix qui vous réveillent : c'est encore du col qu'il s'agit. Pourtant il ne mérite pas même une mention sur la carte et les montagnes dignes de ce nom sont encore loin au nord. Ce n'est qu'une quarantaine de rampes au cœur d'alpages jaunis, et au sommet, une mosquée de pierres sèches dont l'étendard vert claque comme un mousquet dans le vent. On aura tout de même employé la journée à l'atteindre, le franchir et se l'approprier. Ici, prendre son temps est le meilleur moyen de n'en pas perdre.

SARAÏ

Le tenancier de la tchâikhane de Saraï use d'une publicité sans détour : un tronc en travers de la route. On s'arrête — il le faut bien — on aperçoit alors sous l'auvent de feuilles sèches deux samovars qui fument entre des guirlandes d'oignons, les théières décorées de roses alignées sur le brasero, et on rejoint à l'intérieur quelques autres victimes du tronc qui vous accordent un instant d'attention courtoise et reprennent aussitôt leur sieste, leur jeu d'échecs, leur repas.

Il faut connaître l'abominable indiscrétion qui règne dans d'autres régions de l'Asie pour mesurer ce que cette retenue a d'exceptionnel et d'appréciable. On pense ici que témoigner trop d'intérêt ou de bonhomie nuirait à l'hospitalité. Selon une chanson populaire afghane, le personnage grotesque, c'est celui qui reçoit son hôte en lui demandant d'où il vient, puis « le tue de questions des pieds à la tête ». Vis-à-vis de l'Occidental, les Afghans ne changent en rien leur manière. Pas trace de veulerie, pas trace de ce « psychisme » avantageux que vous opposent certains Indiens médiocres. Est-ce l'effet de la montagne ? C'est plutôt que les Afghans n'ont jamais été colonisés. À deux reprises, les Anglais les ont battus, ont forcé le Khyber Pass et occupé Kaboul. À deux reprises aussi, les Afghans ont administré à ces mêmes troupes anglaises une correction mémorable, et ramené la marque à zéro. Donc pas d'affront à laver ni de complexe à guérir. Un étranger ? un *firanghi* ? un homme quoi ! on lui fait place, on veille à ce qu'il soit servi, et chacun retourne à ses affaires.

Quant à ce tronc, qui ne laisse aucune place à l'irrésolution, c'est le bon sens même. Comment résister à la cocasserie de procédés pareils ? Nous étions même prêts à payer le prix fort. Mais il n'en est pas question : le thé est bouillant, le melon à point, l'addition modique ; et, le moment du départ venu, le patron se lève et déplace obligeamment sa solive.

Kaboul

Lorsque le voyageur venu du sud aperçoit Kaboul, sa ceinture de peupliers, ses montagnes mauves où fume une fine couche de neige, et les cerfs-volants qui vibrent dans le ciel d'automne au-dessus du Bazar, il se flatte d'être arrivé au bout du monde. Il vient au contraire d'en atteindre le centre ; c'est même un empereur qui l'affirme[1] :

> La principauté de Kaboul fait partie du quatrième climat et se trouve ainsi au centre du monde habité... Les caravanes qui viennent du Kachgar, du Ferghana, du Turkestan, de Samarkande, de Boukhara, de Balk, du Badakhshan se rendent à Kaboul... Kaboul est le point intermédiaire entre l'Hindoustan et le Khorassan, et offre un marché des plus avantageux. Quand même ses commerçants feraient le voyage du Cathay et du Roum (de Chine et d'Asie Mineure) ils ne réaliseraient pas plus de profit... il y a beaucoup de marchands qui ne se contentent pas d'un gain de trente à quarante pour dix.
>
> Les fruits à Kaboul même et dans les villages environnants sont les raisins, les grenades, les abricots, les pommes, les coings, les poires, les pêches, les prunes, les amandes ; les noix y abondent. Les vins y sont très capiteux... Le climat de Kaboul est délicieux et il n'existe pas de pays au monde sous ce rapport qui puisse lui être comparé. Samarkande et Tabriz sont aussi renommées pour leur climat, mais il y fait très froid...

---

1   L'empereur Zahir-al-din-Babur (le Tigre), fondateur de la dynastie moghole de l'Inde, *Mémoires*, trad. Pavet de Courteille, Paris, 1904.

La population de la principauté de Kaboul est très variée : dans les vallées et dans les plaines il y a des Türk, des Aïmak et des Arabes. Dans les villes ce sont les Sartes qui dominent ; dans d'autres villages du district sont établis des Tadjik, des Bereki, des Afghans. On parle, dans la principauté, environ onze à douze langues telles que l'arabe, le persan, le türk, le mongol, l'hindi, l'afghan... en aucun autre pays au monde on ne rencontre pareille diversité de populations et d'idiomes...

Pendant qu'il y est, l'empereur Babour dénombre même trente-trois sortes de tulipes sauvages sur les collines qui entourent la ville, et quantité de ruisseaux qu'il estime en termes de « moulin », demi-moulin, quart-de-moulin. Il ne s'en tient pas là, et cet inventaire minutieux se poursuit sur dix pages au moins des *Mémoires* qu'il rédigea en türk djakataï après qu'il se fut réfugié dans le pays de Kaboul (1501) et s'y fut imposé presque sans coup férir. Il n'avait alors pas vingt ans et rien ne lui avait réussi : des parents l'avaient dépouillé de son apanage du Ferghana. Les princes ouzbeks de Samarkande lui donnaient la chasse. Il s'usait depuis des années à ourdir des intrigues infructueuses, à rassembler des partisans, à se battre, à fuir sans cesse, à coucher à la belle étoile dans l'haleine des quelques chevaux et dans la compagnie des quelques fidèles qui lui restaient.

À Kaboul, pour la première fois, il put dormir tranquille. Il s'en éprit aussitôt. Il répara l'enceinte de la ville, y ménagea des jardins, multiplia les hammams, fit creuser des bassins — cette passion musulmane de l'eau vive — et planter de nouvelles vignes pour suffire à ces beuveries où il payait si bravement de sa personne.

Il dut passer bien des journées à chevaucher, faucon au poing, dans ces vergers du Kaboulistan qui sont pleins de perdrix et de grives, et des soirées plus délicieuses encore, installé sous un pommier, ou sur le toit plat d'un pigeonnier, à fumer le haschisch en attendant la nuit, à échanger devinettes et épigrammes avec les plus dégourdis de ses compagnons, ou à versifier laborieusement — ce goût du « savoir orné » si particulier aux Timourides — pour ne pas avoir à rougir devant son voisin, le prince d'Herat, dont la Cour était si lettrée « qu'on n'y pouvait allonger le pied qu'il ne touche le derrière d'un poète ». Ces souvenirs attachent ; et quand Babour se fut taillé dans l'Inde un empire à sa mesure, son revenu de deux milliards cinq cents millions de roupies — les yeux s'arrondissent — ne le consola pas d'avoir quitté Kaboul. Toute son armée, lui le premier, en avait l'ennui. Il s'empressa d'ailleurs d'y envoyer deux cavaliers chargés de mesurer la distance exacte qui la séparait d'Agra et d'établir, tout du long, des chevaux et des chameaux de rechange qui permissent de la franchir plus vite. Pendant des années, il fit ainsi acheminer vers sa nouvelle capitale du vin d'Afghanistan et des melons dont l'odeur le faisait « pleurer pour tout de bon ». Mais trop d'affaires le retenaient en Inde pour qu'il pût revoir Kaboul. Il n'y retourna que mort. On trouve sa tombe dans un jardin à l'ouest du Bazar, à l'ombre de platanes gigantesques.

C'est un brevet pour une ville d'envoûter ainsi un homme de cette qualité. Jusqu'à la déraison. Lui, d'ordinaire si circonspect, relève candidement toutes les fables qui la concernent : Caïn l'aurait construite de ses mains, Lemek, père de Noé, y serait enterré, Pharaon l'aurait peuplée de sa descendance...

Mais, quant au « centre du monde », il faut bien lui donner raison. Cette prétention, partout formulée, se trouvait pour une fois justifiée. Pendant des siècles, la province de Kaboul, qui commande les cols de l'Hindou Kouch et ceux qui descendent vers la plaine de l'Indus, a fonctionné comme un sas entre les cultures de l'Inde, de l'Iran hellénisé, et par l'Asie centrale, de la Chine. Ce n'est pas par hasard que les Diadoques, qui s'y sont si longtemps maintenus, rendaient un culte à l'« Hécate-à-trois-têtes » qui est la déesse des carrefours ; et lorsqu'à l'aube de l'ère chrétienne, Hermaïos, dernier roitelet grec d'Afghanistan, frappe l'avers de ses monnaies en écriture indique et le revers en chinois, ce carrefour est véritablement devenu celui du « monde habité ».

D'ailleurs, depuis les Macédoniens d'Alexandre qui crient : « Dionysos » à chaque arpent de vigne et se croient déjà rentrés chez eux, quel mouvement, quel passage ! Les cinq cents éléphants que Seleucos Nicator a achetés en Inde pour rosser ses rivaux de l'ouest ; des caravanes chargées d'ivoires sculptés, de verrerie tyrienne, de parfums et de cosmétiques iraniens, de méchantes statuettes de Silène ou de Bacchus sorties en série des ateliers d'Asie Mineure ; des changeurs, des usuriers, des Tziganes ; le Mage Gaspard peut-être — un roi indo-parthe du Pendjab dont les rédacteurs des *Actes de saint Thomas* ont estropié le nom ; des nomades scythes ou kouchans, chassés d'Asie centrale, qui arrivent à bride abattue, et chacun d'enterrer éperdument son magot pour le bonheur des numismates et des archéologues. D'autres marchands. Un simple curieux comme il y en aura toujours, suivi d'un domestique qui prend des notes (on les retrouvera peut-être). Pas d'historiens, hélas. Des bouddhistes chinois qui s'en retournent en grommelant de leur dangereux pèlerinage en Inde, leurs bagages bourrés de textes sacrés. D'autres nomades, des Huns cette fois, et ils font l'effet de brutes aux premiers qui entre-temps se sont policés...

Puis l'Islam dur et sans mémoire. Au VIIe siècle. Par la suite, ce carrefour en verra bien d'autres, mais je m'arrête là. Que le voyageur d'aujourd'hui, qui vient après tant de monde, se présente donc avec la modestie qui convient, et n'espère étonner personne. Il sera alors parfaitement reçu par les Afghans qui ont d'ailleurs pour la plupart complètement oublié leur histoire.

Vis-à-vis de l'Occident et de ses séductions, l'Afghan conserve une belle indépendance d'esprit. Il le considère avec un peu le même intérêt prudent que nous, l'Afghanistan. Il l'apprécie assez, mais quant à s'en laisser imposer...

Il y a à Kaboul un petit musée admirable où l'on expose les trouvailles des archéologues français qui, depuis la proclamation d'indépendance, fouillent en Afghanistan. D'autres objets aussi. Un peu de tout : des fragments de collections, une belette empaillée, des monnaies qu'on retrouve en réparant les égouts, du cristal de roche. Au rez-de-chaussée, dans une vitrine en retrait et consacrée aux costumes, on pouvait voir en 1954, entre une jupe de plumes maori et un manteau de berger du Sin-kiang, un pull-over assez commun portant l'indication « Irlande », ou peut-être « Balkans ». Rouge aniline, tricoté main sans doute, mais un pull-over... Mon Dieu ! tel qu'on en voit chez nous dans le tram, octobre venu. Mis là par inadvertance ? J'espère bien que non ! Bref, je l'ai regardé longuement, avec un œil nouveau et je confesse que d'un point de vue objectif, la civilisation représentée par cette camisole lie-de-vin faisait pauvre figure à côté des plumes de paradisier et de la pelisse kazakh. Décemment, on ne pouvait que s'en désoler. On n'était en tout cas guère tenté d'aller voir le pays où les gens portaient « ça ».

Cette présentation m'a enchanté : l'impression qu'on m'avait joué un de ces bons tours à la Swift qui font battre le cœur et sauter une marche à l'entendement. D'ailleurs, une pincée d'afghanocentrisme était la bienvenue après vingt-quatre ans de cette Europe qui nous fait étudier les Croisés sans nous parler des Mamelouks, trouver le Péché Originel dans des mythologies où il n'a rien à faire, et nous intéresser à l'Inde dès le moment et dans la mesure où des Compagnies marchandes et quelques courageux coquins venus de l'ouest ont mis la main dessus.

Une semaine après l'arrivée, malades l'un et l'autre. Il fallait bien payer un jour la traversée du Lout, l'usure nerveuse de Quetta et les veillées du *Saki Bar*. Sans goût pour rien, aucun ressort, éteints. Tentés de tout pousser au noir, avec un œil pour ce qui cloche. L'idée d'aller, dans cet état, importuner les gens, placer des conférences ou des aquarelles n'a rien pour vous réjouir. Nous n'en menions pas large, quand la chance nous fit tomber sur un médecin suisse, expert aux Nations Unies, qui vivait seul ici et nous offrit de loger chez lui le temps qu'il faudrait — beaucoup — pour nous rétablir. Un homme ouvert à tout, généreux, délicat, attentif malgré un air de distraction perpétuelle, et comme embarrassé de sa propre gentillesse. Tout l'opposé du médecin de Kandahar qui prenait tant de poses. Au contraire : en parlant, une façon de pencher la tête comme s'il s'adressait à sa pochette en doutant fort de ce qu'il avançait. Aimant rire, avec ça, et nous soignant à merveille. Bref, un ami.

Cette providence aidant, je garde de Kaboul un souvenir qui approche le portrait délicieux qu'en a tracé Babour. Une seule réserve : cette odeur de graisse de mouton qui imprègne la ville[1], insupportable quand le foie tire un peu. Et une seule retouche : le vin. De son temps, il coulait à flots, la Loi était journellement transgressée et les ivrognes endormis sur l'herbette, leur turban défait, ne se comptaient plus. Aujourd'hui, avec un des meilleurs raisins du monde, les Afghans sont revenus à l'abstinence. Pas une goutte d'alcool à Kaboul. Seuls les diplomates avaient le permis d'importer ; les autres étrangers en étaient réduits à acheter par quintaux le raisin du Bazar et à préparer eux-mêmes leur cuvée. Les Français avaient lancé la mode ; quelques Autrichiens avaient suivi. Septembre venu, des géologues, des professeurs, des médecins se transformaient en vignerons. On se donnait entre voisins un coup de main pour fouler les grappes ou pour mettre le moût en jarres. Aux dîners, on voyait apparaître sur les tables des bouteilles d'un vin blanc bouché à la cire, au goût de manzanilla, passable, parfois trop sec, en tout cas — vous glissait-on à l'oreille en remplissant votre verre — supérieur à celui de ce cher Z. ou de ce pauvre B. Mais les meilleures bouteilles, c'étaient encore celles du chapelain de l'ambassade d'Italie, qui s'était depuis des années fait la main

---

1.   Toute la cuisine afghane est faite à cette graisse-là.

en fabriquant son vin de messe et distribuait aux plus méritants les flacons qu'il avait négligé de bénir.

Pour avoir abondamment pillé leurs voisins, les Afghans ont longtemps soupçonné l'étranger d'en vouloir faire autant chez eux. Sans se tromper de beaucoup. Les Européens, au XIXᵉ siècle, on leur tirait dessus ; ce n'est qu'en 1922 qu'on a entre-bâillé la porte pour en laisser passer quelques-uns. Cet éclectisme a ses avantages, parce que là où l'Occident est incapable d'imposer ses mercantis, ses adjudants, sa camelote, il se résigne à envoyer des gens d'esprit — diplomates, orientalistes, médecins — qui ont de la curiosité, du tact, et comprennent très bien comment on peut être afghan.

Aussi la petite colonie occidentale de Kaboul offrait-elle beaucoup de variété, d'agrément, de ressources : des ethnographes danois qui trouvaient à deux jours de la ville des vallées où aucun Occidental n'avait encore mis le pied, des Anglais très à l'aise dans ce rôle d'ancien adversaire qu'en Asie ils savent tenir si bien, quelques experts des Nations Unies, et surtout les Français, qui donnaient à cette société son centre et sa gaieté. Ces Français — une quarantaine peut-être — avaient une sorte de club, au fond d'un jardin de curé, où l'on pouvait aller, une fois la semaine, boire frais, écouter des disques, puiser dans la bibliothèque, rencontrer des hommes singuliers qui connaissaient le pays à merveille et en parlaient sans pédanterie. Un accueil charmant, de l'animation, de la bonne grâce. Après quatorze mois sur les routes, et sans lectures, je redécouvrais le plaisir que c'est d'entendre, par exemple, un archéologue, retour de sa fouille d'Arachosie ou de Bactriane, encore tout chaud de son sujet, le verre à la main, s'emporter en digressions merveilleuses sur la titulature d'une monnaie ou le plâtrage d'une statuette. Plusieurs femmes spirituelles, d'autres jolies que nous allions regarder de fort près, et aussi — la province ne perdant jamais ses droits — de ces dames qu'opposent sourdement, tout comme à Montargis ou

à Pont-à-Mousson, d'infimes querelles de préséance, de bobines, de tartelettes. Bref, un monde vif, cocasse, intéressant, dont les personnages avaient pour s'affirmer assez de liberté et d'espace, et paraissaient sortis de Beaumarchais, de Giraudoux, ou de Feydeau.

Parfois, un accès de bovarysme, des rumeurs amusées, et une « passion » que les coupables allaient — tant on jasait dans ce microcosme — assouvir à Lahore ou à Peshawar, expiant d'avance leurs égarements sur les trois cents kilomètres de piste abominable qui les séparaient de la frontière.

Ici : les conflits idéologiques comme ramenés au niveau de la province, et les diplomates russes moins boutonnés qu'ailleurs ; liés peut-être par cette image de grand voisin agricole et débonnaire qu'ils s'efforçaient de donner sur la frontière de l'Oxus. On pouvait les voir se rendre en troupe chez le coiffeur, en face de l'unique cinéma de la ville, dans une vieille *Ziss* à filets citron qui bondissait sur la chaussée défoncée en soulevant un nuage de poussière. Là, dans le cliquetis des ciseaux, ils s'abandonnaient un peu, hasardaient quelques lambeaux de conversation, sérieux, têtus (leurs chapeaux de paille posés droit sur les yeux et leur nœud de cravate gros comme le poing), cherchant gauchement une forme de sympathie élémentaire que personne ne songeait à leur refuser.

On les rencontrait aussi chez J., le dentiste allemand dont la femme était si ravissante que, malgré sa fraise à pédale et son installation rudimentaire, son cabinet ne désemplissait pas. Mais on les trouvait sur leurs gardes : l'ambiance conciliatrice, le terrain neutre de la boutique afghane leur manquaient. Cette antichambre, c'était déjà l'Occident et ses pièges. Ils lisaient donc sans lever le nez les numéros d'*Ogonek* disposés pour eux sur la table, ne sautant rien, parcourant soigneusement les réclames, la chronique ménagère, la doctrine, pour atteindre enfin, comme une oasis méritée, les photos en couleur d'un kolkhoze turkmène où un paysan en costume, les bottes comme des miroirs, fait virer son tracteur devant la caméra en souriant de toutes ses dents au lecteur. On attendait longtemps, face à face. Au bout d'un moment, on éprouvait un intérêt compatissant pour ces gens qui avaient désappris le rire et, à cause de cela, paraissaient si démunis. On se voyait donnant à ces femmes puissantes de discrets conseils d'élégance, disant à ces hommes rembrunis « voyons ! sautez donc les réclames, ce n'est pas si grave, déridez-vous, prenez une cigarette, causons un peu ! À deux mille mètres, dans le pays le plus singulier du monde, cela ne fera de tort à personne ». Peut-être ne nous voyaient-ils simplement pas. Peut-être pensaient-ils comme nous, mais *nous* pouvions chercher le contact, nous et pas eux, et cette différence a son prix.

Les plus jeunes venaient parfois boire un verre furtif à la « Maison des Français » : des hommes trapus, le visage musclé, sanglés dans des complets trop petits, qui arrivaient par paires. Ils parlaient un peu de français appris à l'École d'artillerie, à l'École d'aviation ou à celle de déminage, jamais à l'école tout court. Ils étaient bien reçus, interrogés sur tout et sur rien, plus souvent rien, car tous les sujets hormis Gorki, Katchatourian, le Musée de l'Ermitage, sentaient encore le fagot. Toujours est-il qu'ils étaient là, circonspects mais aimables, les flûtes à champagne disparaissant dans leurs mains énormes, pas trop dépaysés puisqu'ils pouvaient lire dans leurs manuels que Diderot était le père de la réforme agraire, Molière l'ennemi juré des bourgeois, et Thorez, un styliste délicat.

En 1868, l'émir Abduhr Rahman prenait déjà un ton tartuffe pour parler de « la pauvre chèvre afghane prise entre l'ours russe et le lion britannique ». Sous sa gouverne, la chèvre afghane est d'ailleurs souvent parvenue, en jouant un voisin contre l'autre, à les rouler tous les deux, et son habileté politique à ce jeu a fait école. On a, ici, l'habitude de ce voisinage épineux à la nature duquel la Révolution n'a pas changé grand-chose. On n'est pas troublé non plus par les contradictions qu'on relève entre les principes et les faits, parce qu'en bon Oriental on n'avait pas cru aux principes. Personne ne s'étonne lorsque cette République socialiste et laïque offre huit chevaux au souverain de ce royaume où l'Islam est religion d'État ; on sait que ce présent est l'amorce d'une requête et qu'au besoin les Russes offriraient aussi bien la construction d'une mosquée.

Quant aux Américains, on les voyait moins encore. Ils vivaient en marge à leur ordinaire, apprenaient le pays dans les livres, circulaient peu et buvaient leur eau bouillie, crainte de virus et de maladies qui d'ailleurs ne les rataient pas.

Elles ne nous ratèrent pas non plus : Thierry eut juste le temps d'exposer et de vendre un peu avant d'attraper une jaunisse dont il mit plusieurs semaines à se remettre. Sans notre ami Claude, le docteur, et sans l'obligeance que nous rencontrions partout, je ne sais comment il s'en serait sorti. Mi-novembre, il prit l'avion pour New Delhi d'où il comptait descendre par train vers Ceylan pour préparer l'arrivée de Flo. Il était trop pressé par cette échéance pour attendre que je sois rétabli, et encore trop faible pour passer les cols en voiture et supporter les fatigues d'une descente de l'Inde par route. J'irais les retrouver là-bas quelques mois plus tard, avec le bagage et la voiture, à temps pour célébrer la noce.

L'aviation civile afghane d'alors se composait en tout et pour tout d'une petite entreprise du nom d'« Indomer » qui transportait les pèlerins vers La Mecque, tirait le plus clair de son revenu de la contrebande des tapis, et dont l'État, toujours prudent, gardait en permanence un des administrateurs en prison. Quant à l'aéroport, c'était un champ balisé, humblement soumis aux intempéries et fermé dès la première neige, que les bimoteurs d'Air India ou de la KLM desservaient quand la saison s'y prêtait.

J'y accompagnai Thierry à l'aube. Il faisait froid et les longues friches brunes qui s'étendent au sud de la ville étaient couvertes d'une gelée blanche qui rappelait les premiers mois de Tabriz. L'appareil indien, piloté par un Sikh barbu, était déjà en piste. Avant de passer la barrière, nous partageâmes l'argent que Thierry avait gagné ici où je n'avais, quant à moi, pas fait un sou.

Retour en jeep. Le soleil levant touchait la cime des peupliers, les neiges des Monts Suleiman, et faisait briller l'orge battu sur les toits plats du Bazar. A mi-chemin de la ville, un autobus vert et bleu — avec quel génie ces couleurs sont toujours réconciliées — était renversé dans le fossé. Tout autour, des passagers accroupis tiraient sur leur cigarette ; d'autres faisaient placidement les cent pas, l'air de gens qui n'en attendaient pas moins. J'aimais ce pays. Je pensais aussi à Thierry : le temps d'Asie coule plus large que le nôtre, et cette association parfaite me semblait avoir duré dix ans.

Quelques jours plus tard, Claude descendit dans le Sud-Afghan où son travail l'appelait. Je partis vers le nord à travers la montagne, pour la Bactriane où les archéologues français m'invitaient à travailler quelque temps.

L'Hindou Kouch

Soixante kilomètres au nord de Kaboul s'étend le massif de l'Hindou Kouch. À quatre mille mètres d'altitude moyenne il traverse l'Afghanistan d'est en ouest, soulève à six mille les glaciers du Nouristan et sépare deux mondes.

Versant sud : un plateau brûlé, coupé de vallées-jardins, qui s'étale jusqu'aux montagnes de la frontière baloutch. Le soleil est fort, les barbes noires, les nez en bec. On parle et on pense pashtoun (la langue des Pathans) ou persan. Versant nord : une lumière filtrée par les brouillards de la steppe, les faces rondes, les regards bleus, les manteaux ouatinés des cavaliers ouzbeks au trot vers leurs villages de yourtes. Des sangliers, des outardes, des cours d'eau éphémères sillonnent cette plaine à joncs qui s'incline en pente douce vers l'Oxus et la mer d'Aral. On est taciturne. On parle sobrement les dialectes türk d'Asie centrale. Ce sont plutôt les chevaux qui pensent.

Les soirs de novembre, le vent du nord descend sur Kaboul par bouffées, balaie les relents du Bazar et laisse dans les rues une fine odeur d'altitude. C'est l'Hindou Kouch qui fait signe. On ne le voit pas, mais on le sent derrière les premières chaînes, tendu dans la nuit comme un manteau. Tout le ciel en est occupé. L'esprit aussi : au bout d'une semaine on n'a plus que la montagne en tête, le pays qui s'étend derrière, et à force d'y penser, on y va.

Pour traverser l'Hindou Kouch et gagner le Turkménistan afghan — l'ancienne Bactriane — il faut un passeport de la police de Kaboul et une place dans l'autobus de l'*Afghan Mail* ou sur un des camions qui montent vers le nord. Ce permis est souvent refusé ; mais lorsqu'on lui fournit une raison simple, évidente et qui lui parle — voir du pays, vagabonder — la police est bonne fille. Tout musulman, même flic, est un nomade potentiel. Dites :

djahan (le monde) ou *shahrah* (la grand-route), il se voit déjà libre de tout, cherchant la Vérité et foulant la poussière sous un mince croissant de lune. En ajoutant que je n'étais pas pressé, j'ai obtenu mon permis tout de suite.

Bazar de Kaboul. Les poids de pierre tintent sur le plateau des balances. Les perdrix de combat aiguisant leur bec contre l'osier des cages. Dans le souk des ferronniers, les camions sont parqués, le nez sur les forges. Pendant que le métal incandescent refroidit, les chauffeurs bavardent assis sur leurs talons. Le narghilé passe de main en main, les messages, les informations résonnent dans l'air frisquet... l'autobus de Kunduz est tombé dans la rivière... tout plein de perdrix rouges dans le col du Lataban... en creusant un puits, ils ont trouvé un trésor à Ghardez. Les nouveaux arrivants joignent la compagnie, chacun avec son brin d'histoire ou sa nouvelle, et d'heure en heure le journal parlé du Royaume monte avec la fumée entre les masses sombres des camions.

Un mot de ces camions. L'Afghan pèse infiniment ses décisions mais, une fois résolu, il s'emballe. S'il achète un camion, il rêve de chargements monstrueux, à éblouir le Bazar. Il va faire sa pelote en cinq ou six voyages. On entendra parler de lui. Les seize tonnes *Mack* ou *Internash* suffisent à peine à son ambition. Le moteur, le châssis, passe encore ! mais le pont de charge lui paraît mesquin. Il le vend pour bois, et fixe à la place une sorte de chambre à ciel ouvert où une dizaine de percherons tiendraient à l'aise. Puis il va chercher le peintre. Les camions afghans sont décorés au petit pinceau et sur toute la surface : minarets, mains dans le ciel, as de pique, poignards perçant un sein surréaliste entouré d'inscriptions coraniques qui s'enroulent dans tous les sens car l'artiste travaille, le nez contre la tôle, avec le souci de remplir plutôt que d'ordonner. L'ouvrage terminé, le camion a disparu sous ces décors frivoles ; ce qui en reste tient de l'icône et de la bonbonnière « Vieux Berlin ».

Puis le camionneur charge. Ce faisant, il parcourt en esprit la route qu'il va suivre : si les branches basses des noyers sont à sept mètres, il ira jusqu'à six. À présent, son camion a belle allure, mais c'est à peine s'il peut l'arracher à la glaise des souks. Va-t-il s'en tenir là ? ce serait mal le connaître : il s'arrête dans les faubourgs, recrute des passagers pour le nord, à cinquante *afghanis* la course, et les place entre les sacs. Alors il s'ébranle vers l'Hindou Kouch, vers Mazar ou Kunduz, *inch'Allah,* et deux, cinq, ou huit jours plus tard l'y voilà, grâce à une succession de miracles dont personne ne s'étonne puisque Dieu est afghan et musulman. À moins que le camion ne soit resté quelque part, fond sur fond dans un ravin.

Passé par le souk des ferronniers à la nuit tombée. Les pièces sorties de forge à bout de pince s'entouraient d'un halo rouge qui tirait l'œil. Les voix se faisaient rares : les chauffeurs qui travaillaient encore partiraient dans la nuit ou de bon matin. Je n'ai eu aucun mal à trouver un camion pour le nord.

Le lendemain, levé à l'aube. Enfilé des vêtements d'hiver qui n'étaient pas sortis du sac depuis Tabriz, et graissé mes bottes en écoutant chanter la cafetière. La ville était glaciale. Par de petits bois de sorbiers encroûtés de poussière, j'ai rejoint les vergers extérieurs où deux voleurs de pommes glissaient le long des murs avec des sourires aussi grands que leurs sacs. Pas un chant de moteur du côté du Bazar d'où montaient les premières fumées. L'homme avait dit : sept heures, sans se sentir engagé pour si peu. Ici les mots comptent moins que la pensée et qui pourrait répondre de ce qu'il pensera demain. Le temps appartient à Dieu seul, et les Afghans ne font pas volontiers de ces promesses qui taillent dans le futur. Demain matin... demain soir, ou dans trois jours, ou jamais. Je suis parti de l'avant. Le soleil était haut quand le camion m'a rattrapé en klaxonnant. Rejoint au sommet du chargement une poignée de vieux très en verve, et terminé la matinée, les mains sous la nuque, couché dans la roue de secours. À chaque virage, les jambes maigres, les babouches et les barbes des voisins mordaient sur mon champ de ciel. Nous montions le petit col qui sépare la vallée de Kaboul de celle de Charikar.

Pris le thé et le riz de midi à Charikar avec les gens du camion. La bourgade attendait le Roi, retour de la chasse ; elle était sens dessus dessous. Les soldats avaient barré la route avec des troncs et arrêtaient jusqu'à l'arrivée du convoi tout le trafic vers l'Hindou Kouch. Ceci ne faisait pas l'affaire du camionneur qui séchait dans le vent ses mains lavées à l'aiguière, rotait et réfléchissait. Il s'est découvert, parmi les gardes, un cousin qui a pris le volant et, au terme d'une manœuvre discrète, le camion s'est trouvé de l'autre côté des solives. On cousine volontiers en Afghanistan, et toujours à propos.

Le soleil commençait à descendre quand le camion a tourné à l'ouest pour s'engager dans la vallée de Ghorband : une longue coulée de terre noire, plantée de châtaigniers, de noyers et de vignes d'où les étourneaux, les grives saoules montaient par nuées avec un bruit de grêle. Sur le parcours du Roi la vallée respirait l'attente. Dans toutes les tchâikhanes de la route on avait passé le balai, dressé dans la cour des tables chargées de poires, et décoré les places de pyrèthres ou d'orchis vanillés jetés par poignées sur le lin blanc. Accroupis derrière les théières fumantes, les tenanciers tourmentaient leurs babouches d'un orteil anxieux en surveillant la poussière du convoi royal qui descendait lentement vers la nuit : béni si le Roi choisit sa cour, deux fois béni s'il s'attable, trois fois si son chambellan songe à payer en partant.

À mi-hauteur de la vallée nous avons croisé la petite caravane arrêtée sous un châtaignier. Quelques cavaliers, le mousqueton en bandoulière et la lance fixée dans l'étrier, flanquaient la jeep royale et la remorque remplie de mouflons, de daims, d'outardes encore chaudes dont le sang noir dégouttait sur la route. Le Roi était assis sur la banquette avant, entre deux officiers. Tous trois portaient exactement la même tunique olive et, comme les visages étaient dans l'ombre, j'avais peine à distinguer les traits fins que l'imagerie du Bazar a rendu familiers. Les soldats de l'escorte, inquiets de trou-

ver ce camion vagabond au-delà des barrages, interrogeaient rudement le chauffeur et poussaient leur monture contre les portières
pour jeter dans la cabine des regards soupçonneux. Malgré cette
hécatombe de poil et de plume, on était loin de l'insouciance fourbue qui accompagne d'ordinaire un retour de battue. Les questions rauques des cavaliers, la nervosité des chevaux et les trois
silhouettes immobiles, mais attentives, suggéraient plutôt l'allure
prudente d'une troupe de voyageurs sur des frontières peu sûres.
La vallée était pourtant paisible et le royaume plus tranquille que
jamais ; mais, depuis que le trône d'Afghanistan existe, ces précau-
tions sont de mise et permettent à un roi sur trois de mourir dans
son lit. Dans ce pays à passions où le goût de la terre, la rivalité des
tribus et le fardeau des vendettas font partir les fusils comme par
miracle, il est difficile de régner sans « prévenir » un peu, et chaque
adversaire éliminé vous met sur les bras tout un clan de vengeurs.
Depuis que le roi Nader, son père, a été abattu à bout portant par
le page d'un général évincé, et que l'enfant est mort sans un mot
sous la torture, le roi Mohammed Zaher se garde à droite, se garde à
gauche et ne dort que d'une oreille. « Dix derviches trouvent place
sous un méchant manteau, mais deux Padichah ne tiendraient pas
dans le monde », dit le proverbe. Encore moins dans cet apanage
bucolique qui a bien de quoi faire tourner les têtes.

       À la nuit tombée, nous avons atteint le bas du
village de Chardeh Ghorband à l'entrée sud du col du Shibar. Des
ceps gros comme la cuisse tapissaient les maisons de torchis et se
rejoignaient en voûte par-dessus la ruelle. Entre les grappes, on
apercevait les formidables surplombs de roc qui dominent le village,
et les premières étoiles. Nous étions beaucoup montés et le froid
commençait à pincer. Une caravane descendue du col occupait
la placette : une vingtaine de chameaux d'Asie centrale couverts
d'épaisses toisons bouclées qui fumaient autour de l'abreuvoir.
Derrière ses bêtes, le convoyeur turkmène, complètement hors d'as-

siette et les rênes hautes, faisait pirouetter son cheval qu'il excitait
par une sorte de pépiement. Les yeux bridés brillaient dans sa face
rouge et son manteau volait autour de lui. En mauvais persan, il a
renseigné les chauffeurs : huit camions de Russie, retenus sur l'autre
versant pendant la chasse, passeraient cette nuit ; il n'y avait pas de
neige fraîche dans les hauts. Soufflant dans nos doigts, nous nous
sommes réfugiés à la tchâikhane où le camionneur, mis en train par
ces bonnes nouvelles, a offert le sucre et le thé à toute la compagnie.
Les galettes sont sorties des baluchons, et d'abord on n'a entendu
que mastications et soupirs, puis, à mesure que les oreilles se débouchaient, le bruit de la rivière, toujours plus proche. Le tenancier,
qui connaît tous les usagers du col, avait repris avec l'équipage les
conversations du dernier passage. En parlant, il pompait la lampe
à acétylène dont la clarté gagnait sur la chambre ; quand elle m'a
atteint, il s'est interrompu pour demander d'où venait cet étranger.

— De Suisse, en route vers Mazar.

La Suisse ? il voyait bien. Il avait souvent eu dans sa cour
un camion de Kaboul avec un château suisse peint dessus. Le
château — imprenable — se mirait dans un lac entouré de roc ; sur
l'eau bleue naviguaient des barques à antennes croisées, pareilles
aux boutres de la côte d'Oman. Chez les peintres du Bazar, ce motif
devait être un des plus chers du répertoire, à cause de l'eau, si difficile à rendre, et surtout des vagues que beaucoup, ici, ne connaissent
que par ouï-dire. En Suisse — ajoutait-il — les montagnes étaient
comme des aiguilles, si hautes, et les vallées si profondes qu'on n'y
distinguait pas la nuit du jour. Aussi les montres suisses étaient-elles
lumineuses. On m'a demandé ce qu'il fallait penser de nos roses
et de nos melons. Les roses : superbes ; quant aux melons, rien qui
vaille ceux de Kaboul. Chacun s'en est réjoui. Il faut savoir que du
Turkestan au Caucase, on mesure le bonheur d'un coin de terre à
la qualité de ses melons. C'est un sujet de controverse, d'orgueil
et de prestige. On s'est coupé la gorge à propos de melons, et des
hommes considérés faisaient volontiers une semaine de voyage
pour tâter des fameux melons blancs de Boukhara. C'est dire si

ma déclaration a fait plaisir. J'étais sur le point de mentionner le fusil et les quarante cartouches que tout soldat suisse conserve à la maison — privilège délectable — mais la compagnie avait perdu l'Occident de vue, étendu les pelisses et cédé au sommeil. Le fumet de bouc des peaux mal tannées, puanteur honnête mais puanteur tout de même, m'a chassé jusque dans la cour.

La nuit était glaciale. La pleine lune éclairait les falaises, le replat du village, faisant luire le nez des camions et les colliers de piments suspendus aux galeries des maisons. Au-dessus de nous, d'énormes étendues de montagne craquaient de solitude et de froid. Pas un bruit de moteur ; le col ne donnait pas signe de vie, mais on le sentait faire patiemment sa trouée dans la nuit.

Malgré les passes[1] qui lui faisaient concurrence, le Shibar n'a jamais manqué de clientèle. À leur retour d'Inde, les bouddhistes chinois le gravissaient (*la neige vole sur mille li*) pour aller pèleriner aux sanctuaires de Bamian. Babour l'a franchi plusieurs fois, les oreilles gelées enflant « gros comme une pomme ». Pendant longtemps on ne s'y est risqué qu'en nombre et en armes, à cause des pillards hazareh[2] — des schismatiques, buveurs d'arak, nichés dans les massifs de l'ouest — qui tombaient sur le trafic. Puis il y avait eu de féroces guérillas montagnardes entre gens des deux versants, avec trahisons, escalades et décharges de mousquets mille fois reprises par l'écho. Des expéditions punitives aussi, les chameaux damant la neige pour le passage du canon. C'était le passé. Aujourd'hui le col est en paix. Les Hazareh, mis à la raison, vendent sous le manteau leur piquette au Bazar de Kaboul, et ceux qui circulent au sommet des camions n'ont plus à craindre que l'engelure, la bourrasque et l'avalanche.

---

1. Les passes de Salang, et surtout de Hawak, plus hautes et autrefois plus fréquentées. À l'est du Shibar.
2. Population centre-asiatique qu'on a cru descendre de l'armée de Gengis Khan, groupée par mille (*hazarah* : mille en persan). Cette hypothèse est abandonnée, on pense plutôt qu'il s'agit d'un reliquat de l'ancien peuplement sino-tibétain du Pamir.

Comme une rivière poissonneuse, le Shibar nourrit ses riverains. Le patron du relais de Ghorband doit en savoir quelque chose. Il s'est placé juste à la charnière du trajet : les camions venus du nord festoient chez lui parce qu'ils ont partie gagnée, ceux du sud, pour se donner du cœur avant la montée. Les équipages et les caravaniers échangent dans sa cour des objets, des ragots, des nouvelles, et par l'entremise de ces nomades il a, sans quitter son seuil, l'œil ouvert sur le monde. Son magot d'afghanis, de roubles et de roupies, son curry de Lahore et son poêle de fonte russe, son pèlerinage à La Mecque, son entregent et cette connaissance des choses qui lui vient par bribe, tout cela il le doit au col. Il en parlait avec révérence. Il parlait moins bien de l'avion courrier russe Tachkent-Kaboul qu'il entendait certains matins d'été passer haut à l'est du ciel. Il avait même représenté en fresque sur un mur de la tchâikhane cette machine qui, en somme, ignorait la montagne et menaçait son gagne-pain. Guère à son avantage : une sorte de mouche perdue entre les pics acérés ; à en juger par l'inclinaison de l'appareil et les flammes qui en jaillissaient, on comprenait que cette fois encore la Montagne aurait le dessus.

Je suis monté jusqu'à l'abreuvoir, en douceur, pour ne pas réveiller les chiens. Roulé dans sa peau de bique le Turkmène dormait par terre à côté de ses bêtes. Le village était silencieux mais le Shibar venait de sortir de son mutisme : d'aussi haut que les étoiles, le chant intermittent d'un moteur en première descendait vers nous. Je suis rentré transi. J'ai mis mon argent dans mes bottes, les bottes sous la tête, et me suis endormi, les pieds dans la barbe du voisin.

Matin. Les chauffeurs de Russie arrivés dans la nuit s'étaient allongés entre les dormeurs et nous nous sommes réveillés parmi ces étrangers. C'étaient des musulmans tadjiks, vêtus de blouses poussiéreuses et chaussés de demi-bottes noires. Ils avaient quitté Stalinabad quatre jours plus tôt, passé l'Oxus au bac de Termez et descendaient livrer leurs camions neufs à Kaboul. Petits, vifs, taciturnes, ils paraissaient très à leur aise et rendaient *salaam* pour *salaam* en frottant leurs yeux gros de sommeil.

Quinze cents kilomètres de frontière commune et une dépendance économique toujours plus étroite obligent les Afghans à ménager leur grand voisin. Le « rideau de fer » s'ouvre pour laisser passer, dans un sens : l'essence, le ciment et le tabac soviétique ; dans l'autre : les fruits secs et surtout le coton brut afghan qu'on manufacture en Tadjikistan. Il s'ouvre aussi devant quelques tribus nomades qui ont leurs pâtures d'été dans l'Hindou Kouch et dont la transhumance est réglée par un traité. Moins officiel est le passage des déserteurs tadjiks qui traversent l'Oxus et se réfugient en Afghanistan. Après un an de surveillance, ces émigrés sont assimilés et s'établissent cultivateurs dans la grande plaine de Bactriane où, depuis quelques années, leurs villages poussent comme des champignons. Malgré ce va-et-vient clandestin et les escarmouches qui en résultent parfois entre « passeurs » ouzbeks et gardes-frontières communistes, les rapports entre les gens des deux rives sont singulièrement détendus. Les Afghans n'éprouvent ni crainte, ni haine, ni attirance vis-à-vis de l'URSS, et voisinent en conservant un quant-à-soi qui n'a son égal qu'en Finlande.

Les Tadjiks nous ont tout naturellement rejoints autour du narghilé. Entre camionneurs musulmans, on se soucie plus de l'homme que de la doctrine, et le tuyau passait d'une bouche à l'autre sans marquer le moindre temps d'arrêt. À propos du Ramadan, les Afghans ont plaisanté ces malheureux coreligionnaires qui travaillent pendant le Jeûne et n'ont pas permission de pèleriner plus loin que Boukhara. On a posé de part et d'autre des questions dont — comme l'honnêteté l'exige — on connaissait la réponse. Au moment du départ, les Tadjiks, comme s'ils exécutaient à contrecœur une consigne lointaine et inopportune, ont distribué quelques grossières galettes assorties de politiques salutations, puis ils ont embrayé leurs machines et disparu dans la poussière, vers Kaboul.

Le patron du relais examinait notre chargement. L'air perplexe. Certes ce n'était pas mal, mais un camionneur avisé pouvait faire mieux encore. Il se trouvait précisément avoir, à destination de Mazar-i-Shérif, quelques ballots dont il s'est ouvert au chauffeur. Ses mains soulignaient les offres, voletant en orbes séduisantes autour du camionneur qui cédait petit à petit. À midi l'affaire était bien engagée et promettait encore trop de plaisir pour se conclure avant la nuit. Je suis parti de mon côté. Cheminé en tendant l'oreille pendant quelques kilomètres ; je ne les ai jamais revus.

Tout l'après-midi, marché dans le col en humant l'odeur de fer de novembre. Le soir venu, assis sur un mur de pierre sèche, j'ai mangé la galette des Russes. J'étais fourbu et la montagne ne s'était pas rapprochée d'un pouce. La route traversait de larges plaques de neige que la nuit noyait rapidement, mais au-dessus de cinq mille mètres, les hautes pentes du Kuh-i-Baba écumaient encore de soleil. Dormi un moment, puis le bruit d'un camion qui montait en cognant et sifflant m'a réveillé. Ce n'était pas le mien. Les types ont ralenti, fait signe, j'ai accroché l'arrière et grimpé.

En équilibre instable je tâtais le chargement : des balles de tapis humides de serein. Une chance ! parce que tout ce qui passe l'Hindou Kouch n'a pas si bonne allure. On peut tomber sur les fûts d'essence russes puants et suintants, ou sur ces sacs de ciment qui vous glacent l'échine. À l'avant du chargement, où les secousses sont moins fortes, deux formes emmitouflées occupaient déjà les meilleures places. Un vieil édenté, surgi d'un paquet de chiffons laineux, m'a posé la question rituelle : *Kodja miri inch'Allah ?...* — où t'en vas-tu ainsi si Dieu permet ? L'autre passager disparaissait entièrement sous un tapis d'où dépassaient deux babouches cloutées, agitées d'un tremblement continu. Mais son baluchon le trahissait : un Coran, un briquet-amadou, une pastèque et une ombrelle au bec de laquelle des lunettes à monture de fer étaient fixées par un élastique : un mollah. Il allait jusqu'à Zebak. Il n'avait donc pas fini de grelotter : d'ici à Kunduz, un jour au moins, puis la route tourne à l'est, gagne Faïzabad d'où une mauvaise piste rejoint Zebak — deux ou trois jours quand tout va bien. Et Zebak, c'est une mosquée de torchis et une vingtaine de masures enfumées par la patrouille montée qui contrôle l'accès du haut Wakhan et de la frontière chinoise[1]. Au-delà, il n'y a plus que les versants solitaires du Pamir où une poignée de trappeurs chassent le renard bleu et le léopard des neiges. Un voyage qu'on ne souhaite à personne, le bout du monde. Zebak c'est Piogre.

Le camion montait à travers des pentes de neige sale en secouant terriblement. L'étranglement du col s'annonçait par des rampes brèves et méchantes qui soulevaient le châssis comme pour le retourner. On restait dans les petites vitesses, changeant souvent et brutalement le régime du moteur. Dans la cabine, l'attention montait ; pas l'angoisse, puisque tout est écrit, mais la vigilance et une grande capacité d'endurance et de résignation qu'il s'agissait de remettre à jour avant les pannes, ruptures, éboulements et culbutes que le col du Shibar réserve à ses habitués.

Sur tous les camions « au long cours » d'Asie, la composition de l'équipage est à peu près la même. Le véritable propriétaire du véhicule, c'est Allah, et les inscriptions qui couvrent la carrosserie lui rappellent ses responsabilités. Le détenteur terrestre s'appelle : *Motar-sahib*. C'est lui qui choisit les cargaisons, prend le volant dans les croisements difficiles, décide des itinéraires, des étapes, des repas ou des arrêts en pleine steppe pour tirer une outarde qui picore à portée. La pétoire, le jeu de jacquet et le tapis de prière placés sous la banquette lui appartiennent. Son second et lieutenant a le titre de *Mesteri*. Il est électro-mécanicien-forgeron et répare n'importe quoi, n'importe où, avec ce qui lui tombe sous la main. Quand les dégâts sont sérieux, il prend le commandement, arrête les camions des confrères, passe les messages aux forges voisines, négocie les

---

1. Le poste est à plus de cinq mille mètres. Personne n'y passe.

échanges de pièces ou les secours. Chaque soir, il démonte son distributeur, ses bougies, et prend le chemin du relais, un carton graisseux sous le bras. C'est moitié prudence — on ne vole pas un camion sans allumage — moitié pour s'occuper les doigts. Le thé fini, il passe sa soirée à polir les électrodes, les platines, toutes ces petites surfaces qui produisent lumière ou étincelle et sont l'âme du camion. Ce commerce quotidien avec les esprits magnétiques lui vaut beaucoup de plaisir et une sorte de rayonnement. Après quelques années sur les pistes, lorsque le Mesteri a de quoi s'acheter un vieux châssis, et assez de pièces de toutes provenances pour le compléter, il devient lui-même Motar-sahib. Il arrive aussi qu'il hâte cet avènement en épousant la fille du patron dont il est bien placé pour marchander le prix pendant ces longues étapes nocturnes où tant de choses dépendent de lui.

Le troisième larron, et non le moindre, est un jeune souffre-douleur mal nippé qui s'intitule *Kilinar* — corruption de l'anglais *cleaner*. Il s'occupe des pleins d'essence et des vidanges, prépare le thé aux étapes, et lave chaque jour d'une éponge prudente les décors de la carrosserie. Dans les cols, il voyage accroché à l'arrière du camion, son visage tordu par le froid, la main serrée sur le lourd coin de bois qui sert à caler la roue arrière dans les rampes et les lacets. Il passe ainsi des nuits entières, secoué à rendre l'âme, giflé par un vent glacial qui lui souffle son mégot en gerbes dans les yeux, pendant que les propos de la cabine lui parviennent par bouffées, mêlés à la tiède odeur des pelisses. À quinze ans, les Kilinars sont tout muscles, os et rogne. Ce sont les âmes les plus dures du pays. Impossible d'arracher un sourire à ces mines de loups. Ils vivent en marge. Aux relais, ces enfants tirent leur paillasse dans les coins sombres, et il faut les entendre engueuler le tenancier qui ne les sert pas aussitôt. Les Kilinars ont aussi leurs instants de puissance : dans les corniches, les épingles à cheveux qu'on prend en trois fois, ils dirigent la manœuvre à la voix : « Encore un peu… freine… *freine !* fils d'enc… » et profitent de la situation pour malmener âprement ceux de la cabine qui filent doux, qui n'ont pas le choix, parce que sans le Kilinar et sa butée, le camion toujours trop chargé aurait affaire au précipice, si mal préparé à le recevoir.

Dans l'Hindou Kouch, les Kilinars qui font fortune sont rares. La plupart conservent sur les pistes, à force de coriacité, quatre ou cinq ans d'une vie trop tôt mûrie, puis crèvent un soir sans crier gare sur le bat-flanc d'une tchâikhane. Entourés pour la première fois — surprise tardive mais incomparable — d'égards et de chaleur, ils quittent ce monde passager, ayant duré moins longtemps que le coin de bois, qui passe au successeur.

Minuit ou une heure. Nous descendions. Un torrent bruissait sous nous, dont les eaux glacées allaient rejoindre l'Oxus, puis finir dans la mer d'Aral, en pleine Asie centrale. Nous venions de changer de monde. La route s'engageait dans un goulet vertigineux et plus noir que la nuit ; par places elle s'était éboulée côté rivière, ne laissant qu'un passage étroit et incliné. Le Motar-sahib arrêtait sa machine et descendait en grommelant pour éprouver la terre du pied. En première, le camion se risquait dans la coulée, s'inclinait vers l'eau où les mottes détachées par les roues plongeaient avec un bruit lointain, puis pouce par pouce, retrouvait le sol ferme et se redressait pendant qu'un commentaire calme, mais soulagé, montait de la cabine.

... Panne. Depuis deux heures au moins, nous entendions le Mesteri cogner et blasphémer sous le châssis. Sur notre perchoir, le vent nous prenait de plein fouet. Le vieux, enjambant les ballots, est venu partager ma couverture. Il avait déniché dans le chargement une grappe de poules moribondes, encore chaudes, liées par les pattes, qui lui servaient de chaufferette. J'ai tiré mon bonnet fourré sur les oreilles, mis mes mains entre mes cuisses et fermé les yeux en essayant d'évoquer toutes les chaleurs que j'avais jamais pu donner ou recevoir. Inopérant. Sans doute n'en avais-je pas donné assez. Au fond des bottes, les pieds étaient morts depuis longtemps ; les lèvres, insensibles, mais l'intérieur de la bouche encore tiédi par la cigarette. Adossé aux tapis humides, je rêvais par bribes de vin chaud, de seaux à charbon, de marrons pétant sur la braise. Brèves somnolences dont l'odeur aigre des volailles, ou le mégot consumé qui brûlait la lèvre me tiraient en sursaut.

Forte lune. Des parois de rocs noirs et rouges montaient par jets de trois cents mètres autour de nous. En renversant la tête, on voyait comme du fond d'un puits les hauteurs du Kuh-i-Baba mordre sur une margelle de ciel où les étoiles paraissaient respirer. Finalement, j'ai dû céder à l'engourdissement de cette nature hivernale. Je n'ai pas senti le camion repartir.

Réveil au soleil levant. L'appel enroué des perdrix et des huppes. Nous étions arrêtés. Beaucoup descendus pendant mon sommeil. Le torrent était devenu rivière : maigre, paresseuse, divaguante. De part et d'autre de la route, des moraines rongées s'inclinaient doucement vers la plaine. L'équipage avait mis pied à terre et récoltait par brassées des lentisques pour le feu qu'il venait d'allumer. Sauté à bas du camion, et rejoint le cercle des silhouettes accroupies et des mains crevassées tendues vers la braise. Le Kilinar remplissait la théière. Quant au mollah ! pour n'avoir vu que ses jambes maigres et ses besicles, j'imaginais un vieux : c'était un gamin de vingt ans, la tête ronde et rasée, qui m'examinait avec curiosité. Ce n'est pas tous les jours qu'on voit un étranger voyager au sommet d'un camion. Chrétien, en outre. Il ouvrit son couteau, m'offrit une tranche de son melon et accepta une cigarette qu'il fuma assis sur ses talons sans cesser de me dévisager. Intrigué, mais sans doute plus à l'aise avec moi qu'avec ces Hindous du Bazar de Kaboul qui ont un million de dieux dans les prunelles. Après tout, nous étions entre « gens du Livre », attestateurs de l'Unique, et cousins en religion. Qu'on se fût massacré pendant mille ans n'y changeait pas grand-chose, ici surtout, où l'on s'est beaucoup entretué en famille et où le même mot : *tarbour* signifie à la fois cousin et ennemi.

Nos dieux ont bon gré mal gré un long passé commun. Le folklore afghan fourmille de références bibliques et l'Ancien Testament
y est comme cousu à la vie quotidienne. On sait que Caïn a fondé
Kaboul, et que Salomon a son trône sur une montagne au sud du
Khyber Pass. Quant à Issa — le Christ — ils le connaissent mieux
que nous, Moïse ou Jérémie. Au jour de la mort, on le compte
même au nombre des intercesseurs et, dans une complainte funèbre
qu'on chante en pays pathan, les agonisants *diront à Noé, à Moïse,
à Jésus et à Ibrahim* (l'ami de Mahomet) : *à part vous et à votre sens,
qui d'autre pourrait encore nous aider ?*

Cet Issa dont on trouve parfois pour dix afghanis l'image en
couleur au Bazar — pas crucifié, certes, mais flottant au milieu d'ar-
changes solidement armés, ou mûrissant au trot saccadé d'un ânon
son grave et généreux destin — est plus de chez eux que de chez
nous. Chacun ici connaît sa pitoyable histoire, et personne qui
ne s'en chagrine. C'était un doux, Issa, égaré dans un monde dur,
avec la police contre Lui, et pour compagnons, des lièvres bons
à s'endormir, à trahir ou à détaler devant les torches des soldats.
Trop doux peut-être ; ici où *faire le bien aux méchants c'est comme
faire le mal aux bons,* il y a des mansuétudes qu'on ne peut pas
comprendre. Cette façon par exemple de désarmer Pierre au Jardin
des Oliviers, voilà qui passe l'entendement. Peut-être un fils de Dieu
peut-il pousser aussi loin la clémence, mais certes Pierre, qui n'était
qu'un homme, aurait dû faire la sourde oreille. Avec quelques
Pathans à Gethsémani, la police n'aurait pas emporté l'affaire, ni
Judas ses trente deniers.

On le plaint donc, Issa, on le respecte, mais on se garderait bien
de suivre son exemple. Voyez plutôt Mahomet ! Un juste lui aussi,
mais de plus : bon général, meneur d'hommes et chef de clan. La
prédication de Dieu, la conquête, la famille : voilà un patron de vie
qui vous donne du cœur. Mais Issa ? qui donc ici-bas veut encore
vivre seul, « échouer » cloué à deux poutres entre des voleurs, sans
même un frère pour vous venger ? Encore, s'il avait été victime d'un
complot familial, Issa, d'une de ces affaires où l'aîné vend le benja-

min pour un bout de vigne ou quelques têtes de bétail, voilà qui réveillerait l'attention. Au contraire, il a ignoré sa famille terrestre. Elle s'efface dans l'ombre, et quand par hasard il en parle, c'est durement. Pas un mot sur Marie, sa mère, qui l'a suivi jusqu'à la fin, et surtout rien sur Joseph qui a tant cheminé pour le mettre à l'abri, et accepté sans murmurer des choses si étranges ; rien du côté des mâles, le côté intéressant.

Pourtant il ne faudrait pas croire que l'Islam, dans ces hautes terres, soit tellement épris du terrestre et du succès. Il y a ici un appétit d'essentiel sans cesse entretenu par le spectacle d'une nature où l'homme apparaît comme un humble accident, par la finesse et la lenteur d'une vie où le frugal tue le mesquin. Le Dieu de l'Hindou Kouch n'est pas, comme celui de Bethléem, amoureux de l'homme, il est son créateur miséricordieux et grand. C'est un credo simple, mais qui frappe. Les gens d'ici l'éprouvent avec plus de force et de verdeur que nous. L'*Allah ou Akbar,* tout tient à cela : ce Nom dont la magie suffit à transformer notre vide intérieur en espace, et cette ampleur divine qui, à force d'être inscrite à la chaux sur les tombes ou vociférées à la pointe des minarets, devient véritablement la propriété de chacun : une richesse dont les visages portent de furtifs mais d'incontestables reflets. Ce qui n'empêche bien sûr pas la rouerie, ni les accès de violence ; ni les rires salaces de fleurir allègrement dans les barbes.

Sur une piste égale, semée de crottin frais, le camion remontait de grandes troupes de cavaliers et les partageait comme une eau vive. Nous étions en pays turkmène, et la montagne loin derrière nous. Le Motar-sahib chantait en conduisant ; à présent, c'en était fini des gorges et des abîmes, il n'avait plus qu'à se laisser descendre pour atteindre Kunduz avant la nuit. Le mollah ne pensait plus à Dieu ni à Diable, et cassait des noix entre ses paumes. Le vieux, son vêtement tout souillé de fiente de poule, dormait la bouche ouverte en travers des ballots et le soleil de la steppe lui caressait l'épaule. Vers midi, à la bifurcation de Pul-i-Khumri, j'ai quitté le camion qui continuait vers le nord. La bourgade était pleine de jolis chevaux paille, les harnais luisants de couenne. On n'entendait que piaffer et hennir. Déjeuné dans une tchâikhane qui sentait l'avoine, et reparti à pied. Je n'étais plus bien loin de la fouille des Français : deux ou trois heures de marche sur la vieille route de Mazar. Le chemin traversait une plaine de tourbières où les peupliers blancs élevaient leurs feuillages murmurants. On voyait de petites chouettes nichées dans la fourche des saules, et quantité de campagnols qui prenaient le soleil sur le bord de leur trou. J'ai coupé un gourdin dans une épine-vinette, et ramassé quelques pierres pour les chiens. Il faisait bon. J'étais saoul de fatigue. En traversant ce grand pays couché et doux où l'automne trouve à qui parler, je me demandais si Euthydème, Demetrios ou Ménandre, les rois grecs de Bactriane, avaient longtemps regretté leurs oliviers, leurs plages salées, et leurs dauphins.

Le Château des Païens

Après une heure et demie à bon pas, on traverse un joli bois de peupliers, commode pour faire la sieste, parce qu'on a déjà marché huit kilomètres depuis le canal qui alimente la filature de Pul-i-Khumri. Puis, on reprend la route, et les cavaliers qu'on interroge vous désignent une éminence au nord-ouest : *Kafir Khale* — le Château des Païens[1]. On chemine encore une petite heure et l'on atteint le pied de la colline, persuadé de s'être trompé, parce que le versant éventré par la fouille est invisible de cet endroit de la route, et qu'on ne distingue aucune trace d'occupation ni n'entend aucune voix. Puis on aperçoit des empreintes de pneus qui sillonnent en lacets cette forte pente de terre jaune, on se dit : c'est bien là, on hèle, on attend et l'on voit apparaître sur la crête, en silhouette contre le ciel gris, de petits personnages qui mettent les mains en cornet et crient :

— Avez-vous le courrier ?

— Non.

— Ahhh...

et ils disparaissent.

On grimpe, et on comprend alors que ce qu'on avait pris pour le sommet n'est que l'arête d'un replat bien garanti du vent, qui abrite cinq grandes tentes militaires disposées comme le camp d'un roi shakespearien, la table du goûter encore dressée en plein air — thé, pain noir, miel de France — un édicule qui doit être une douche et, sur la droite de ce palier, une cagna où le cuisinier musulman s'affaire entre les seaux et les marmites fumantes.

On serre des mains.

1.　Pour le paysan afghan : Grecs, Parthes, Kouchans, Sassanides, et tout ce qui précède l'Islam : *Kafir* (païen) que tout cela.

— Vous voilà... mais, et la camionnette ? et tout le matériel qu'elle devait apporter ?

— Elle était en panne quand j'ai quitté Kaboul, mais le chauffeur m'a juré qu'il partirait la nuit même et serait ici avant moi. Je suis venu en camion et à pied, voilà pourquoi je n'ai rien amené.

— Ah !

L'automne venu, du monde extérieur à Kaboul, la poste est irrégulière. Elle l'est plus encore de Kaboul à Pul-i-Khumri (la montagne, l'état des cols, les accidents, les pannes) où il faut aller la chercher tous les trois ou quatre jours.

— Par contre, j'ai ramassé sur votre bureau quelques journaux qui venaient d'arriver.

Le professeur et ses adjoints se dérident[1]. Le *Figaro littéraire,* cinq numéros du *Monde* et des publications russes sur les fouilles en cours au Tadjikistan, qui ont mis trois mois pour arriver ici via Tachkent — Moscou — Paris — Karachi — Kaboul, alors que, sans le « rideau de fer », le chantier des collègues soviétiques serait à deux jours de camion à peine.

Bien que le soleil soit caché, la vue de la colline est admirable : on domine une immense étendue de joncs, de marais, de labours couverts d'épines, entre lesquels serpente un ruisseau bordé de saules. Au sud-est, on aperçoit sur plusieurs kilomètres le chemin que j'ai suivi. Je mesure la déception de ceux de la fouille, qui ont largement eu le temps de me voir approcher, en espérant des lettres. À l'est : deux villages de yourtes couleur blé, noyées dans la glaise et les flaques, quelques bosquets, tous les tons de l'automne. Dilué dans cet espace roux où parfois un cavalier laisse une trace de poussière, le présent ne pèse pas lourd. Quant au passé : le sommet de la colline, nivelé par les fouilles, révèle les fondations soigneusement dégagées d'une sorte d'oppidum formant un long rectangle qu'un gigantesque escalier encore partiellement enfoui, et qui couvre

---

1.   Le professeur Daniel Schlumberger, chef de la Délégation archéologique française en Afghanistan.

l'autre versant, relie au niveau de la plaine. C'est le Temple du Feu, dynastie des Grands Kouchans. Je me sens ignorant comme une borne ; il faudra me faire expliquer tout cela dès demain.

— Avez-vous eu froid dans le Shibar ?

— Je m'estime heureux d'avoir encore mes oreilles.

À cinq heures, le brouillard de la plaine atteint la colline ; à six, la cloche qui annonce le repas en fait surgir des figures familières : l'orientaliste belge déjà rencontré en Perse ; l'assistant libanais du professeur, un as de la mécanique à l'obligeance duquel je dois plusieurs tours de dépannage ; Dodo et Cendrat, deux voyageurs de notre espèce qui s'emploient ici. Ils s'avancent, les ongles noirs de terre, du pas recru et satisfait qu'on a après une journée de travail au grand air. Retrouvé aussi Ashour, le globe-trotter algérien entrevu à Kaboul, qui reprend ici les couleurs que deux ans de tribulations lui ont fait perdre. Il occupe seul la grande tente où je vais m'installer : lampe à pétrole, son foulard rouge corsaire jeté sur le lit avec le carnet de toile cirée dans lequel il tient son journal, une cartouche de Camel achetée avec sa dernière paie, un couteau « opinel », et un ocarina que nous n'entendrons jamais car il se fait prier et que, de notre côté, nous n'insistons pas trop. Chantant volontiers par contre, et agréablement : *Le rossignol et puis la ro-o-se* ou *Tu n'iras pas faire la guerre, Giroflée, Girofla...*, quelques vieilles rengaines « anar » qui remontaient au Fort-Chabrol — où les avait-il apprises ? — puis de nouveau *Le rossignol...* Un peu monotone. Tout de même : un joli-talent-d'artiste, comme on dit dans les banquets.

POUR RETROUVER LE FIL   *Écrit six ans plus tard*

Mais le sens de cette fouille ? après tout : ces étran-
gers qui passent des années — si l'on additionne les campagnes — à
vivre en pionniers dans un coin de steppe solitaire pour ressusciter des
Mages ou des dynastes morts depuis dix-huit siècles ; et ces bâtisseurs
kouchans *venus du nord-est, dont on ne sait quasiment rien depuis que*
les Chroniques chinoises les ont perdus de vue aux abords de l'Oxus[1] :
voilà une situation bien propre à inspirer quelques réflexions. Existe-t-il
une façon ordonnée, hiérarchique, de dire ce que l'on sait sur un lieu
pareil ? Certainement. J'ai beau faire, elle ne me vient pas. J'ai pourtant
bien rempli vingt pages de considérations sur le métier, de dates, sur ces
feuilles de papier pelure jaune que j'emploie pour les textes dont je ne
suis pas sûr. D'ailleurs, à mesure que les années passent, je le suis de
moins en moins, sûr. Pourquoi ajouter des mots qui ont traîné partout
à ces choses fraîches qui s'en passaient si bien ? Et comme c'est bouti-
quier, ce désir de tirer parti de tout, de ne rien laisser perdre… et malgré
qu'on le sache, cette peine qu'on prend, ce travail de persuasion, cette
lutte contre le refroidissement considérable et si insistant de la vie.

Et puis pourquoi s'obstiner à parler de ce voyage ? quel rapport avec
ma vie présente ? aucun, et je n'ai plus de présent. Les pages s'amon-
cellent, j'écorne un peu d'argent qu'on m'a donné, je suis presque un
mort pour ma femme qui est bien bonne de n'avoir pas encore mis la
clé sous la porte. Je passe de la rêverie stérile à la panique, ne renonçant
pas, n'en pouvant plus, et refusant de rien entreprendre d'autre par peur
de compromettre ce récit fantôme qui me dévore sans engraisser, et dont
certains me demandent parfois des nouvelles avec une impatience où
commence à percer la dérision. Si je pouvais lui donner d'un coup toute

---

1. Les Kouchans n'étaient connus que par leurs émissions moné-
    taires, l'épigraphie indienne, et quelques témoignages lointains,
    marginaux, s'ajustant mal, comme des tessons aux arêtes usées,
    fragments épars d'un pot dont le fond manquerait. Ce fond se
    trouve sans doute en Bactriane où l'on fouillait pour la première
    fois un monument qui leur fût attribué.

ma viande et qu'il soit fini ! mais ce genre de transfusion est impossible, la faculté de subir et d'endurer ne remplaçant jamais, je le sais, l'invention. (De l'endurance, j'en ai plus qu'il n'en faut : maigre cadeau des fées.) Non, il faut en passer par la progression, la paille au tas, la durée, les causes et les effets. Donc revenir au Château des Païens, *à ce trou de mémoire, à ces versants de glaise jaune qui ne sont plus que grisaille, faible écho et lambeaux d'idées qui s'effilochent dès que j'essaie de m'en saisir, à cet automne âpre et heureux où ma vie m'apparaissait tellement mieux tracée, aux Français si vifs et remuants qui couronnaient cette colline et m'ont fait excellent accueil, m'ont découvert un monde, m'ont nourri du produit de leur pêche et de leur chasse. Revenir, mais surtout : creuser la terrifiante épaisseur de terre qui me sépare de tout cela. (Voilà aussi de l'archéologie ! chacun ses tessons et ses ruines, mais c'est toujours le même désastre quand du passé se perd.) Forer à travers cette indifférence qui abolit, qui défigure, qui tue, et retrouver l'entrain d'alors, les mouvements de l'esprit, la souplesse, les nuances, les moirures de la vie, le hasard riche, les musiques qui vous tombent dans l'oreille, la précieuse connivence avec les choses, et ce si grand plaisir qu'on y prend.*

Au lieu de quoi : ce lieu désert qu'est devenue ma tête, la silencieuse corrosion de la mémoire, cette distraction perpétuelle qui n'est attention à rien d'autre (pas même à la plus ténue des voix intérieures), cette solitude imposée qui est un mensonge, ces compagnies qui en sont d'autres, ce travail qui n'est plus du travail et ces souvenirs qui ont séché sur pied comme si une malveillance toute puissante avait tranché leurs racines, me coupant, moi, de tant de choses aimables.

Encore une fois : revenir à la fouille. Je revois cent détails mais rien ne bouge plus. Il faut donc en décrire les acteurs, immobiles à table, le soir, dans la grande tente où l'on dînait :

Le professeur tient le haut bout, coiffé de son bonnet de laine jaune en pointes sur les oreilles et sur le front, tel qu'en portaient les Réformateurs. Sa femme est à sa gauche. Sa fille de neuf ans — elle apparaît parfois sur les photos pour donner l'échelle — s'est déjà retirée, emportant le crâne humain « douteux » (il n'est pas kouchan) dont elle

a fait son jouet préféré. L'architecte, un Breton qui vaut son pesant d'or,
à la droite du professeur. Le philologue belge tient l'autre bout, proche de
la sortie, son masque toepfférien éclairé de biais par la lampe à pétrole.
Nous autres, au milieu. Le cuisinier vient d'apporter une marmite de
lentilles et de viande qu'après une tournée on suspend, encore brûlante,
au montant de la tente. Pendant que les cuillers martèlent les assiettes
de fer, je lis les pensées inscrites dans un cercle au-dessus de chaque
tête comme dans certaines icônes byzantines : le professeur pense que
dans deux jours, les pioches atteindront le mur de fond de la seconde
volée, et que sur cette grande surface verticale — inch'Allah, inch'Allah, inch'Allah *— il trouvera l'inscription de fondation qu'il cherche*
depuis trois campagnes : quelques lignes de cet alphabet grec bizarrement
chantourné qu'employaient les Kouchans, *assez de texte peut-être pour*
permettre de déchiffrer ce dialecte encore mal connu de l'Iran extérieur[1].
Cendrat pense au sanglier qu'il a abattu l'autre soir presque par hasard
avec la première cartouche qu'il tirait de sa vie, monté jusqu'ici à grand-
peine et qu'il a dû ensuite — à cause du cuisinier musulman qui se refu-
sait à écorcher cette charogne impure — aller remettre à pourrir dans le
marais. Antoine, un voyageur français en visite ici comme moi, vante
obstinément Malraux au professeur, comme s'il se proposait de le lui
vendre. Il est didactique en diable, n'écoute rien des objections qu'on lui
fait et stérilise par son enthousiasme obtus tout un coin de la conversa-
tion. Je préférerais bien qu'il laisse la parole à son vis-à-vis. D'accord avec
Gorki pour chercher mes universités sur les routes, mais, quand d'aven-
ture on y rencontre un savant véritable, on aurait bien tort de n'en pas
profiter. Surtout de celui-là, qui prend toujours la peine de répondre aux
questions, d'informer, qui s'anime au point d'avancer sur l'interlocuteur
comme s'il voulait le dévorer, et qui a, pour le passé qu'il récupère, cette
affection véhémente sans laquelle les historiens sont des greffiers, et la
connaissance, impossible. Moi, je pense à ces Kouchans *qui motivent*

---

1.   L'inscription a été découverte deux ans et demi plus tard et trente
      mètres plus bas : environ vingt-cinq lignes, intacte, comme
      gravée d'hier. Passant tout ce qu'on espérait.

notre présence ici ; beau nom obscur, ambigu, plein de cuir et de fourrure.
Je pense à Ceylan, où Thierry et Flo s'arrosent à grands seaux tirés du
puits dans un décor d'ananas et de palmes. Je pense à une promenade que
je viens de faire en compagnie d'Antoine qui ne cesse de me chapitrer, de
me prouver que mes notions sont fausses, que je voyage de travers. Il a
beaucoup roulé déjà et sait quantité de choses, mais il y a un pion en lui
qui n'est pas rassasié. J'ai bien essayé de le mettre sur les femmes pour
donner à son monologue un tour plus alerte. Il m'a dit : « As-tu tâté de
l'Iranienne ? moi oui… pas extraordinaire. » Le mot tâter *m'a décou-*
ragé ; c'en est resté là. Il a pourtant vu toute l'Europe, la Russie, la Perse,
mais sans jamais vouloir céder au voyage un pouce de son intégrité.
Surprenant programme ! conserver son intégrité ? rester intégralement le
benêt qu'on était ? aussi n'a-t-il pas vu grand-chose, parce que le kilo de
chair de Shylock — je le sais maintenant — pas de pays qui ne l'exige.

DODO

Je ne sais si c'est sur la fouille qu'il avait reçu ce
surnom : Dodo. Son vrai nom m'échappe. Il était natif de Grenoble,
approchant les quarante ans dont vingt passés sur les routes.
Placide, pince-sans-rire, couleur de muraille et n'en observant
que mieux, plus détaché qu'un derviche et d'une compagnie très
agréable. Il avait surtout ce flegme — qui n'est qu'une forme de
plus grande résistance — si nécessaire à la vie de voyage où les
exaltés, les irascibles finissent toujours par se briser contre l'image
qu'ils se font d'eux-mêmes. Dodo avait vécu un peu partout, quitté
bon nombre d'emplois au moment où ils devenaient profitables,
beaucoup appris et sans doute beaucoup lu. Il en parlait rarement.
Il disait « voui » pour « oui », exprès j'imagine, et dissimulait ses
Lettres et ses talents sous un dehors un peu engourdi et rustique,
par crainte de se voir trop mis à contribution, car il aimait disposer
de son temps. La seule tâche à laquelle il se consacrât entièrement,
c'était la formation de son équipier Cendrat, un sympathique élec-

tricien-aquarelliste, son cadet d'au moins quinze ans. Dans la tente qu'ils partageaient au bout du camp, la nuit bien tombée et certain de n'être pas pris en flagrant délit d'érudition, Dodo retrouvait toutes ses ressources pour orner l'esprit de son élève. Un soir que j'allais emprunter leur falot-tempête, j'entendis à travers la toile : « Et là au milieu, tu vois une grande famille qui tire les ficelles... les Médicis... »

Au début de l'année, nous les avions déjà rencontrés en Perse ; ils arrivaient d'Égypte où ils avaient séjourné longtemps. Cette fois-ci, ils revenaient de l'Inde qui ne leur avait pas trop réussi. Ils comptaient regagner l'Europe par Tachkent et la Russie et, pour s'y préparer, emportaient partout un exemplaire en lambeaux de la grammaire Potapova. Responsables de chantiers contigus, ils récitaient à haute voix des conjugaisons que leurs ouvriers prenaient sans doute pour une sorte de prière ; là encore, c'est Dodo qui initiait son associé aux embûches du participe ou du perfectif. J'ignore s'ils ont pu réaliser leur plan, mais si le voyage s'est poursuivi aussi longtemps qu'ils l'escomptaient, Cendrat doit être devenu plus fin que cent jésuites. Dodo avait un autre projet qui attendra longtemps j'espère : mourir au Japon.

Le samedi et le dimanche, quand nous partions à cheval à travers le marais, Dodo choisissait toujours la monture la plus lente : une vieille rosse câline et saignante, sellée d'une botte de paille, qu'il chatouillait avec une branche de saule pour la faire avancer. Par prudence, et aussi pour le plaisir de traverser tranquillement ces merveilleux paysages d'automne en recuisant ses pensées, ou en chantonnant *La Belle Hélène* et *Lakmé* qu'il savait quasiment par cœur. Je le revois très bien, traînard perpétuel entre les joncs où ses lunettes lançaient des éclairs. Pour simplifier sa toilette, il s'était fait raser la tête et se coiffait d'un feutre gris informe qu'il retirait avec cérémonie pour saluer les paysans. Je ne pouvais le voir nu-tête sans éclater de rire : perché sur son petit cheval, le crâne luisant, le sourire mince et narquois, l'air d'un vieux prévaricateur pourri par les pots-de-vin.

D'ordinaire, la quarantaine venant, ce vagabondage planétaire se désenchante et s'assombrit. On est obligé d'en rabattre. On chemine, on subsiste, on se culotte ; les années s'ajoutent ; la poursuite oublie son objet, tourne à la fuite, et l'aventure, vidée de son contenu, se prolonge à coup d'expédients sans entrain. On s'aperçoit que si les voyages forment la jeunesse, ils la font bien passer aussi. Bref, on s'aigrit.

Mais pas Dodo. Il était complètement à l'aise dans son nomadisme frugal. L'âme rincée par ses tribulations, l'esprit dispos et disponible. Parfois, une modique nostalgie de vin blanc, de noix, de camembert, mais aucune envie de rentrer ni de s'établir… « pas tant par paresse, disait-il en s'étendant sous le tremble auquel il avait attaché sa jument, mais plutôt par curiosité… voui, la curiosité » et il envoyait des ronds de fumée vers le ciel qui perdait peu à peu sa lumière.

Ces balades nous menaient fort tard. On rentrait à la nuit noire avec des chevaux harassés. Aux alentours de la fouille, les paysans passaient la veillée dans leurs champs, un mousquet entre les genoux, pour éloigner les sangliers qui ravageaient les cultures. Malgré la pipe et la théière, ils trouvaient le temps long. De temps à autre on entendait un brin de soliloque ou un interminable soupir monter d'un carré de concombres. L'air était d'une fraîcheur exquise.

La route du Khyber

RENTRÉ DE LA FOUILLE. DÉPART POUR L'INDE.

3 décembre. SEUL

À cette saison, dans ce coin du pays, on est réveillé chaque matin par une averse distraite qui frappe l'auvent de la tchâikhane et sonne sur les samovars. Puis le soleil oblique et rouge disperse le brouillard, fait briller la route, les joncs, les collines, et derrière, les hauts massifs blancs du Nouristan. La fumée monte des braseros pendant que les dormeurs se débarbouillent — fébrile toilette des doigts, de la bouche, de la barbe — expédient leurs prières et vont bâter les chameaux entravés dont le pelage fume dans le froid. Des conversations enrouées s'établissent autour des bols de thé vert.

Bien dormi. Je me sens en forme et les écorchures que je me suis faites hier soir en réparant le ressort avant se referment. Je m'habille et vais recruter autour du samovar quelques « pousseurs » car ma batterie est morte. Il y a là une douzaine de vieillards aux mains fines qui s'envoient de grandes claques pour se réchauffer, et deux Pathans tannés et silencieux. On m'a fait place avec des glousse- ments mondains. J'ai offert le thé. Ensuite on m'a poussé, bien sûr. Dans un tourbillon de robes blanches, de barbes, de babouches et de jambes crottées, la voiture s'est envolée vers Jalalabad.

FRONTIÈRE AFGHANE. KHYBER PASS   *5 décembre*

À Kaboul, ceux que j'interrogeais sur le Khyber ne trouvaient jamais leurs mots : « … inoubliable, c'est surtout l'éclai- rage… ou l'échelle… ou l'écho peut-être, comment vous dire ?… »

puis ils s'enferraient, renonçaient et, pendant un moment, on les sentait retournés en esprit dans le col, revoyant les mille facettes et les mille ventres de la montagne, éblouis, transportés, hors d'eux-mêmes, comme la première fois.

Le 5 décembre à midi, après un an et demi de voyage, j'ai atteint le pied de la passe. La lumière touchait la base des Monts Suleiman et le fortin de la douane afghane noyé dans un bouquet de saules qui brillaient comme écailles au soleil. Pas d'uniformes sur la route barrée par un léger portail de bois. Monté jusqu'au bureau. J'ai enjambé les chèvres étendues sur le seuil et passé la porte. Le poste sentait le thym, l'arnica, et bourdonnait de guêpes. L'éclat bleu des revolvers accrochés contre le mur avait beaucoup de gaieté. Assis droit à une table derrière une bouteille d'encre violette, un officier me faisait face. Ses yeux bridés étaient clos. À chaque inspiration j'entendais craquer le cuir neuf de son ceinturon. Il dormait. Sans doute un Ouzbek de Bactriane, aussi étranger que moi ici. J'ai laissé mon passeport sur la table et suis allé déjeuner. Je n'étais pas pressé. On ne l'est pas quand il s'agit de quitter un pays pareil. En donnant du sel aux chèvres, j'ai relu la dernière lettre de Thierry et de Flo. Ils s'étaient installés dans une vieille citadelle hollandaise au sud de Ceylan.

Galle, le 1er décembre.

... Ne serait-ce que pour te tenter, voilà les noms des bastions du fort : de l'Étoile, de la Lune, du Soleil, de Zwart, de l'Aurore, Pointe d'Utrecht, du Triton, de Neptune, de Clippenberg, et d'Éole. Dans un coin comme celui-ci où il t'arrive de voir côte à côte un bonze safran vif, un vieux en sarong violet, une jeunesse en sari rose, le tout sur fond de mer jade et soleil couchant, on devient peintre. Une table t'attend pour tes paperasses. Le soir on s'entre-douche sous des ballets de lucioles. À bientôt de heurter la noix de coco fraternelle...

Un autre monde. Il ne serait pas parti pour rien.

Ensuite j'ai fumé un narghilé en regardant la montagne. À côté d'elle, le poste, le drapeau noir-rouge-vert, le camion chargé d'enfants pathans leur long fusil en travers des épaules, toutes les choses humaines paraissaient frustes, amenuisées, séparées par trop d'espace comme dans ces dessins d'enfants où la proportion n'est pas respectée. La montagne, elle, ne se dépensait pas en gestes inutiles : montait, se reposait, montait encore, avec des assises puissantes, des flancs larges, des parois biseautées comme un joyau. Sur les premières crêtes, les tours des maisons-fortes pathanes luisaient comme frottées d'huile ; de hauts versants couleur chamois s'élevaient derrière elles et se brisaient en cirques d'ombre où les aigles à la dérive disparaissaient en silence. Puis des pans de rocs noirs où les nuages s'accrochaient comme une laine. Au sommet, à vingt kilomètres de mon banc, des plateaux maigres et doux écumaient de soleil. L'air était d'une transparence extraordinaire. La voix portait. J'entendais des cris d'enfants, très haut sur la vieille route des nomades, et de légers éboulis sous le sabot de chèvres invisibles, qui résonnaient dans toute la passe en échos cristallins. J'ai passé une bonne heure immobile, saoulé par ce paysage apollinien. Devant cette prodigieuse enclume de terre et de roc, le monde de l'anecdote était comme aboli. L'étendue de montagne, le ciel clair de décembre, la tiédeur de midi, le grésillement du narghilé et jusqu'aux sous qui sonnaient dans ma poche, devenaient les éléments d'une pièce où j'étais venu, à travers bien des obstacles, tenir mon rôle à temps. « Pérennité... transparente évidence du monde... appartenance paisible... » moi non plus, je ne sais comment dire... car, pour parler comme Plotin :

> Une tangente est un contact qu'on ne peut ni concevoir ni formuler.

Mais dix ans de voyage n'auraient pas pu payer cela.

Ce jour-là, j'ai bien cru tenir quelque chose et que ma vie s'en trouverait changée. Mais rien de cette nature n'est définitivement acquis. Comme une eau, le monde vous traverse et pour un temps vous prête ses couleurs. Puis se retire, et vous replace devant ce vide qu'on porte en soi, devant cette espèce d'insuffisance centrale de l'âme qu'il faut bien apprendre à côtoyer, à combattre, et qui, paradoxalement, est peut-être notre moteur le plus sûr.

Repris mon passeport paraphé, et quitté l'Afghanistan. Il m'en coûtait. Sur les deux versants du col la route est bonne. Les jours de vent d'est, bien avant le sommet, le voyageur reçoit par bouffées l'odeur mûre et brûlée du continent indien…

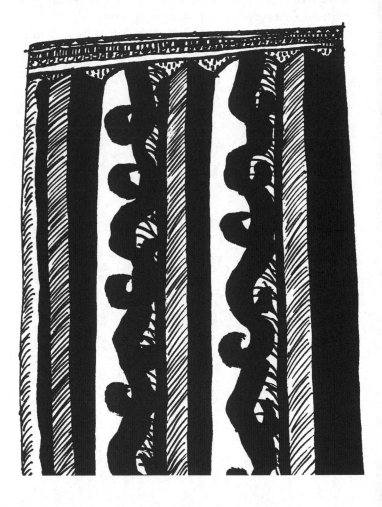

… et ce bénéfice est réel, parce que nous avons droit à ces élargissements, et, une fois ces frontières franchies, nous ne redeviendrons jamais plus tout à fait les misérables pédants que nous étions.

EMERSON

TABLE

CONCEPTION GRAPHIQUE • ANDRÉAS STREIFF

MIS EN PAGES PAR ICI & AILLEURS À
LA ROQUE D'ANTHÉRON ET ACHEVÉ
D'IMPRIMER EN FÉVRIER DE L'AN
DEUX MILLE DIX-NEUF SUR LES PRESSES
DE NORMANDIE ROTO IMPRESSION
S.A.S. À LONRAI.

DÉPÔT LÉGAL : MARS 2014.
CINQUIÈME TIRAGE
N° D'IMPRESSION : 1900633
IMPRIMÉ EN FRANCE